Bernd vom Berg, Peter Groppe

LabView 1

Einstieg in die Praxis

Elektor-Verlag, Aachen

LabView 1
Einstieg in die Praxis

1. Auflage 2012

Umschlaggestaltung: J. Opreij, Elektor International Media
Satz und Aufmachung: Ulrich Weber, Aachen
Druck: WILCO, Amersfoort (NL)

Printed in the Netherlands

ISBN 978-3-89576-253-6

Elektor-Verlag GmbH, Aachen
www.elektor.de

119015-1/D

Inhaltsverzeichnis

1. Einleitung **7**

2. Was ist LabVIEW? **10**

3. Die klassische Ausgangssituation **13**

4. Der LabVIEW-Ansatz **15**

5. Jetzt geht's los **18**

5.1 Die Installation von LabVIEW. 18
Die Installation von LabVIEW 2011 unter Windows XP 18

5.2 Der Start von LabVIEW. 21

6. Das erste LabVIEW-Szenario **24**

6.1 Das Frontpanel 24
Beispiel 27
Feinheiten. 29
Übung 29
Ausprobieren 30
Cursorform Kreuz 30
Cursor als Hand mit ausgestrecktem Zeigefinger 30
Cursorform Pfeil 31
Das Löschen von Elementen 31
Das Kopieren von Elementen 32
Cursorform Doppelpfeil 32
Cursorform Senkrechter Strich 32
Alternative zur Verschiebung eines Elements 33
Rückgängigmachen 34
Neue Namen 35
Groß, fett, farbig 36
Abspeichern 37
Übung: 38

6.2 Das Blockdiagramm. 41
Übung 1 44
Übung 2 46
Die Cursor-Formen und die Cursor-Funktionen im Blockdiagramm 47
Verdrahtungen im Blockdiagramm. 48

6.3 Der Start des VIs. 50
Ausprobieren 51

7. Die Datentypen und die zugehörigen Grundfunktionen in LabVIEW, I **53**

7.1 Numerische Daten und vielseitige Hilfen 55
Das Kontextmenü 57
Sichtbare Objekte 58
Als Symbol anzeigen 59
Darstellung 60
Ausprobieren 62
Die Kontexthilfe 62
Ausprobieren 64
Fehlverbindungen 65

7.2 Die grundlegenden Arithmetikfunktionen 66
Aufgabe 70
Beispiel: Die Realisierung der Addition 70
Der Anschluss von einfachen, rein numerischen Anzeige- und Bedienelementen, I. 71
Ausprobieren 74

Übung . . . 75
LabVIEW-Feinheiten: Alles aufräumen . . . 77
LabVIEW-Feinheiten: Startwert festlegen . . . 78
Die vielfältigen Eigenschaften . . . 79
Die Registerkarte 'Darstellung' . . . 80
Die Registerkarte 'Datentyp' . . . 81
Die Registerkarte 'Anzeigeformat' . . . 82
Typ 'Fließkomma' . . . 82
Typ 'Wissenschaftlich' . . . 83
Typ 'SI' . . . 84
Typ 'Automatisch formatieren' . . . 84
'Minimale Feldbreite verwenden' . . . 84
Die Registerkarte 'Dokumentation' . . . 85

7.3 Boolesche Daten und boolesche Grundfunktionen . . . 87
LabVIEW-Feinheiten: Die Eigenschaften eines Elements . . . 89
Die Eigenschaften des Bedienelements 'Umschalter (vertikal)' . . . 89
Registerkarte 'Darstellung' . . . 90
Registerkarte 'Operation' . . . 90
Die Eigenschaften des Anzeigeelements 'LED (rund)' . . . 91
Die Vergleichsfunktionen . . . 92
Einfügen von numerischen Konstanten . . . 94
LabVIEW-Feinheiten: Einstellung des Wertebereichs eines Schiebers . . . 94
Hinweis . . . 95
LabVIEW-Feinheiten: Freie Beschriftungstexte im Blockdiagramm und im Frontpanel . . . 96
Zusätzliche (Erläuterungs-) Texte auf dem Blockdiagramm . . . 97
Zusätzliche (Erläuterungs-)Texte auf dem Frontpanel . . . 97
LabVIEW-Feinheiten: Wer suchet, der findet! . . . 98

7.4 Strings und String-Grundfunktionen . . . 99
Beispiele für Strings . . . 99
1. Die Eingabe von Strings . . . 100
2. Die Bearbeitung von Strings . . . 100
3. Die Ausgabe von Strings . . . 100
Die Ein- und Ausgabe von Strings über das Frontpanel . . . 100
LabVIEW-Feinheiten: Alternative Eingabemöglichkeit für Strings . . . 104
Die Darstellungsarten von Strings . . . 104
Bedeutungen . . . 105
Übung . . . 106
Funktion: String-Länge . . . 109
Übung . . . 109
Funktion: Strings verknüpfen . . . 110
Hinweis . . . 110
LabVIEW-Feinheiten: Die Erweiterung von Funktionen . . . 110
Übung . . . 111
LabVIEW-Feinheiten: Zwei verschiedene Kontextmenüs . . . 112
LabVIEW-Feinheiten: Die Kontexthilfe . . . 113
Funktion: Datum-/Zeit-String lesen . . . 114
Übung . . . 115
Datumsformat(0) . . . 116
Zeitstempel . . . 116
Übung 1 . . . 117
Übung 2 . . . 117
Strings bei der seriellen Datenübertragung . . . 118
Übung . . . 120
Fazit . . . 129

8. LabVIEW intern . . . 130
8.1 Multitasking/Multithreading . . . 130
Die normale Abarbeitung eines Programm auf einem 8-Bit-Mikrocontroller . . . 130

Die (scheinbar) parallele Abarbeitung von Windows-Programmen 131
Beispiel 131
Multitasking 131
Beispiel 132
Fazit. 133
Multithreading 133
Beispiel 133
Fazit. 135
8.2 Der Ablauf eines VIs 135
Die Lampe. 136
Übung 1 136
Übung 2 138
Die Einzelschrittausführung 138
Hinweis 138
Hineinspringen in 139
Überspringen 139
Herausspringen 139

9. Die Programmstrukturen in LabVIEW 145

9.1 Die Sequenz 145
Die flache Sequenz. 145
Übung 148
Funktion: Timer-Wert (ms) 149
Funktion: Warten (ms) 149
Funktion: Bis zum nächsten Vielfachen von ms warten 150
Hinweise 151
Beispiel 155
Übung 158
Hinweis 159
Lokale Variablen 160
Die Erzeugung von lokalen Variablen. 161
Der Austausch von Daten mit Hilfe von lokalen Variablen 162
Funktion: Signalton 165
Die gestapelte Sequenz und lokale Sequenzvariablen 167
Beispiel 168
Die Erzeugung und Verwendung von lokalen Sequenzvariablen 171
9.2 Die While-Schleife 174
Beispiel 175
Der Bedingungsanschluss 175
Der Iterationsanschluss ´i´ 177
Beachten 177
Übung 1 177
Übung 2 178
Der Austausch von Daten: While-Schleife ? Außenwelt. 179
Übung 1 181
Übung 2 184
Übung 3 185
Die Lösung 186
Die Ausgabe von Daten aus einer While-Schleife 186
Die Eingabe von Daten in eine While-Schleife. 186
Übung 1 186
Übung 2 190
Fazit. 191
9.3 Die For-Schleife 191
Der Zählanschluss N 192
Beachten 192
Der Iterationsanschluss bzw. die Iterationsvariable i 192
Übung 192

Der Abbruch einer For-Schleife über einen Bedingungsanschluss . . . 193
Übung . . . 194
Das Datenfluss-Prinzip . . . 195
Übung . . . 196
LabVIEW-Feinheiten: Die Erzeugung von Zeitverzögerungen . . . 196
Die Eingabe von Werten in die For-Schleife . . . 197
Übung . . . 197
Die Ausgabe von Werten aus der For-Schleife . . . 198
Fall 1: Ausgabe eines Wertes nach jedem Schleifendurchlauf . . . 199
Fall 2: Ausgabe des Ergebniswertes am Ende der For-Schleife . . . 199
9.4 Die Case-Struktur . . . 202
Der 2er-Case (if-Struktur) . . . 202
Übung 1 . . . 202
Übung 2 . . . 204
LabVIEW-Feinheiten: Der Rückkopplungsknoten . . . 205
LabVIEW-Feinheiten: Die Funktion Auswählen . . . 208
Übung . . . 209
Die Eingabe von Daten in einen Case-Rahmen . . . 210
Die Ausgabe von Daten aus einem Case-Rahmen heraus . . . 211
Der Multi-Case . . . 213
Beispiel . . . 213
Übung 1 . . . 214
Übung 2 . . . 215
LabVIEW-Feinheiten: Multi-Case . . . 218
Realisierung 222

10. Die sieben Arbeitsfenster in LabVIEW . . . 224
10.1 LabVIEW-Feinheiten: LabVIEW denkt mit . . . 225
10.2 LabVIEW-Feinheiten: Die Werkzeugpalette . . . 225
Automatische Werkzeugwahl . . . 226
Wert einstellen . . . 227
Position/Größe/Auswahl . . . 227
Text bearbeiten . . . 227
Verbinden . . . 227
Objekt-Kontextmenü . . . 227
Fenster verschieben . . . 227
Haltepunkt setzen/löschen . . . 228
Sondenwerte . . . 228
Farbe ermitteln . . . 228
Farbe setzen . . . 228

11. Aussichten auf Band 2 . . . 229

12. Literatur, Foren und Seminare, CD-Inhalt . . . 230
12.1 Literatur . . . 230
12.2 Weblinks . . . 230
Das große deutschsprachige Hilfeforum zu LabVIEW . . . 230
Fort- und Weiterbildungsseminare zu LabVIEW . . . 230
12.3 Inhalt der CD . . . 230

13. Anhang
13.1 Elemente zur Gestaltung von Frontpanels . . . 231
13.2 Funktionen zur Entwicklung des Blockdiagramms . . . 233
13.3 Wichtige Shortcuts . . . 237

Stichwortverzeichnis . . . 238

1. Einleitung

Viele Entwickler und Anwender von Mikrocontroller-Systemen kennen das Problem: die kompakte Rechner-Einheit ist fertig und sie arbeitet genau so wie gewünscht – der Mikrocontroller erfasst Messwerte, berechnet Ausgangsgrößen, führt eine Steuerung und/oder eine Regelung durch und überträgt Daten.
Aber ein Punkt bleibt sehr oft ungelöst bzw. wird wenig zufrieden stellend realisiert – die ansprechende Visualisierung von wichtigen Daten, oder ganz allgemein:
Die Schaffung einer optisch gut gestalteten Benutzeroberfläche auf der Messdaten graphisch dargestellt werden, über die interaktiv Benutzereingaben erfolgen können, auf der alle System- und Prozesskenndaten auf einen Blick übersichtlich abgebildet werden, ist und bleibt ein Problem.

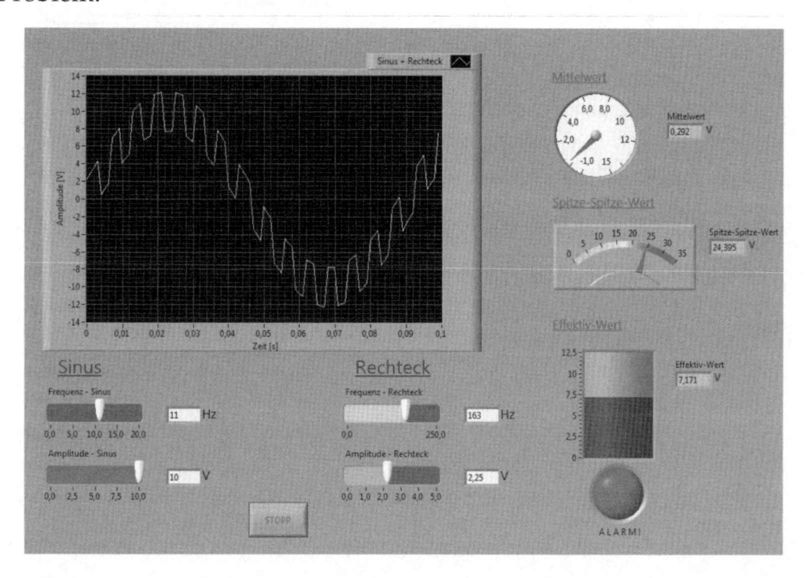

Oft sind zwar PC oder Laptop mit ihren grafischen Vollfarb-Monitoren vorhanden und damit könnten alle nur denkbaren Darstellungswünsche erfüllt werden, aber: Wie programmiert man solch eine „optische Mensch/Maschinen-Schnittstelle" für den Rechner?
Mit den klassischen Programmiersprachen wie Visual Basic, C++, C# oder Java ist das sicherlich kein Problem, aber doch recht aufwendig und vor allen Dingen fehlt manchmal auch das notwendige Wissen, um solche Softwarepakete zu bedienen und einzusetzen.

An dieser Stelle ermöglicht nun das **Lab**oratory **V**irtual **I**nstrument **E**ngineering **W**orkbench oder kurz das Programmpaket *LabVIEW*, Messgeräte- und Prozesssteueroberflächen in kürzester Zeit auf dem PC oder Laptop zu entwerfen, hervorragend zu gestalten und zum Laufen zu bringen.

Die notwendigen Vorkenntnisse für den ersten Einstieg in LabVIEW sind äußerst gering, die erreichbaren Ergebnisse dagegen äußerst sehenswert.
Das Zitat eines LabVIEW-Anwenders ist kennzeichnend dafür: „LabVIEW ist wie Lego" und das ist wörtlich zu nehmen. Aus einer Vielzahl von bereits fertig vorhandenen Anzeige- und Bedienelementen schafft man sich seine gewünschte grafische Benutzeroberfläche (sein *Frontpanel*) und Hunderte von fertigen Funktionen realisieren im Hintergrund, im sogenannten *Blockdiagramm*, die eigentliche Intelligenz des Messgerätes bzw. der Prozessablaufsteuerung.
Verbunden werden alle Funktionsblöcke ganz einfach durch *grafische Verbindungsdrähte*, über die eine Vielzahl von Informationen transportiert werden.

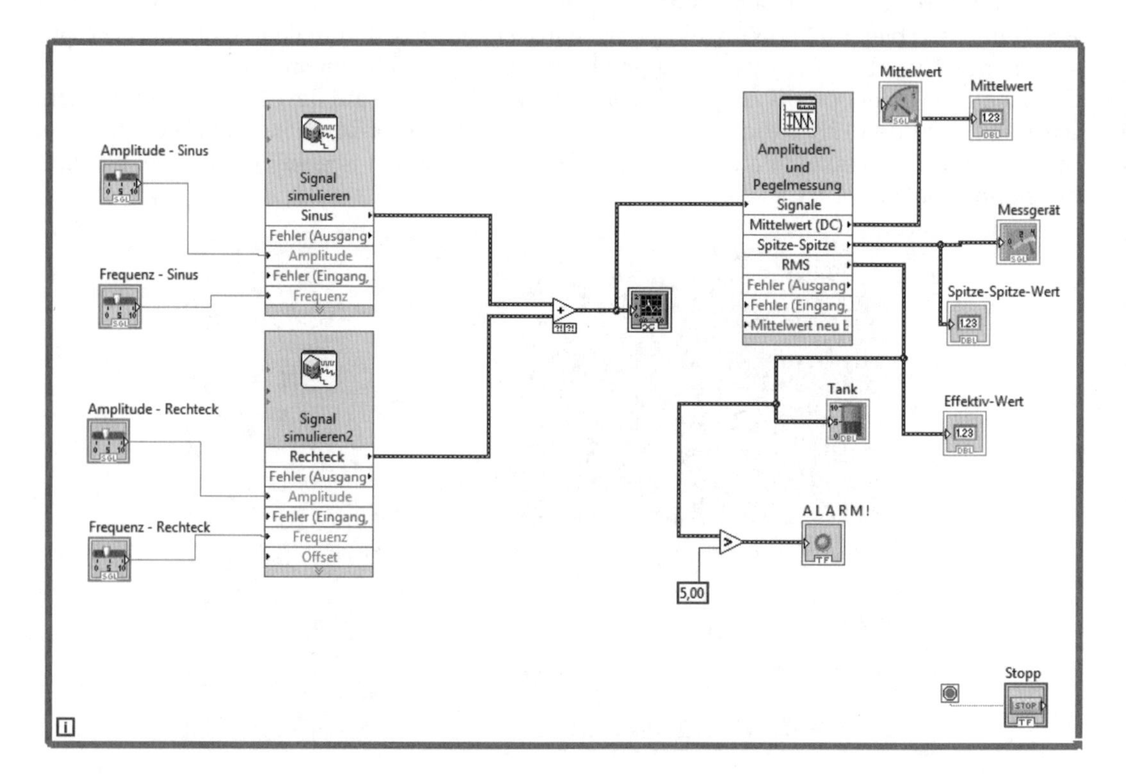

Aber LabVIEW ist und kann noch viel mehr als nur eine einfache Prozessvisualisierung von Daten durchzuführen:
Unter Verwendung einer Vielzahl unterschiedlicher (externer) Hard- und Softwarekomponenten von weltweit tätigen Herstellern lassen sich komplette Mess-, Steuer- und Regelungssysteme in Verbindung mit dem PC/Laptop entwerfen und betreiben, wobei es heutzutage selbstverständlich ist, auch eine Fernüberwachung, eine Ferndiagnose, oder ganz allgemein eine Fernsteuerung über das Internet bzw. über WLAN-Systeme mit zu integrieren.

Der Entwurf und die Realisierung moderner, flexibler und hochleistungsfähiger Datenerfassungssysteme oder DAQ-Systeme (DAQ = Data Acquisition) ist mit LabVIEW also kein Problem mehr und wird mittlerweile auf der ganzen Welt tagtäglich durchgeführt.

Mit diesem Lehrbuch startet nun ein fundierter Einblick und Einstieg in die unterschiedlichen Facetten von LabVIEW, angefangen mit den ersten Schritten für den Neueinsteiger, der keinerlei besondere Voraussetzungen mitbringen muss, bis hin zu Tipps und Tricks für die fortgeschrittene Verwendung von LabVIEW.

Die Ausführungen bleiben dabei nicht nur auf der theoretischen Ebene, sondern werden ergänzt durch eine Vielzahl von praktischen Beispielen und Übungen.

Selbstständig vom Leser zu bearbeitende (Test-)Aufgaben mit begleitenden Musterlösungen runden das Gesamtkonzept für den ersten effektiven Einsteig in LabVIEW ab.

Bernd vom Berg
Peter Groppe

Herne, Kettwig – im März 2012

2. Was ist LabVIEW?

Ganz kurz und knapp lässt sich als erste Antwort auf diese Frage zunächst einmal formulieren:

> LabVIEW ist ein hocheffizientes Hilfsmittel für die PC-gestützte Messdatenerfassung und -analyse sowie zum anwenderspezifischen Entwurf und zur Realisierung kompletter Mess-, Steuerungs-, Regelungs- und Automatisierungssysteme – und das alles auf der Basis einer einfach zu bedienenden graphischen Entwicklungsumgebung bzw. Programmiersprache.

Oder knackiger ausgedrückt:

> „... werden Sie feststellen, dass es praktisch keine Messaufgabe gibt, die sich mit LabVIEW nicht realisieren ließe."

(Zitat aus der LabVIEW-Einführung von NI)

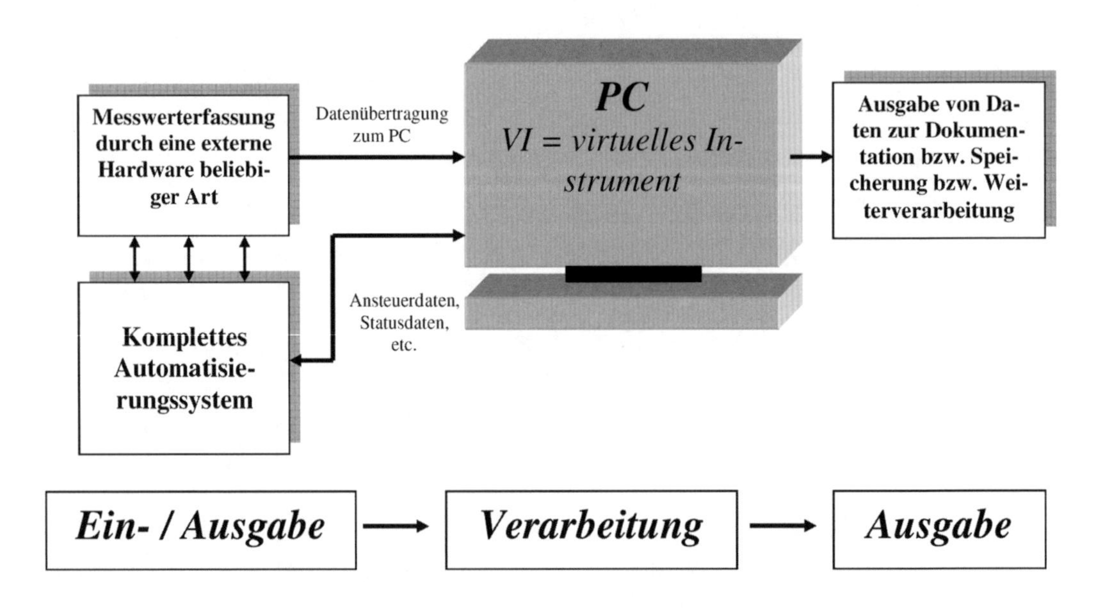

***Abb. 2.1:** Eine erste LabVIEW-Übersicht.*

Diese beiden Kurz-Definitionen müssen sicherlich etwas weiter aufgespalten werden, damit man auch nur ansatzweise erkennen kann, was LabVIEW eigentlich leistet.

Schauen wir uns dazu einmal Abb.2.1 an.

Im Mittelpunkt steht der PC, auf dem ein LabVIEW-Programm abläuft.
Solch ein Programm nennt man *Virtuelles Instrument* (= auf dem PC scheinbar vorhandenes Messinstrument) oder ganz kurz *VI*.

Und mit diesem Namen ist schon sehr viel erklärt: Der PC verhält sich unter der Kontrolle dieses Programms wie ein selbst entworfenes ganz tolles Messgerät.
Dies bedeutet: Durch eine außen angeschlossene oder im PC eingebaute Hardware (Zusteckkarte) werden beliebige Messwerte erfasst und in das VI (-Programm) eingespeist.

Die generelle Übertragung von externen Daten zum VI kann auf vielfältige Weise erfolgen: über die bekannten seriellen oder busgestützten Schnittstellen wie RS232, USB, Funk, CAN-Bus oder sogar via Ethernet/Internet.
Im PC (im VI) selber werden diese Eingangs-Informationen dann verarbeitet, ausgewertet, dargestellt, ausgedruckt, gespeichert oder weiter verschickt.

Der PC verhält sich also wie ein Messgerät und es findet eine komplette Messwertverarbeitung wie in einem Standard-Messgerät statt. Jedoch mit dem sehr großen und wesentlichen Unterschied, dass man sich jetzt durch einfache Programmierung sein optimales Wunschmessgerät im PC selber zusammenstellen und jederzeit auch wieder einfach ändern und anpassen kann.
Solch eine Flexibilität ist bei einzelnen Stand alone-Messgeräten nie erreichbar.
Aber LabVIEW geht noch wesentlich weiter:

- Die erfassten Messwerte können im VI auf vielfältige Art und Weise weiter verarbeitet bzw. analysiert werden:
  Das beginnt mit relativ einfachen Untersuchungen wie der Bestimmung von Mittelwerten, Spitze-Spitze-Werten und Effektivwerten von beliebigen Wechselspannungs-Signalen. Aber auch höherwertige, komplexere Verarbeitungen sind kein Problem: Herausfilterung von Störungen der unterschiedlichsten Arten, Analysen mit Hilfe der Fouriertransformation, das Arbeiten mit Differentialgleichungen, u.v.a.m.

- Über entsprechende PC-Ausgangskanäle (Zusteckkarten, RS232, USB, Funk, CAN, Ethernet/Internet) kann das selbst programmierte VI nun auch Signale der unterschiedlichsten Art ausgeben, die dann ihrerseits entweder

  - das externe Messinterface selber beeinflussen: automatisches Umschalten von Messbereichen, Umschaltung auf die Messung anderer Größen, Wechsel von Messkanälen, etc.
  - über die entsprechenden *Aktoren* sogar komplette angeschlossene Automatisierungssysteme steuern und regeln.

Auch eine einfachste Auf-Knopfdruck-Speicherung aller Daten auf Festplatte, Speicherkarte oder USB-Stick ist selbstverständlich implementierbar.

Merke

Der PC und LabVIEW
Der PC wird unter der Kontrolle des VIs zum zentralen Kommandostand des gesamten Mess-, Steuerungs- und Regelungssystems.

Die komplette Entwicklung der benötigten Kommando-Software ist dank LabVIEW zu einem Kinderspiel geworden.
Es brauchen keine komplizierten Programmiersprachen erlernt und keine komplexen Programmzeilen hintereinander eingetippt zu werden. Es reicht vielmehr aus, *kleine bunte Funktionsblöcke* auf dem Bildschirm hin- und herzubewegen, diese entsprechend mit *grafischen Leitungen* zu verbinden, ein schön anzusehendes Anzeige- und Bedienfeld für den PC-Monitor zu gestalten und fertig ist das eigene Messgerät (VI), das die geforderten Aufgaben erfüllt.

Die mittlerweile sehr große weltweite, industrielle Bedeutung von LabVIEW wird derzeit bereits bei der Messwerterfassung, also am Eingang des gesamten Systems, offensichtlich.

Man ist an dieser Stelle bei weitem nicht nur auf die speziellen Messwerterfassungskarten bzw. Messinterfaces von National Instruments (NI) oder auf eine besondere Spezialhardware angewiesen. Vielmehr liefern mittlerweile mehr als 250 große und kleine Messgerätehersteller neben ihren eigenen Hardware-Komponenten, oftmals kostenfrei oder zu geringen Zusatzkosten, weit über 6.000 Geräte- bzw. Zusteckkarten-Treiber-Softwarepakete, die problemlos in LabVIEW integriert werden können.
Damit erhält der Anwender sofort den komfortablen Zugriff auf seine Wunsch-Messhardware und kann diese per Mausklick einfach in sein individuelles VI einbauen.

Natürlich lässt sich auch eine *Sonderhardware* oder eine *selbst entwickelte Hardware* über eine der vielen seriellen oder parallelen Schnittstellen an den PC bzw. an das VI ankoppeln. In diesem Fall werden die notwendigen Gerätetreiber, auch wieder recht einfach, unter LabVIEW selber geschrieben bzw. zusammengestellt.

Das Entsprechende gilt selbstverständlich auch für die andere Verarbeitungsrichtung, also für eine Vielzahl von Ausgabekarten bzw. für die Ausgabe beliebiger elektrischer Signale zur Ansteuerung von Aktoren unterschiedlichster Arten.

3. Die klassische Ausgangssituation

Beginnen wir unseren ersten Einstieg in LabVIEW mit einem Blick auf die (derzeitige) klassische Messtechnik, Abb. 3.1:

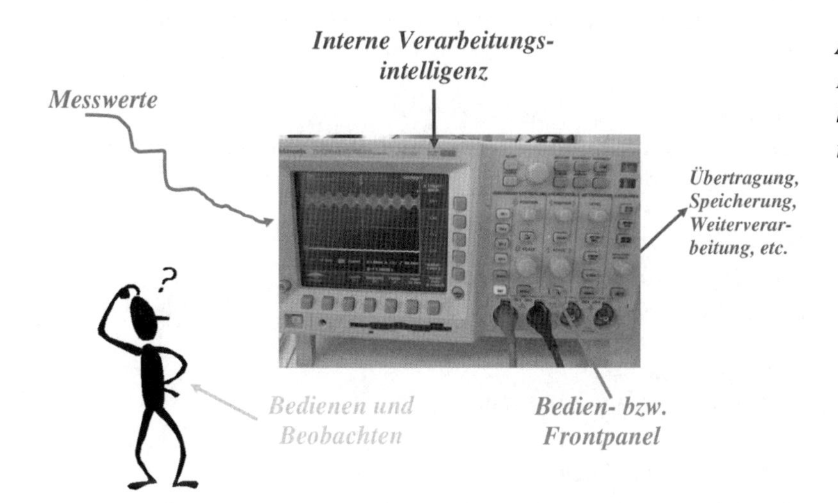

Abb. 3.1:
Die (derzeitige) klassische Messtechnik.

Im Mittelpunkt der Messtechnik steht das Messgerät, das die gewünschten, extern gelieferten Messwerte erfasst, aufbereitet und anwendergerecht darstellt.

Die Kernelemente dieser Anordnung sind also:

- die **Messwerte** an sich
- der **Anwender**, der das Messgerät **bedient** und die Messergebnisse **beobachtet**
- das **Messgerät** selber mit der zentralen, **internen Verarbeitungsintelligenz**:
  Die Bedienungen des Anwenders werden ausgewertet (z.B. Auswahl der zu messenden Größe, Einstellung des Messbereiches, Einsatz von Filtern zur Unterdrückung von Störungen, etc.), die Messwerte werden erfasst und weiter verarbeitet und die **Ergebnisse** werden für den Anwender anschaulich **dargestellt.**
- Moderne Messgeräte bieten darüber hinaus noch den Komfort, dass z.B. die Messwerte ausgedruckt, zu einem (entfernten) Auswerterechner gesendet, gespeichert oder auf eine andere Art und Weise **weiter verarbeitet** werden können.

Rein hardwaremäßig kommt der Anwender also zunächst mit dem Bedien- bzw. Frontpanel in Berührung, dass seine unmittelbare Schnittstelle zum gesamten Messgerät darstellt: Hier bedient der Anwender, hier liest der Anwender ab, hier wertet der Anwender aus.

Auf der Software- bzw. Verarbeitungsseite spielt die **interne Verarbeitungsintelligenz** des Messgerätes die zentrale Rolle: Entweder bestehen die „Innereien" des Messgerätes aus reinen (softwarelosen) Hardware-Komponenten oder es verbirgt sich bei universellen, modernen Messgeräten ein Mikrocontroller oder ein noch leistungsfähiger Rechnerkern im Inneren, der unter Programmkontrolle die notwendigen Aufgaben abarbeitet.
Seitens der Aufgabenstellung lässt sich die derzeitige Messtechnik somit wie folgt beschreiben:

- **Erste anfängliche Grundeinstellungen des Messgerätes**
  Eingaben bzw. Einstellungen des Anwenders, gemacht über das Frontpanel, werden erfasst und ausgewertet (gewünschte Messgröße, gewünschter Messbereich, etc.)

- **Erfassung der Messwerte**
  bzw. wenn dieses zunächst nicht möglich ist: Simulation von Messwerten zur Einspeisung in das Messgerät

- **Analyse der Messwerte**
  - entsprechende Verarbeitung der Messwerte
  - Bereitstellung der Ergebnisse

- **Darstellung der Messwerte**
  auf den Anzeigeelementen des Frontpanels

- **Weiterverarbeitung und Speicherung**
  - Ausdruck der Werte/Ergebnisse zu Dokumentationszwecken
  - Speicherung der Messdaten in einer Datei zur Weiterverarbeitung durch andere Programme

- **Weitergehende Ansteuerung/Bedienung des gesamten Messsystems**
  - automatisches Umschalten von Messquellen, Messbereichen, Messgrößen, Kanälen, …
  - Generierung von beliebigen Ansteuersignalen für das Automatisierungssystem

Als Fazit lässt sich hier also knapp und prägnant zusammenfassen:

Merke

Das klassische Messgerät
Ein klassisches Messgerät besteht im Kern aus dem Frontpanel, als Anzeige- und Bedien-Schnittstelle zum Anwender sowie der zentralen, internen Intelligenz zur Verarbeitung der Messwerte.

Und an diesen beiden grundlegenden Elementen einer Messwerterfassungseinheit setzt nun der moderne Ansatz von LabVIEW an …

4. Der LabVIEW-Ansatz

LabVIEW ist, vereinfacht ausgedrückt, zunächst ein Software-Programm-Paket für den PC/Laptop, mit dem man auf dem Monitor und mit der PC-Hardware bzw. einer entsprechenden Zusatzhardware beliebige Messgeräte selber entwickeln und betreiben kann.
Der große Vorteil dabei ist, dass man sich solch ein Messinstrument fast rein graphisch, durch Erstellung und Verdrahtung von intelligenten „Funktionsbausteinen" zusammen bauen kann.
Leistungsfähige Ergebnisse unter LabVIEW sind daher mit einer verblüffenden Schnelligkeit erreichbar. Sehr treffendes Zitat eines LabVIEW-Einsteigers: *„LabVIEW ist wie Lego!"*
Das komplizierte Erlernen und Arbeiten mit einer höheren PC-Programmiersprache ist gar nicht erforderlich.

Ein Messgerät unter LabVIEW oder genauer gesagt: ein LabVIEW-Programm wird daher, wie bereits erwähnt, als *Virtuelles Instrument* oder einfach als *VI* bezeichnet.

Merke

Das Virtuelle LabVIEW-Instrument (VI)
Ein *VI* besteht immer aus genau zwei großen Kernkomponenten, nämlich aus dem *Frontpanel* oder auch kurz Panel genannt und aus dem *Blockdiagramm* (Abb. 4.1.).

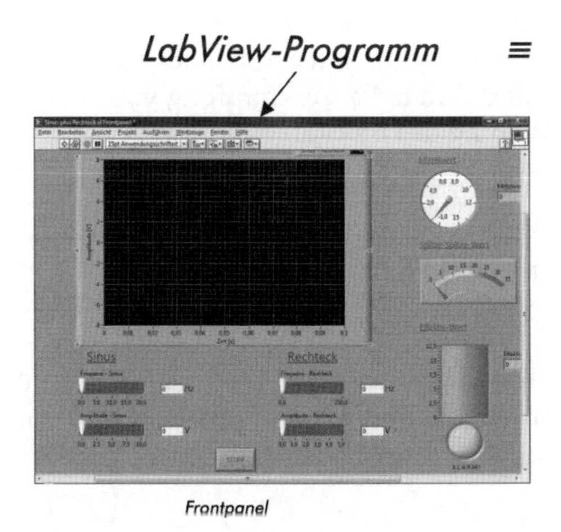

Abb. 4.1: *Das LabVIEW-VI.*

Das Fontpanel bildet die Benutzerschnittstelle (Benutzeroberfläche, auch HMI/Human Maschine Interface oder Mensch-Messgeräte-Schnittstelle) für alle Eingaben/Einstellungen und für alle Ausgaben/Anzeigen.
Das Frontpanel ist daher das, was der Anwender später, beim Start bzw. Ablauf des LabVIEW-Programms (des LabVIEW-VIs) als Ergebnis zu sehen bekommt.
Wie bei einem richtigen Messgerät findet man daher auf dem Monitorbild alle Arten von Anzeige- und Bedienelementen:

- Knöpfe, Taster, Regler
- LEDs, Zeigerinstrumente, Ziffernanzeigen
- grafische Kurvendarstellungen
- Beschriftungs- und Dekorations-Elemente
- etc.

Das Blockdiagramm beinhaltet das eigentliche LabVIEW-Programm (den LabVIEW-Programmcode, die interne Intelligenz des Messgerätes) in Form von einzelnen Funktionen:

- Erfassung der Messwerte
- Verarbeitung der Eingaben vom Frontpanel
- Verknüpfung von Werten
- Ansteuerung der Anzeigen auf dem Frontpanel
- Ausgabe von Daten für die Dokumentation, Ausdruck, Speicherung
- etc.

Die Vielfalt der bereits in LabVIEW vorhandenen Funktionen ist fast unbeschränkt, zumal der Anwender natürlich auch eigene Funktionen entwickeln bzw. zusammenstellen kann.

Merke

Die wesentliche Eigenschaft von LabVIEW
Man erstellt das VI komplett auf grafischem Wege, d.h. unter Verwendung von graphischen Symbolen für das Frontpanel und durch die Verknüpfung von graphischen Funktionsblöcken bei der Erstellung des Blockdiagramms.

Die sich hinter all dem versteckende Programmiersprache heißt ´G´ und wurde von NI eigens für LabVIEW entwickelt. Aber damit kommt der Anwender eigentlich gar nicht in Berührung.

Da die Erstellung des Wunsch-Messgerätes jetzt mittels Software erfolgt, lassen sich natürlich unzählige Messinstrumente der verschiedensten Art und mit den unterschiedlichsten Eigenschaften, für die unterschiedlichsten Aufgaben entwickeln bzw. per Mausklick zusammenstellen.

Und die Basis dabei bleibt immer die Gleiche: der PC mit LabVIEW als einziger, alles umfassender Entwicklungsoberfläche und natürlich die benötigte eigene Messwerterfassungshardware bzw. ganz allgemein: das selbst entwickelte Mess-, Steuerungs- oder Automatisierungssystem, das an LabVIEW angekoppelt wird.

5. Jetzt geht's los

Beginnen wir unseren Start in die LabVIEW-Welt mit dem ersten Schritt und installieren das Programmpaket.

5.1 Die Installation von LabVIEW

Das Programmpaket LabVIEW wird von National Instruments in der aktuellen Version LabVIEW 2011 in verschiedenen, *kostenpflichtigen* Ausführungen angeboten (Stand: 03.2012, www.ni.com)

- LabVIEW Base
- LabVIEW Full
- LabVIEW Professional
- LabVIEW Developer Suite

Zusätzlich gibt es noch:

- Die Studentenversion für Schüler, Studenten und Auszubildende.
  Diese Version wird sehr preiswert vertrieben, entspricht in ihrem Umfang der Vollversion und darf allerdings nur vom zuvor erwähnten Personenkreis verwendet werden.

- Die kostenfreie „30-Tage-Evaluierungsversion", die in ihrem Umfang der Professional-Version entspricht.
  Download: http://www.ni.com/trylabview/d/

Bei der nachfolgend beschriebenen Installation (unter Windows XP) stützen wir uns auf die 30-Tage-Evaluierungsversion, wobei die Installation der anderen Versionen ähnlich abläuft.

Die Installation von LabVIEW 2011 unter Windows XP

Laden Sie sich die 30-Tage-Evaluierungsversion aus dem Internet herunter (´2011LV-WinGer.exe´) und starten Sie diese.

- Bestätigen Sie das Entpacken der einzelnen Files mit ´OK´.
- Das Unzip-Programm wird aufgerufen; wählen Sie ´Unzip´.
- Nun werden die Dateien entpackt, insgesamt 638 Files.
- Nach dem Entpacken startet die Installation automatisch, siehe Abb. 5.1.

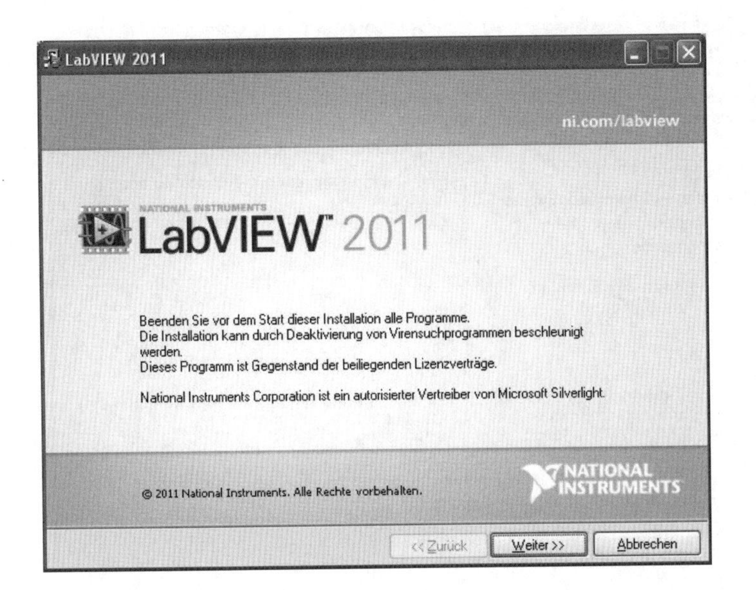

Abb.5.1: *Die Installation startet.*

Alle weiteren Punkte können Sie einfach bestätigen.

Wenn die Seriennummern eingegeben werden sollen, so lassen Sie die entsprechenden Felder einfach frei und klicken nur auf ´Weiter´, Abb. 5.2:

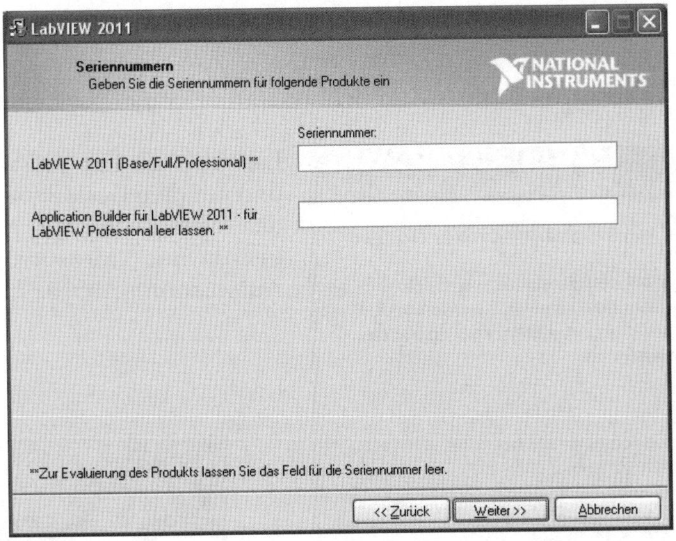

LabVIEW 2011
Seriennummern
Geben Sie die Seriennummern für folgende Produkte ein
NATIONAL INSTRUMENTS
Seriennummer:
LabVIEW 2011 (Base/Full/Professional) **
Application Builder für LabVIEW 2011 - für LabVIEW Professional leer lassen. **
**Zur Evaluierung des Produkts lassen Sie das Feld für die Seriennummer leer.
<< Zurück
Weiter >>
Abbrechen

Abb. 5.2: *Seriennummern brauchen nicht eingegeben zu werden.*

Bei den ´Komponenten´ wird nichts geändert und einfach nur auf ´Weiter´ geklickt (Abb. 5.3).

Die nun folgenden Aufforderungen werden ganz normal bestätigt.

Die Gerätetreiber von National Instruments können *´Später´* nachinstalliert werden, wenn Sie solche Komponenten einsetzen wollen (Abb. 5.4).

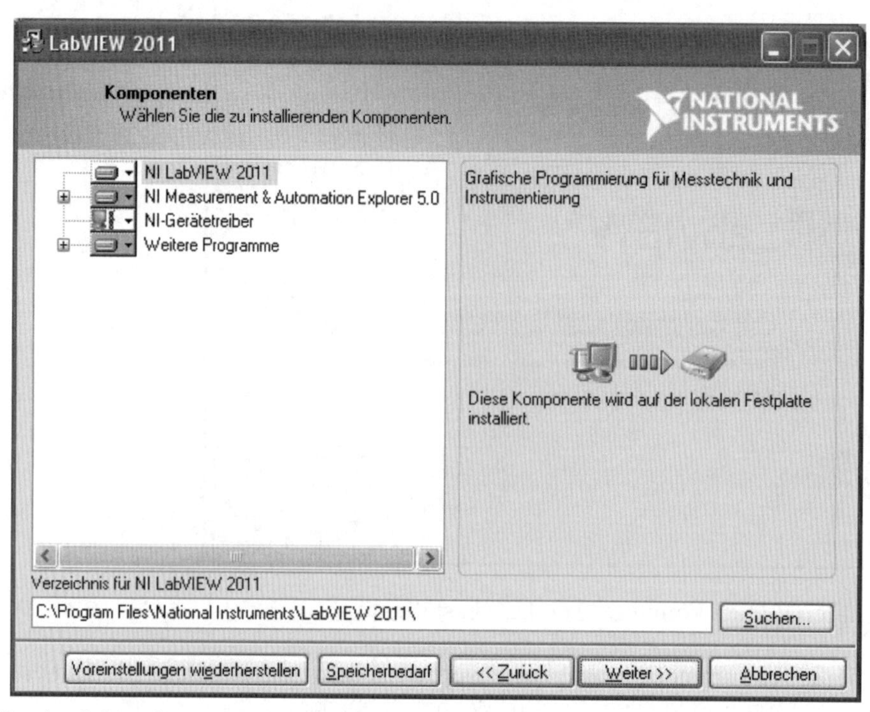

Abb. 5.3: *Auch hier braucht nichts geändert zu werden.*

Ab jetzt läuft die Installation bis zu Ende durch. Zum Schluss starten Sie den PC/Laptop neu.

Abb. 5.4: *Notwendige Gerätetreiber von National Instruments werden ´Später´ nachinstalliert.*

LabVIEW ist nun einsatzbereit und auf dem Desktop sehen Sie das neue Ikon von National Instruments ´Measurement & Automation´ (Abb. 5.5).

Abb. 5.5:
Das Start-Ikon für LabVIEW.

5.2 Der Start von LabVIEW

Klicken Sie zum Start von LabVIEW auf das neue Ikon ´Measurement & Automation´, Abb. 5.6:

Abb. 5.6:
Der Start von LabVIEW über das ´Measurement & Automation´-Ikon.

Es öffnet sich der so genannte ´Measurement & Automation Explorer (MAX)´, der das zentrale Verwaltungs- und Kontroll-Zentrum für alle National Instruments-Produkte (Hard- und Software) darstellt, Abb. 5.7:

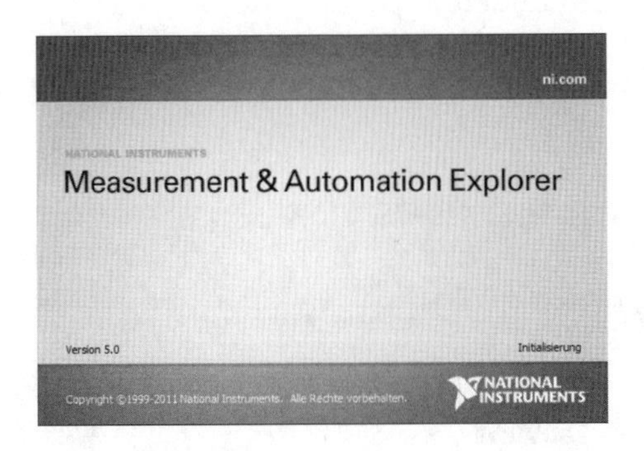

Abb. 5.7:
Der Start des ´Measurement & Automation Explorers MAX´.

Auf diesem zentralen Bildschirm sehen Sie auf einen Blick alle wichtigen installierten bzw. angeschlossenen (National Instruments) Komponenten, die der MAX auf ihrem Rechner erkannt hat, Abb. 5.8:

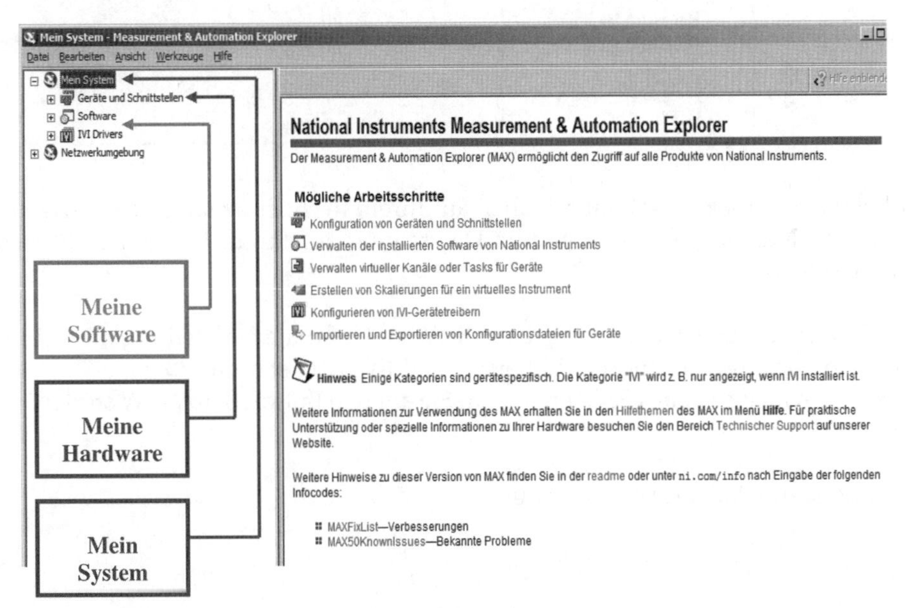

Abb. 5.8: *Der MAX als zentrales Informationszentrum.*

´Mein System´ besteht unter anderem aus:

- Der angeschlossenen Hardware (´Geräte und Schnittstellen´).
  Zurzeit ist jedoch keine besondere National Instruments Hardware angeschlossen. Allerdings werden unter diesem Punkt auch die an bzw. in ihrem Rechner vorhandenen seriellen und parallelen Schnittstellen angezeigt und das wird im zweiten Band dieser Lehrbuchreihe noch wichtig, wenn wir uns mit der Datenübertragung über solche Schnittstellen beschäftigen.
  Zurzeit ist dieser Punkt allerdings noch uninteressant für uns.

- Der installierten (National Instruments) **Software**.
  Unter diesem Punkt ist nun LabVIEW zu finden.

Erweitern Sie daher den Menüpunkt ´Software´ durch Klicken auf das ´+´-Zeichen, siehe Abb. 5.9, ❶.

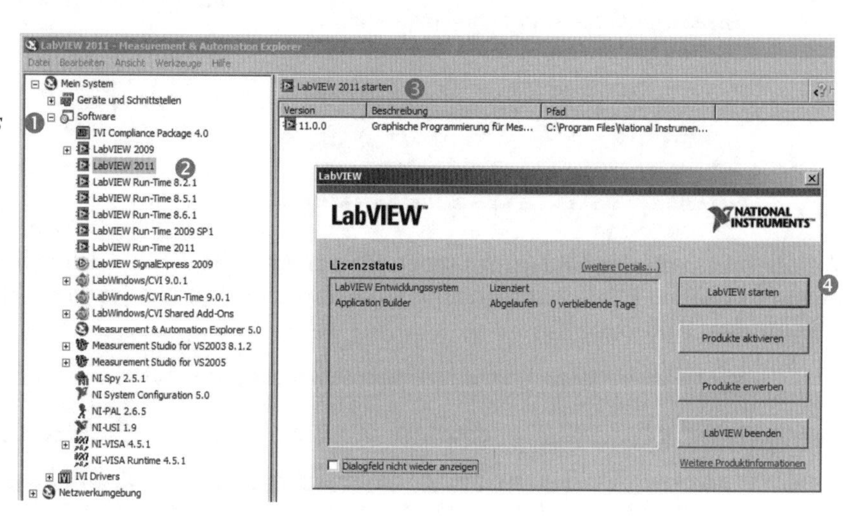

Abb. 5.9:
Die Erweiterung des Menüpunktes ´Software´.

Es erscheint ein Pull-Down-Menü mit allen auf Ihrem Rechner installierten Software-Komponenten von National Instruments (die Darstellung auf Ihrem Rechner sieht sicherlich etwas anders aus).

Klicken Sie nun auf den Menüpunkt ´LabVIEW 2011´, ❷: die Darstellung im rechten Teilfenster ändert sich und Sie klicken dort auf ´LabVIEW 2011 starten´, ❸.
Es erscheint ein kleines neues Fenster, in dem Sie auf den Button ´LabVIEW starten´ klicken, ❹.

Nun endlich startet LabVIEW, Abb. 5.10:

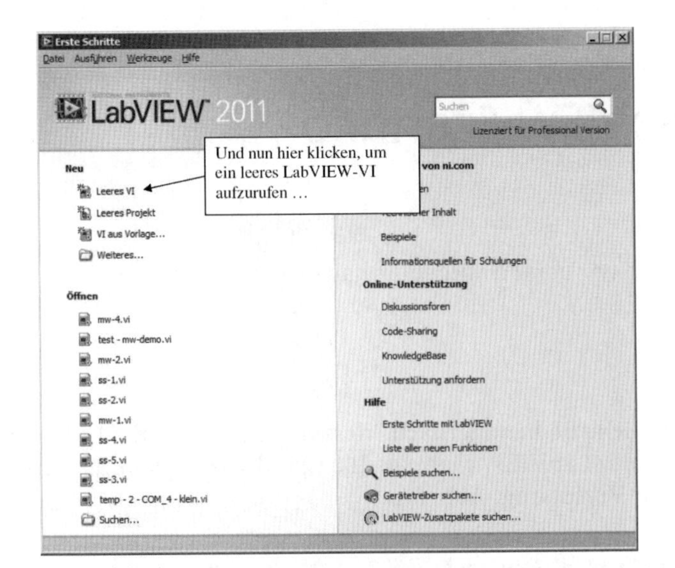

Abb. 5.10:
LabVIEW wurde erfolgreich gestartet (LabVIEW-Start-Bildschirm).

Klicken Sie nun auf ´Leeres VI´ und ein noch leeres LabVIEW-VI, bestehend aus Frontpanel und Blockdiagramm erscheint, Abb. 5.11:

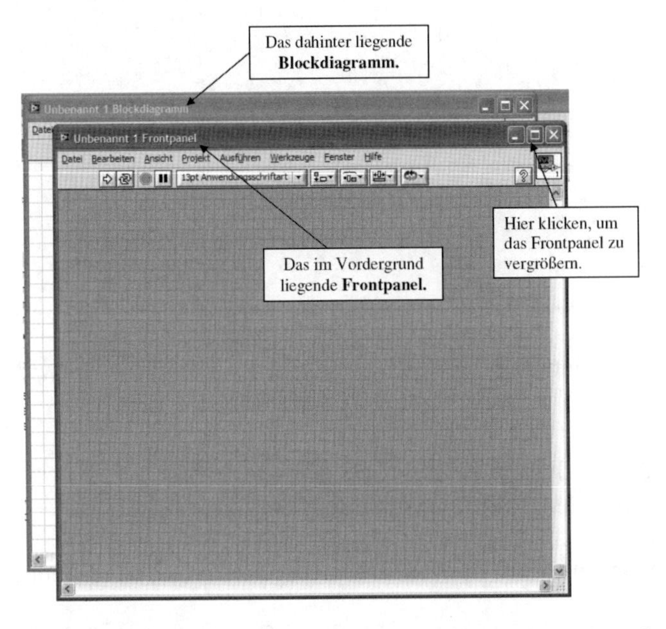

Abb. 5.11:
Das noch leere LabVIEW-VI mit Frontpanel und Blockdiagramm.

Vergrößern Sie nun zum Abschluss noch das Frontpanel auf maximale Bildschirmgröße, denn damit werden wir jetzt als Erstes arbeiten.

6. Das erste LabVIEW-Szenario

Wir machen sofort dort weiter, wo wir gerade aufgehört haben, beim Frontpanel.

6.1 Das Frontpanel

Das Frontpanel ist nun die eigentliche Bedienoberfläche des Messgerätes und zu deren Erstellung stehen dem Anwender unter LabVIEW mehr als 300 (!) individuell konfigurierbare Bedien- und Anzeigeelemente zur Verfügung, Abb. 6.1:

Abb. 6.1: Das noch leere LabVIEW-Frontpanel.

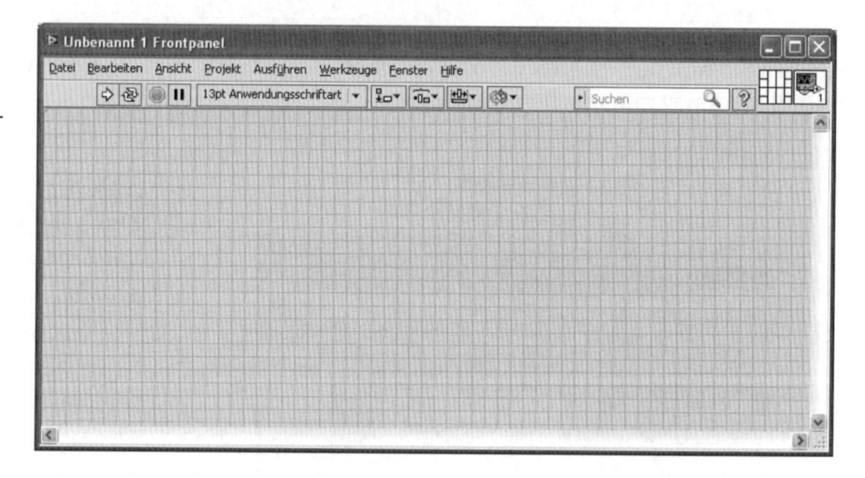

Professionell gestaltete graphische Benutzeroberflächen können so einfach entworfen werden und dazu sind vorhanden:

- Bedienelemente: Drehknöpfe, Schalter, Textfelder, Schieberegler, ...
- Anzeigeelemente: Ziffernanzeigen, Rundinstrumente, Thermometer, LEDs, graphische Kurvenverläufe, ...
- Gestaltungs- und Dekor-Elemente zum optischen „Aufpeppen" von Frontpanels.

Klickt man nun mit der rechten Maustaste auf eine freie Fläche auf dem Frontpanel-Bereich, so erscheint die Palette (Liste) mit allen zur Verfügung stehenden Frontpanel-Elementen (Abb. 6.2).

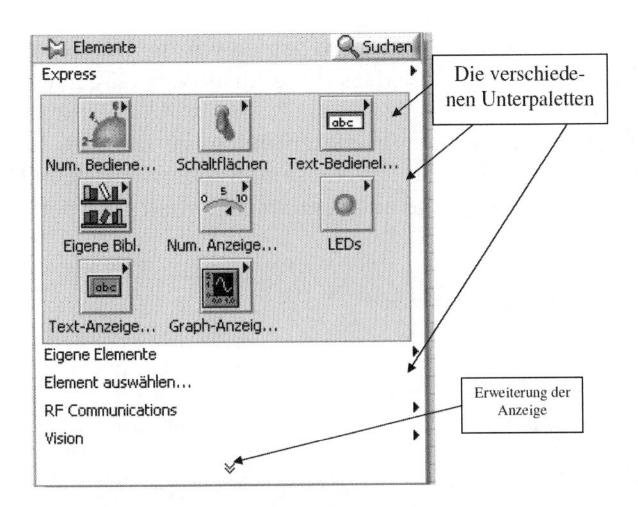

Abb. 6.2: Die Elemente zur Gestaltung eines Frontpanels (Elementpalette).

Klickt man jetzt auf den nach unten gerichteten Doppelpfeil (≡ Erweiterung der Anzeige), so erscheinen noch weitere Unterpaletten mit deren zugehörigen Anzeige- und Bedienelementen.
Bei der Gestaltung von Frontpanels gilt:

Merke

Der Entwurf des Frontpanels
Beim Entwurf von Frontpanels arbeitet man mit den sogenannten Elementen aus der Elementpalette, die sich wiederum in verschiedene Unterpaletten unterteilen.

Wichtig

Die Elemente des Frontpanels
Zur Gestaltung eines Frontpanels stehen dem Anwender in der von uns verwendeten Version ´LabVIEW 2011´ über 300(!) Elemente zur Verfügung, die in bis zu 9 verschiedenen Unterpaletten angeordnet sind.
Gerade für den Einsteiger ist es daher sehr unübersichtlich und verwirrend, die richtigen Elemente zu finden. Es gilt überhaupt erst einmal festzustellen, welche Elemente es wo, und in welcher Palette, gibt.
Diese „Suche- und Finde-Probleme" sind bei der im nächsten Kapitel erfolgenden Entwicklung des zugehörigen Blockdiagramms zu unserem Frontpanel sogar noch wesentlich größer und kritischer.
Hier zeigt sich nämlich einer der größten Nachteile von LabVIEW: Das gesamte Programm (-paket) ist mittlerweile so umfangreich und so leistungsfähig geworden, dass dem Einsteiger zu Anfang einfach völlig der Überblick fehlt bzw. ganz schnell abhanden kommt!
Wir haben uns daher für diesen Kursus ein *einheitliches Bezeichnungsschema* ausgedacht, das Sie schnell zum Ziel, d.h. zum von uns gerade verwendeten Element, bringt.

Bevor wir nun aber mit dem ersten Beispiel beginnen, passen wir die Darstellung der Elementpalette aus der Abb. 6.2 noch etwas an, so dass diese für unseren täglichen Gebrauch besser geeignet ist.
Wir werden in unserer LabVIEW-Einführung (in diesem Buch) zu fast 90% mit den Elementen der Unterpalette ´Modern´ arbeiten, so dass diese sinnvollerweise beim Öffnen der Gesamtelementpalette an erster Stelle steht und auch bereits dauerhaft geöffnet ist (und das auch bleibt).

Dieses müssen wir nun noch einstellen, Abb. 6.3:

Abb. 6.3:
Das Sichtbarmachen der Elementpalette ´Modern´.

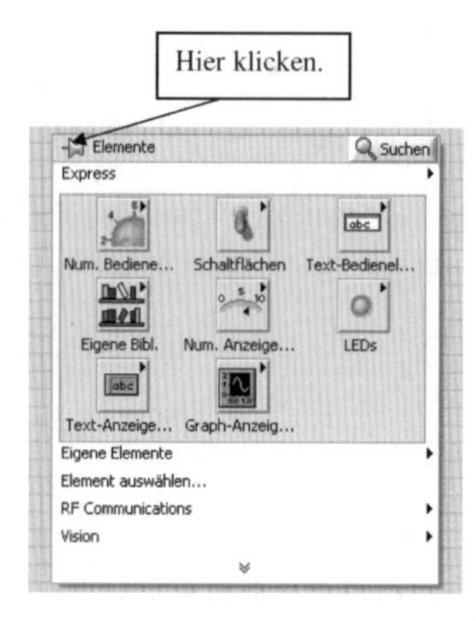

Bild 1): Mit der rechten Maustaste auf eine freie Stelle im Frontpanel klicken und dann auf die Heftzwecke klicken.

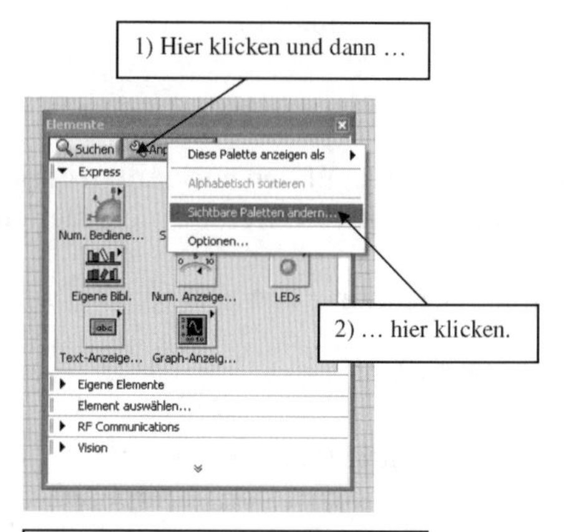

Bild 2): Auf den Button ´**Anpassen**´ klicken und dann auf ´**Sichtbare Paletten ändern …**´ klicken.

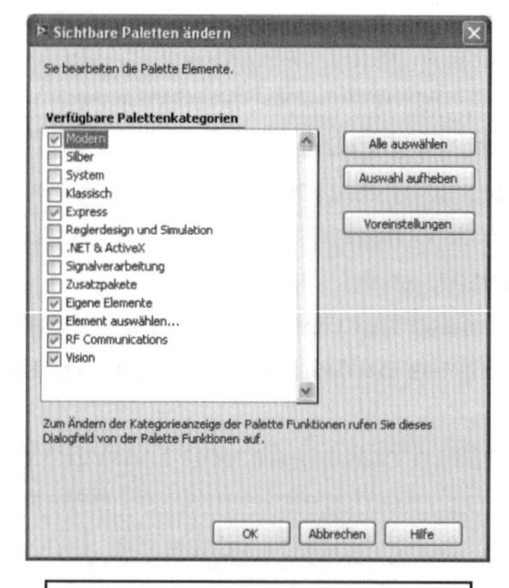

Bild 3): Den Eintrag ´**Modern**´ aktivieren und mit ´OK´ bestätigen.

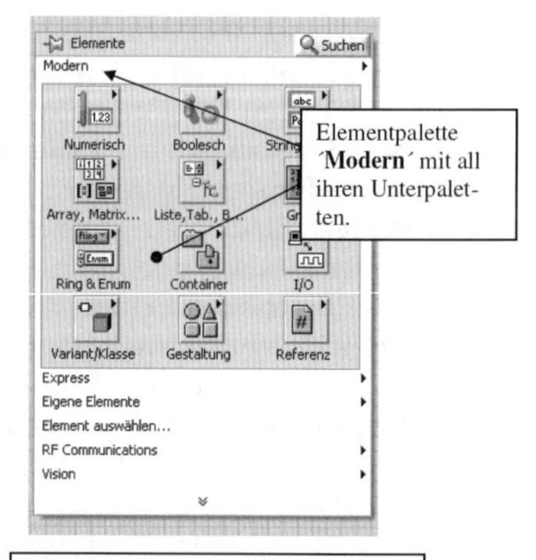

Bild 4): Die Elementpalette ´**Modern**´ mit all ihren Unterpaletten ist nun dauerhaft sichtbar.

- Klicken Sie dazu als erstes mit der rechten Maustaste auf eine freie Stelle im Frontpanel.
  Es erscheint ein Menü mit allen zurzeit sichtbaren Elementpaletten (Bild 1).
  Leider ist die Palette ´Modern´ hier zurzeit noch nicht enthalten und diese muss daher erst sichtbar gemacht werden.
  Klicken Sie dazu auf das *´Heftzwecken-Symbol´* oben links im Fenster.

- Bild 2: Das Fenster mit den Elementpaletten wird nun auf dem Frontpanel fixiert.
  Klicken Sie hier nun auf den Button *´Anpassen´*.
  Es erscheint ein weiteres Auswahlmenü in dem Sie auf *´Sichtbare Paletten ändern …´* klicken.

- Bild 3: In der nun erscheinenden Liste der möglichen Elementpaletten markieren Sie den Eintrag *´Modern´* und klicken dann auf *´OK´*.

- Bild 4: Ab jetzt erscheint bei jedem neuen Aufruf der Elementpaletten (≡ Klick mit rechter Maustaste auf eine freie Stelle im Frontpanel) die Elementpalette ´Modern´ an erster Stelle, bereits geöffnet mit all ihren Unterpaletten.

Schließen Sie nun die Elementpalette, so dass das Frontpanel (noch) völlig leer ist.

Beispiel

Wir wollen nun als Erstes ein „Rundinstrument" als Anzeigeinstrument auf unserem Frontpanel einbauen.
Das Auffinden dieses Anzeigeelementes läuft nun wie folgt ab:
Als ´Ziel-Wegbeschreibung´ zum Auffinden dieses Elementes geben wir einfach an:

FP\Modern\Numerisch\Rundinstrument

Wie dies im Detail zu interpretieren ist, zeigt Abb. 6.4.

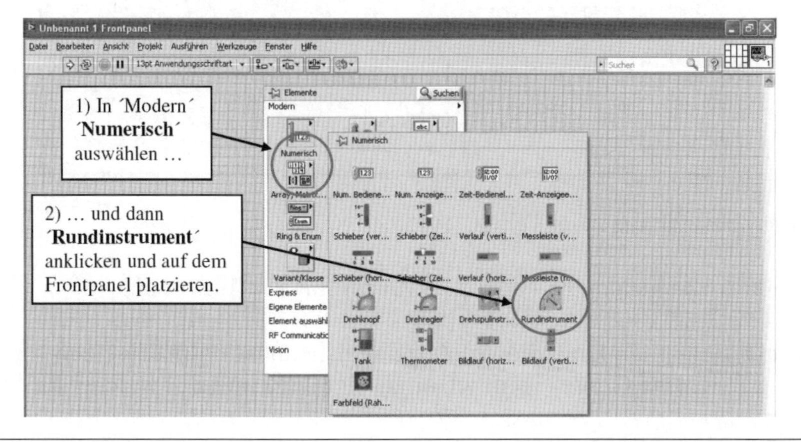

Abb. 6.4: *Der Einbau eines Rundinstrumentes (Anzeigeelement) auf dem Frontpanel.*

FP Arbeiten auf dem Frontpanel , d.h. Aufruf des Frontpanels und mit der rechten Maustaste auf eine freie Stelle des Frontpanels klicken.
Es öffnet sich die Elementpalette mit der nun bereits geöffneten Unterpalette *´Modern´*.

Modern Auswahl der Unterpalette ´Modern´ (ist hier bereits schon erfolgt).
(Bei anderen Unterpaletten muss man unter Umständen zuerst die Unterpaletten-Anzeige erweitern, bevor man diese Unterpaletten angezeigt bekommt: s. dazu Abb. 6.2 „Erweiterung der Anzeige", Anklicken des Doppelpfeils).

Numerisch Anschließend fährt man mit der Maus über ´Numerisch´ und nun erscheinen endgültig alle verfügbaren Frontpanel-Elemente aus dieser Gruppe (≡ numerische Anzeige- und Bedienelemente).

Rundinstrument Jetzt wählt man sich das gewünschte Element aus, d.h. man klickt mit der Maus auf das Element: alle Paletten schließen sich und auf dem Frontpanel erscheint der Mauszeiger in ´Handform´, dem nun das Rundinstrument angeheftet ist.

Man kann dieses Element abschließend auf seinen endgültigen Platz verschieben und dort per Mausklick ablegen.

Das Ergebnis sehen Sie in Abb. 6.5:

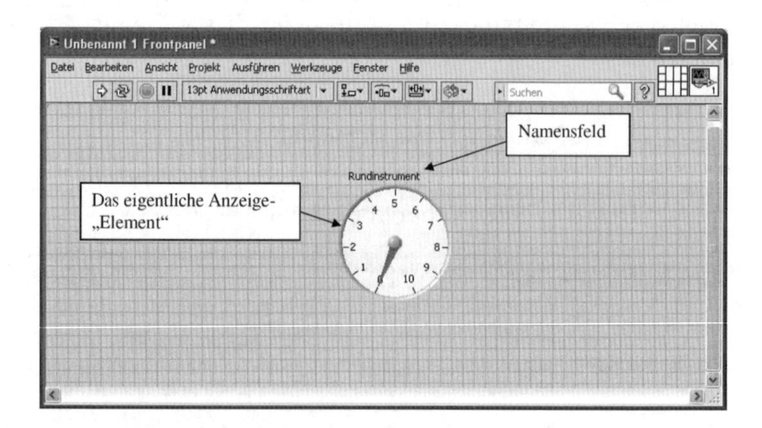

Abb. 6.5:
Das erste Anzeigeelement auf dem Frontpanel.

Dieses Rundinstrument besteht aus zwei Teilen:

- dem eigentlichen Anzeigeelement – also dem Zeiger mit der Rundskala
- dem Namensfeld, denn man kann diesem Anzeigeinstrument natürlich einen Namen geben, z.B. welche Größe eigentlich angezeigt wird und mit welcher Einheit

Und bevor es damit weiter geht, nachfolgend erst noch einige …

Feinheiten

- Damit die angezeigten Paletten nicht immer wieder verschwinden, wenn man ihren Bereich mit dem Mauszeiger verlässt und ungewollt auf eine andere Palette kommt (die dann geöffnet wird), lassen sich die Paletten mit einem Klick auf die **Heftzwecke** fest auf dem Bildschirm fixieren (Abb. 6.6).

  Zur Auswahl einer Palette bzw. einer Unter- oder einer Teil-Palette reicht jetzt allerdings nicht mehr das Darüber-Fahren mit der Maus, man muss jetzt vielmehr die Palette ganz gezielt mit der Maus anklicken.
  Gerade für die ersten Schritte in LabVIEW ist diese Fixierung recht hilfreich.
  Nach dem Entwurf der ersten 10 Frontpanels benötigen Sie diese zusätzliche Feststellung dann aber nicht mehr.
  Das Schließen der Palette erfolgt nun, wie unter Windows gewohnt, durch das Klicken auf das bekannte weiß/rote Kreuz in der rechten oberen Fensterecke.
  (Schließen Sie damit jetzt die Elementpalette).

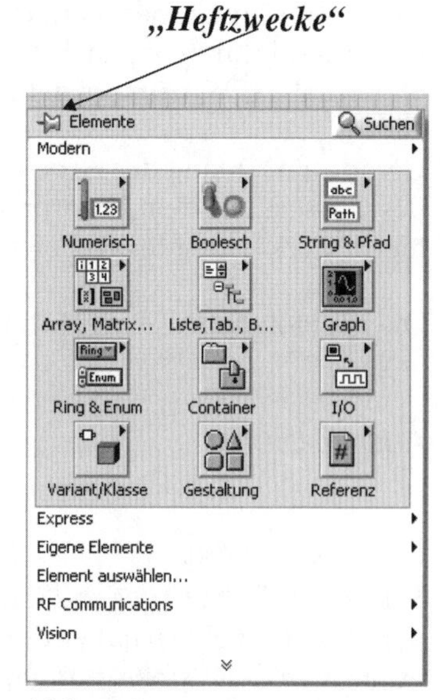

Abb. 6.6:
Ein Klick auf die Heftzwecke fixiert die Paletten.

- Im Anhang „Elemente zur Gestaltung von Frontpanels" haben wir in einer Übersicht alle in diesem Buch verwendeten Anzeige- und Bedienelemente zur Gestaltung unserer Frontpanels, mit ihren „Wegweisern", übersichtsartig zusammengestellt.
  Diese Auflistung ist ebenfalls für Ihre ersten Schritte sehr hilfreich und Sie sollten diese Seiten immer neben ihrer Tastatur liegen haben.
  Sie finden diesen Anhang auch als druckfähige PDF-Datei auf der beiliegenden CD.

- Ein entsprechende Wegbeschreibung und zusammengefasste Übersicht führen wir im nächsten Kapitel auch für das Auffinden von Funktionen zur Entwicklung des Blockdiagramms ein.

Übung

Erstellen Sie nun auf Ihrem noch leeren Frontpanel ein erstes Rundinstrument. Das Ergebnis sollte danach ungefähr so aussehen, wie in Abb. 6.5 dargestellt.

Wichtig

Die LabVIEW-Cursorformen auf dem Frontpanel sind Kreuz, Hand, Pfeil, Strich und Doppelpfeil
Was man nun schon alles mit diesem einen Anzeigeelement (dem Rundinstrument) auf einfache Art und Weise auf dem Frontpanel machen kann, wird durch die nachfolgend veranschaulichte Vielseitigkeit des LabVIEW-Cursors demonstriert!

Gerade am Anfang des Arbeitens mit LabVIEW schenkt man der Form bzw. der Funktion des Cursors auf dem Frontpanel zunächst nicht allzu viel Bedeutung, aber insbesondere hierin steckt jede Menge Potential.

Die nachfolgenden Ausführungen sollten Sie daher sofort einmal ...

Ausprobieren

Cursorform Kreuz

Befindet sich der Cursor außerhalb des Rundinstrumentes (außerhalb eines Elementes auf dem Frontpanel), so hat er die normale Arbeitsform und wird als Kreuz dargestellt. Führt man den Cursor nun über ein Element auf dem Frontpanel, so wechselt er, je nach aktueller Position über dem Element, seine Form (wo genau die einzelnen Bereiche des Cursor-Formwechsels bei jedem Abzeige- bzw. Bedienelement liegen, muss man einfach mal ausprobieren).

Cursor als Hand mit ausgestrecktem Zeigefinger

In der Mitte des Rundinstrumentes, z.B. in der Nähe des roten Zeigers, hat der Cursor die Form einer kleinen Hand (mit ausgestrecktem Zeigefinder) und um das Element selbst erscheinen vier (oder mehr) kleine blaue Punkte.
Diese vier Punkte zeigen zunächst an, dass das Element aus- bzw. angewählt wurde.

Wird nun zusätzlich die linke Maustaste gedrückt, so hängt die Hand am roten Zeiger. Dieser kann jetzt mit der Maus bewegt und somit ein beliebiger Zahlenwert aus dem zulässigen Wertebereich eingestellt werden.
Beim Loslassen der Maustaste verschwindet zwar die Zahlenanzeige, aber der Zeiger bleibt auf dem eingestellten Wert stehen (Abb. 6.7).

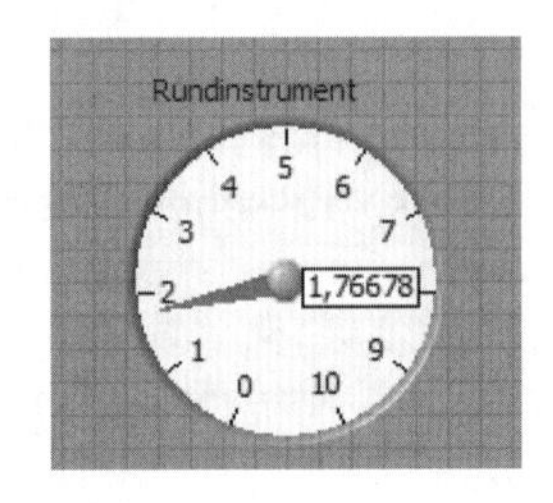

Abb. 6.7:
Die Einstellung von Anfangswerten. (Der Hand-Cursor und die blauen Punkte sind nicht dargestellt.)

Allgemein gilt daher immer: Hat der Cursor die Form einer Hand mit ausgestrecktem Zeigefinger, so lassen sich bei den Anzeige- und Bedienelementen auf dem Frontpanel (Vorgabe-)Werte einstellen bzw. Schalter umschalten. Es lassen sich auch andere, für das Element typische, Einstellungen durchführen, die dann beibehalten werden, wenn das LabVIEW-Programm gestartet wird (≡ Einstellung von Startwerten bzw. Anfangsbedingungen).

Cursorform Pfeil

An bestimmten Positionen über dem Element, nimmt der Cursor die Form eines kleinen Pfeils an und es erscheinen wieder die kleinen blauen Auswahl-Punkte um das Element. Bei unserem Rundinstrument ist das z.B. der Fall, wenn sich der Cursor ganz unten im Bereich zwischen 0 und 10 befindet (diese „Pfeil-Stelle" ist manchmal etwas kniffelig zu finden bzw. mit der Maus zu treffen).
Wird nun die linke Maustaste gedrückt, so erscheinen um das Instrument und um den Namensteil jeweils gestrichelte Kästchen (Abb. 6.8).
Dies ist das Kennzeichen dafür, dass das Instrument markiert ist, am Cursor hängt und der Cursor innerhalb des Elements seine Pfeil-Form behält. Mit der Maus (gedrückte linke Taste) kann das markierte Element nun auf dem Frontpanel an einen beliebigen Platz verschoben werden.
Lässt man die Maustaste los, so bleibt das Instrument an seinem neuen Platz.
Außerhalb des markierten Bereichs hat der Cursor wieder die Kreuz-Form und durch Klicken mit der linken Maustaste auf eine Stelle außerhalb des Elements, verschwindet die Markierung des Elements.

Abb. 6.8: *Die Markierung des Instruments und des Namenteils zum Verschieben (Cursor als Pfeil nicht dargestellt).*

Zusätzlich kann man hier auch *nur* das Textfeld (Namensteil) des Instrumentes markieren und getrennt vom restlichen Instrument irgendwo anders hin verschieben. Fahren Sie dazu mit der Maus über das Textfeld, bis die blauen Markierungspunkte, nur um dieses Element herum, erscheinen und der Cursor die Pfeil-Form annimmt. Wenn Sie nun mit der linken Maustaste klicken, so erscheint der Markierungsrahmen, allerdings nur um das Textfeld. Dieses können Sie nun an eine beliebige andere Stelle verschieben, ohne das eigentliche Instrument mit zu bewegen.

Allgemein gilt daher immer: hat der Cursor die Pfeil-Form, so kann das Element markiert und auf dem Frontpanel verschoben werden (≡ Markierung von Elementen, um diese zu verschieben).

Das Löschen von Elementen

Immer dann, wenn ein Element in der zuvor beschriebenen Art markiert wurde, kann man es auch ganz einfach löschen: Klicken Sie dazu auf die *´Entf´*-Taste der PC-Tastatur und schon ist das Element verschwunden.

Das Kopieren von Elementen

Auch das Kopieren von Anzeige- und Bedienelementen ist sehr einfach machbar. Sobald das entsprechende Element markiert ist, fahren Sie mit dem Mauszeiger darüber, so dass dieser die Pfeilform annimmt.
Halten Sie dann die linke Maustaste gedrückt und drücken Sie gleichzeitig die ´*Strg*´-Taste auf der Tastatur.
Am Cursor-Pfeil erscheint ein kleines ´+´-Zeichen als Kennzeichen dafür, dass eine Kopie des Elementes angefertigt wurde, die jetzt mit der Maus irgendwohin verschoben werden kann.
Am Zielort lassen Sie einfach die Maus- und die ´Strg´-Taste los und die Kopie wird platziert.

Cursorform Doppelpfeil

Fährt man mit dem Cursor über einen der blauen Markierungspunkte, so ändert sich seine Form in die Form eines Doppelpfeils: nun kann das Element bei gedrückter linker Maustaste beliebig vergrößert oder verkleinert werden, wobei die Anzeigeskala von LabVIEW automatisch optimal angepasst wird, Abb. 6.9:

Abb. 6.9: *Aus klein mach groß – und umgekehrt.*

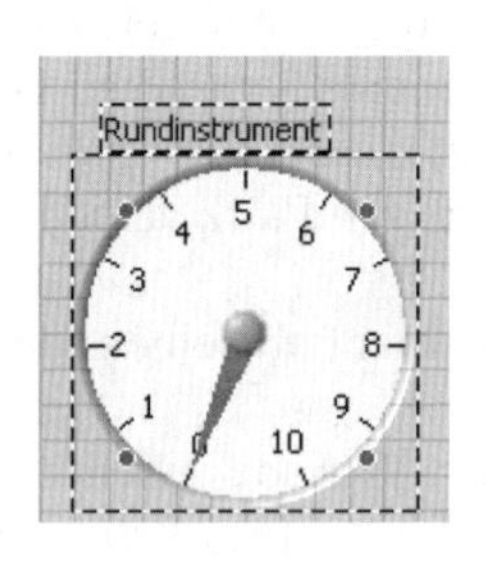

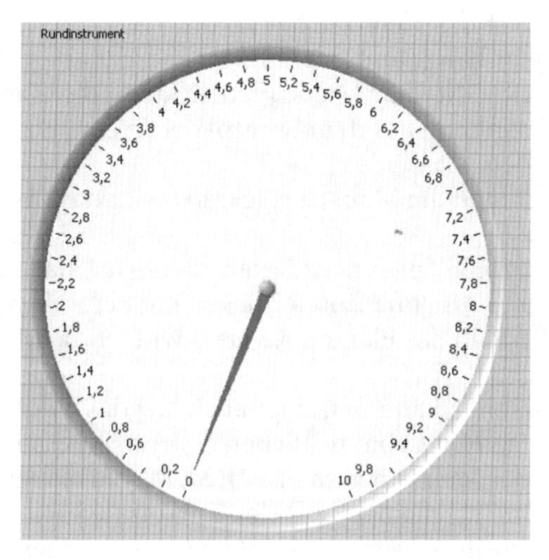

Die Vergrößerung/Verkleinerung funktioniert auch bei Textfeldern, wobei hier allerdings nur die Größe des Feldes an sich geändert werden kann, nicht aber die Größe des Textes selber (wie das funktioniert erfahren Sie in den folgenden Ausführungen).

Cursorform Senkrechter Strich

Bewegt man den Cursor nun in die Nähe der Skalenbeschriftung (z.B. in die Nähe der ´0´), so ändert er seine Form in einen senkrechten Strich mit umgedrehten Pfeilspitzen an den Enden. Das ist das Zeichen dafür, dass man nun die Beschriftung, d.h. die Werte-Skala der Anzeige ändern kann: nach Klicken mit der linken Maustaste ändert der Cursor seine Form in die Form des normalen Eingabe-Cursors (normaler senkrechter Strich) und es können Zahlen-Eingaben getätigt werden (Abschluss von Zahleneingaben mit RETURN), Abb.6.10:

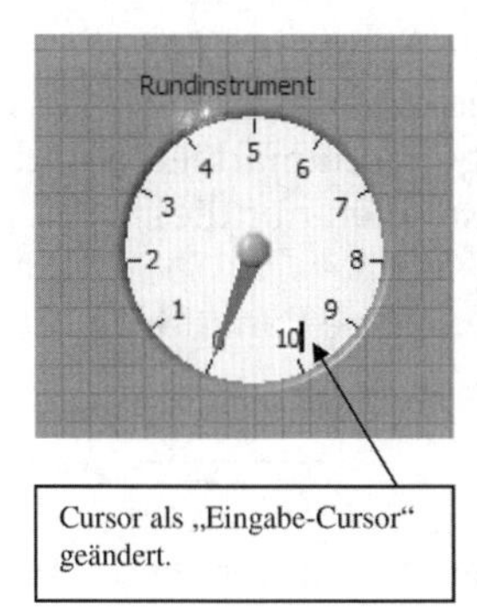

Änderung der Skalierung: die ´0´ wurde zur ´7´ und die ´10´ zur ´8´ geändert.
Die Skalierung wird dabei von LabVIEW automatisch neu angepasst.

Abb. 6.10:
Die Änderung des Skalenbereichs (der Beschriftung).

Allgemein gilt daher immer: hat der Cursor die Form eines senkrechten Striches, so können im Instrument Bezeichnungen (Beschriftungen) geändert werden, wobei LabVIEW eventuelle Skalierungen automatisch neu anpasst.

Sie sehen hier also, welche Leistungsfähigkeit hinter dem Cursor steckt!

Wichtig

Der LabVIEW-Cursor beim Blockschaltbild
Auch beim Blockschaltbild eines LabVIEW-Programms, das wir im nächsten Kapitel besprechen werden, hat der Cursor verschiedene Formen und damit verschiedene Bedeutungen.

Alternative zur Verschiebung eines Elements

Es gibt unter LabVIEW noch eine zweite Art, um ein Element zu markieren und es dann zu verschieben:
Wenn Sie den Cursor **außerhalb** des Rundinstruments platzieren, so hat er ja, wie gesehen, die Form eines kleinen Kreuzes.
Halten Sie nun die linke Maustaste gedrückt und umfahren Sie mit dem Cursor das Rundinstrument, so erscheint der bekannte gestrichelte Markierungsrahmen.
Lassen Sie dann die Maustaste wieder los, so ist das Element, incl. Textfeld, markiert.
Der Rest, die Verschiebung, läuft dann so ab, wie zuvor beschrieben.

Merke

Die alternative Markierung von LabVIEW-Elementen
Es reicht hierbei sogar aus, dass Sie mit dem gestrichelten Rahmen das Rundinstrument nur an einer Seite/Ecke berühren: LabVIEW markiert dann automatisch das gesamte berührte Element.
Das ist dann besonders hilfreich, wenn mehrere Elemente auf dem Frontpanel nahe beieinander angeordnet sind und man sie nur schlecht voneinander trennen

kann. Die einfache Berührung des gewünschten Elementes mit dem gestrichelten Rahmen reicht zu dessen Markierung aus.
Auch hierbei lässt sich das Textfeld ebenfalls getrennt markieren und verschieben, wenn Sie mit dem gestrichelten Rahmen nur dieses Feld allein berühren.
Das gilt entsprechend auch später, wenn wir einzelne Funktionen im Blockdiagramm markieren bzw. auswählen wollen.

Platzieren Sie also jetzt zum Abschluss Ihr Rundinstrument an eine passende Stelle, die Ihnen am besten gefällt.

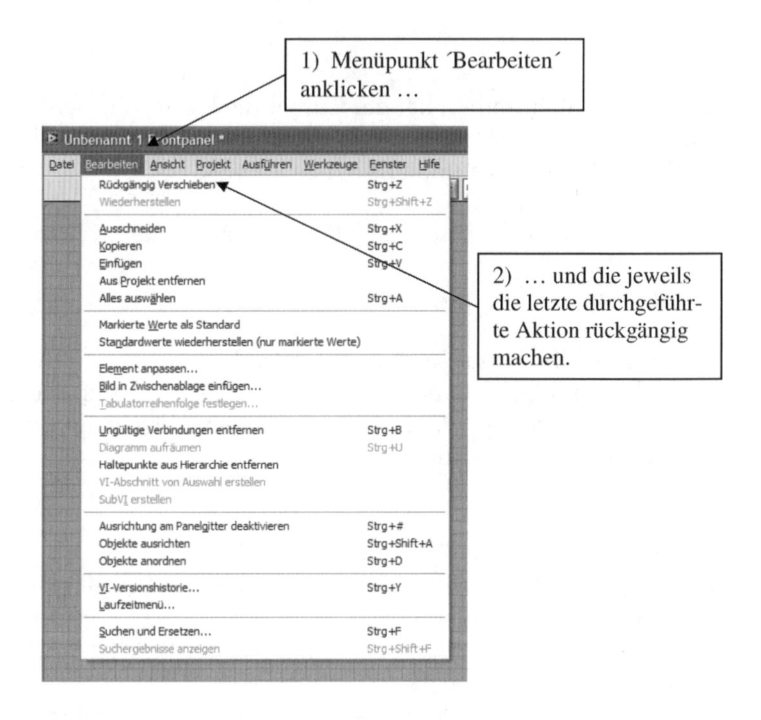

***Abb. 6.11:** Das Rückgängigmachen von Veränderungen.*

Rückgängigmachen

Haben Sie sich bei den Änderungen (z.B. bei Verschiebungen) vertan oder möchten Sie diese wieder rückgängig machen, so ist das auch kein Problem.

Merke

Das Rückgängigmachen von Änderungen

Alle zuvor gemachten Änderungen (egal welcher Art) können Sie natürlich auch jeder Zeit wieder rückgängig machen und so den alten Ursprungszustand wieder herstellen (Abb. 6.11).
Wählen Sie dazu in der oberen Menüleiste einfach den Menüpunkt 'Bearbeiten' aus. Es erscheint ein Pull-Down-Menü und direkt im ersten Punkt sehen Sie: 'Rück-

gängig Verschieben´, wobei ´Verschieben´ sogar noch ganz konkret die letzte durchgeführte Aktion angibt, die rückgängig gemacht werden soll.

LabVIEW merkt sich darüber hinaus noch alle weiteren vorherigen Aktionen, so dass auch diese, bis zu einem gewissen Punkt, noch nachträglich wieder rückgängig gemacht werden können.

Aber Achtung:
Dieses Rückgängigmachen funktioniert nur solange, wie das VI noch nicht abgespeichert bzw. zwischengespeichert wurde.
Nach dem Speichern löscht LabVIEW intern den gesamten vorher gemachten Änderungsverlauf und somit sind die Änderungen dann nicht mehr revidierbar.

Dieses Rückgängigmachen von Veränderungen lässt sich auch wesentlich einfacher ausführen, nämlich mit der Tastenkombination ´Strg+Z´.

Solche vereinfachten Steuerbefehle sind unter LabVIEW häufig anzutreffen und werden *´Shortcuts´* genannt.

Merke

Die Shortcuts
Das schnelle und effektive Arbeiten mit LabVIEW wird durch so genannte ´Shortcuts´ unterstützt. Das sind spezielle Tastenkombinationen, die bestimmte Funktionen bzw. Funktionsabläufe bewirken.
Solche Tastendrücke sind oft schneller ausgeführt als die Auswahl der entsprechenden Aktionen mit der Maus: Menü bzw. Untermenü auswählen und bestimmte Felder anklicken.
Die Shortcuts sind oft Kombinationen der ´Strg-Taste´ mit einer weiteren Taste.
Eine Übersicht über einige wichtige Shortcut-Kombinationen, die Sie ab jetzt täglich benutzen werden, finden Sie im Anhang *´Wichtige Shortcuts´*und auch als Druckversion auf der beiliegenden CD.

Weitere Shortcuts sind in der Dokumentation zu LabVIEW aufgeführt.

Sie sollten nun die Aktionen *Markieren, Verschieben, Vergrößern, Verkleinern, Kopieren, Löschen* und *Rückgängigmachen* einige Male ausprobieren, denn diese gehören ab jetzt zum täglichen Umgang mit LabVIEW.

Neue Namen

Als nächste Feinheit wollen wir unserem Rundinstrument noch einen passenden Namen geben, d.h. wir wollen angeben, welche Größe mit welcher Einheit, vom Instrument angezeigt wird.

Abb. 6.12: *Die Markierung eines zu ändernden Textes.*

Dazu klicken Sie mit der Maus (wie gewohnt mit der linken Taste) zwei Mal auf das Namensfeld des Rundinstruments (nur auf das Namensfeld).

Dieses wird dann schwarz hinterlegt und mit einem gestrichelten Kasten umgeben (Abb. 6.12).

Klicken Sie jetzt mit der Maus in den Kasten, irgendwo auf den Text, so wird der schwarze Hintergrund weiß, der gestrichelte Rahmen verschwindet und es erscheint dort ein Cursor.

Nun können Sie dort einen beliebigen Text eingeben und editieren, z.B. ´Geschwindigkeit in m/s´.

Klicken Sie danach mit der Maus irgendwo auf eine freie Stelle des Frontpanels, so wird die Textänderung übernommen, Abb. 6.13:

Abb. 6.13: *Die Namensänderung.*

Groß, fett, farbig

Und im vorerst letzten Punkt der Bearbeitung unseres Rundinstruments wollen wir nun noch die Größe, die Darstellung und die Farbe unserer Messinstrument-Beschriftung ändern, Abb. 6.14:

Abb. 6.14: *Die Änderung der Schriftattribute (Schrifteigenschaften).*

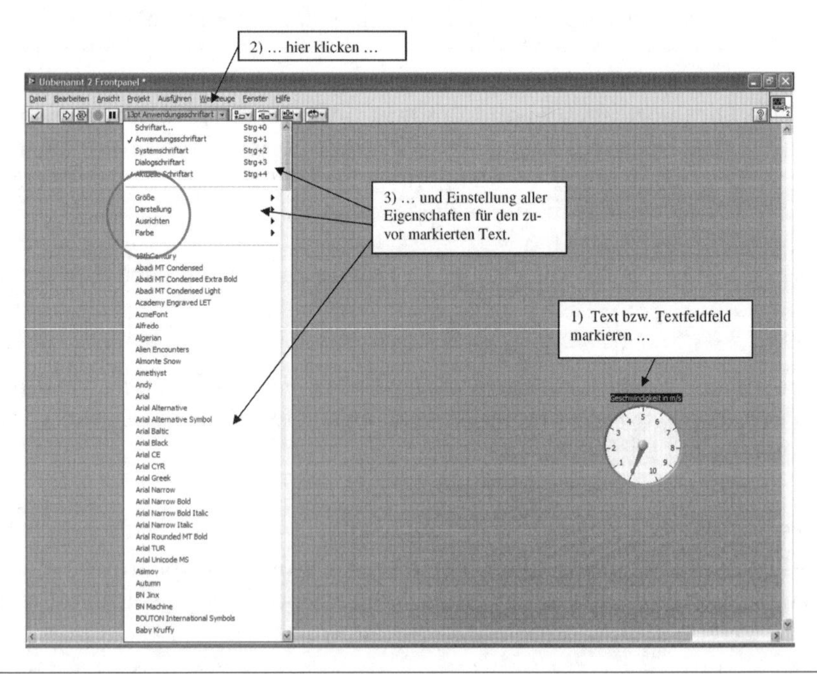

Als Erstes wird dazu das Textfeld markiert. Danach klicken Sie mit der Maus in der oberen zweiten Menü-Zeile auf das Feld ´*Anwendungsschriftart*´: Es erscheint ein großes Pull-Down-Menü, in dem Sie so ziemlich alles zum Thema ´Darstellungsschrift´ einstellen können.

- Auswahl der Schriftart
- Auswahl der Größe, Darstellung, Ausrichtung und Farbe
- etc.

Wir beschränken uns hier auf lediglich drei Änderungen, die wir nacheinander durchführen:

- Größe: 18 (pt)
- Darstellung: fett
- Farbe: rot

Das Ergebnis sollte dann in etwa so aussehen, Abb. 6.15:

Abb. 6.15:
Die Änderung der Messgerätebeschriftung.

Hinweis:
Bei der Vergrößerung des Textes kann es vorkommen, dass der Text nicht mehr komplett dargestellt wird, da das eigentliche Textfeld jetzt zu klein ist.
In diesem Fall müssen Sie das Textfeld selber auch noch vergrößern (s. dazu Punkt: „Cursor als Doppelpfeil“).

Abspeichern

Alle unsere bisherigen Eingaben sollten wir jetzt einmal abspeichern. Und das funktioniert genau so, wie man es von anderen Windows-Programmen her gewohnt ist:

- Auswahl des Menüpunktes ´Datei´ in der oberen Menü-Leiste
- Anwahl von ´Speichern unter´
- Es erscheint das typische ´Windows-Abspeicher-Fenster´, in dem man dann das gewünschte Speicherverzeichnis und den gewünschten Namen für die zu speichernde Datei, genauer: für unser zu speicherndes VI, eingibt.
  Als Zielverzeichnis wählen wir hier einmal ´C:\LabVIEW\LV-Kursus´ und als Namen für unser VI ´*szenario-1*´.
  (Das entsprechende Verzeichnis auf dem Laufwerk C: haben Sie entweder bereits vorher angelegt oder legen es jetzt neu an.)

- Danach klicken wir einfach auf ´OK´ und das VI wird abgespeichert.

Nun können Sie LabVIEW ganz normal beenden und erst einmal eine kleine Pause einlegen, die Sie sich jetzt durchaus verdient haben.

Nach der Beendigung der Pause wollen wir unser erstes LabVIEW-VI durch neue Elemente auf dem Frontpanel erweitern.

Beim erneuten Start von LabVIEW können Sie sich jetzt sehr einfach Ihr zuvor gespeichertes VI zurückholen, Abb. 6.16:

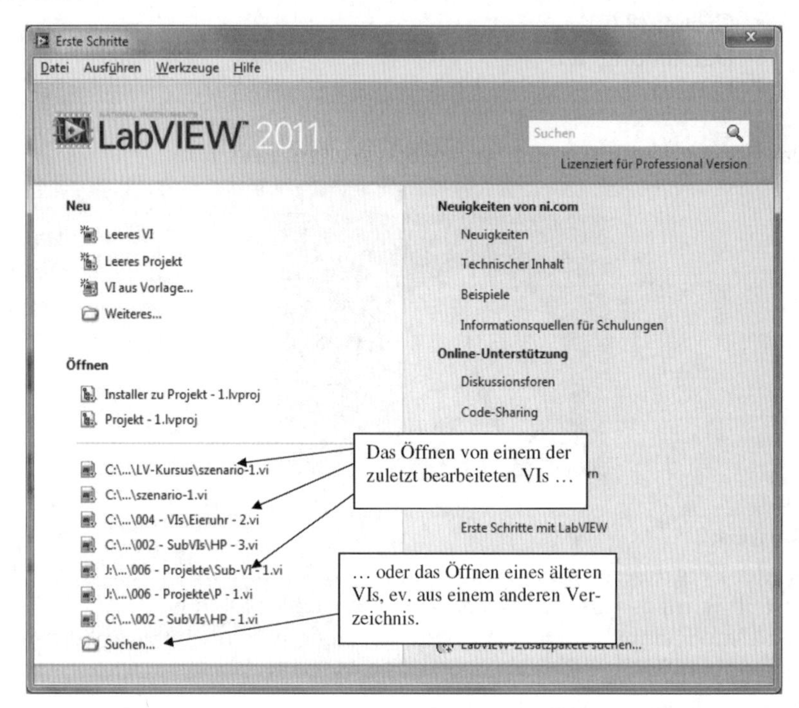

Abb. 6.16: *Der erneute Start von LabVIEW – das LabVIEW-Startfenster.*

(Bei Ihnen sollte unter ´Öffnen´ jetzt natürlich nur ein einziges VI erscheinen, nämlich *´szenario-1.vi´*, da Sie ja noch nicht mehr gemacht haben.)
Öffnen Sie also jetzt dieses VI *´szenario-1´* durch einmaliges Klicken mit der Maus. Es sollte noch so aussehen, wie wir es verlassen haben.
Wir ergänzen nun unser Frontpanel um zwei weitere Anzeige- und ein weiteres Bedienelement.

Übung:
Für unser Frontpanel benötigen wir noch:

- einen ´Tank´ als numerisches Anzeigeinstrument
- ein rein ´numerisches Anzeigeinstrument´
- ein Bedienelement ´Schieber mit Zeiger (horizontal)´

Und nun erinnern Sie sich daran, wie Sie zu diesen Elementen gelangen:

Der ´Tank´ als Anzeige-Element ist zu finden unter:

FP\Modern\Numerisch\Tank

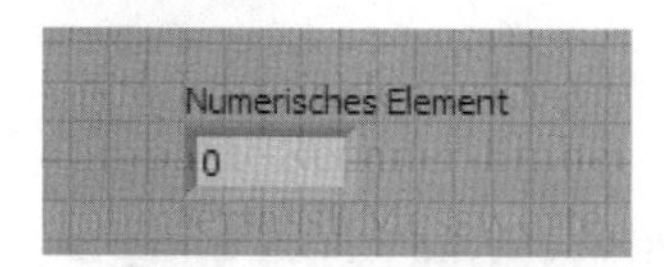

Das ´numerische Anzeige-Element´ ist zu finden unter:

FP\Modern\Numerisch\Numerisches Anzeigeelement

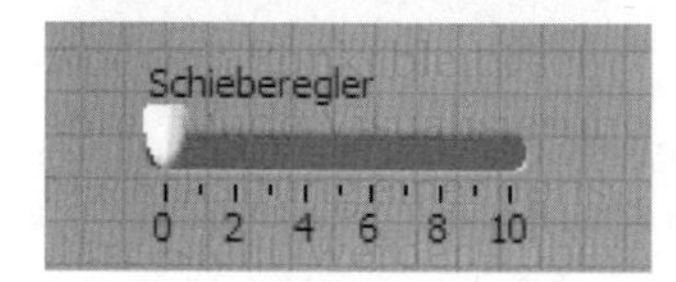

Das numerische Bedienelement ´Schieber mit Zeiger (horizontal)´ finden Sie unter:

FP\Modern\Numerisch\Schieber mit Zeiger (horizontal)

Zur vertiefenden Wiederholung zeigen wir Ihnen noch einmal detailliert, wie man z.B. an das ´numerische Anzeigeelement´ herankommt:
All diese Elemente finden Sie in der ´Modern´-Unterpalette ´Numerisch´.
Achten Sie bei der Auswahl des numerischen Instruments darauf, dass Sie auch das richtige Element erwischen und denken Sie bei Bedarf an die ´Heftzwecken-Funktion´, Abb. 6.17:

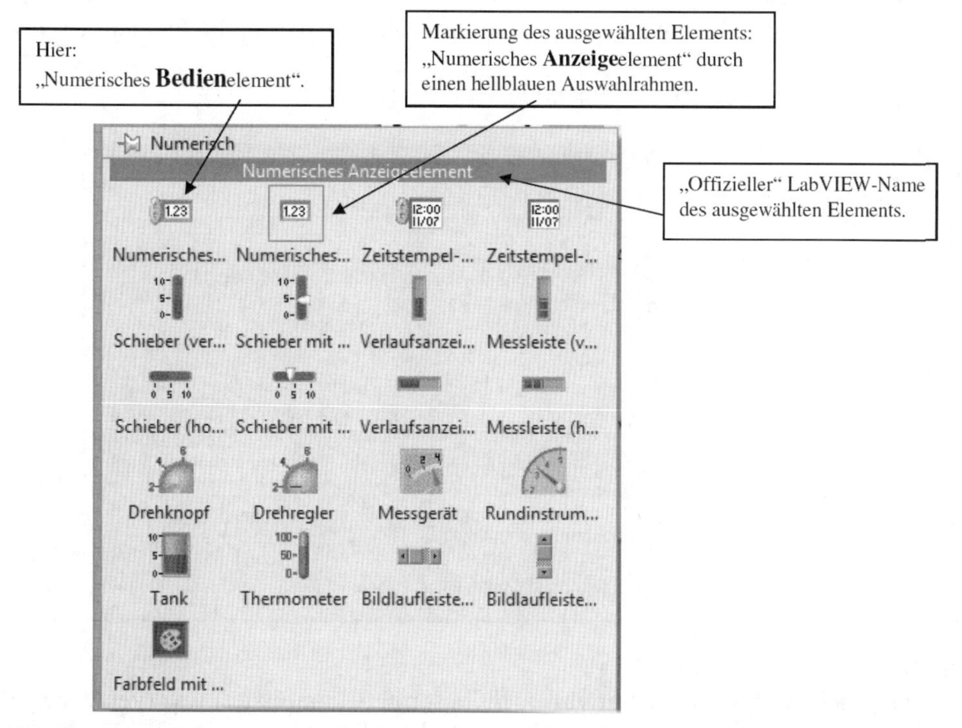

Abb. 6.17: *Die Auswahl des numerischen Anzeigeelements.*

Wenn Sie den Cursor über die Elemente einer Palette bewegen, so passiert zunächst zweierlei:

- um das gerade aktuell ausgewählte Element erscheint ein hellblauer Auswahlrahmen und
- im oberen blauen Anzeigefeld des Palettenfensters erscheint der eindeutige offizielle LabVIEW-Name zu diesem Element.
  So können Sie jedes Element aus LabVIEW über seinen Namen einwandfrei identifizieren.

Ein Klick mit der linken Maustaste auf das ausgewählte Element schließt die Palette und platziert das Element auf dem Frontpanel.

Wählen Sie nun die drei noch fehlenden, zuvor erwähnten, Elemente für das Frontpanel aus und platzieren Sie diese nach Ihren Vorstellungen auf dem Frontpanel (insgesamt also drei Anzeigeelemente und ein Bedienelement).

Vergeben Sie als nächstes noch ´passende´ Namen für Ihre Elemente, also z.B.

- Der Tank soll beschriftet werden mit: ´Bierstand in hl´, Schriftgröße: 18, fett, Farbe blau
- Der Schieberegler erhält den Namen: ´Sollwerteinstellung´ in der Größe 18, fett und der Farbe grün
- Das numerische Element heißt: ´Anzahl pro Minute´, Größe 18, fett, Farbe schwarz

Das Endergebnis könnte dann so aussehen, Abb. 6.18:

Abb. 6.18:
Das erste Frontpanel.

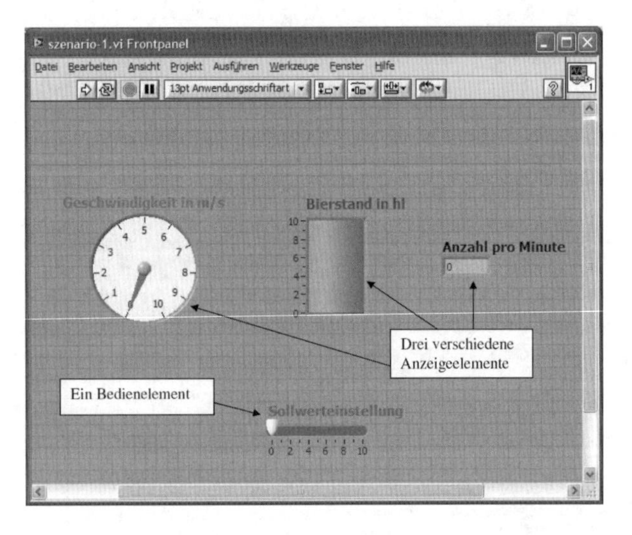

Fertig ist Ihr erstes Frontpanel!
Sie haben gesehen, dass dieser Entwurf nicht besonders kompliziert war (versuchen Sie so etwas einmal mit einer höheren Programmiersprache, z.B. mit C++ für den PC zu entwerfen!).

Speichern Sie nun diesen Entwurf wieder unter ´szenario-1.vi´ ab. Das Schnellabspeichern eines bereits vorhandenen VIs funktioniert wie in der Windows-Welt gewohnt, ganz einfach mit der Tastenkombination (Shortcut) *´Strg+S´*.

Und wie geht es nun weiter?
Wir entwerfen im nächsten Kapitel das Blockdiagramm zum Frontpanel und erhalten damit unser erstes komplettes LabVIEW-Programm, unser erstes LabVIEW-VI.

Sie können jetzt allerdings LabVIEW erst einmal beenden und sich eine kleine Pause gönnen, bevor Sie weiter machen.

6.2 Das Blockdiagramm

Der zweite Teil eines LabVIEW-Programms (ab jetzt kurz LabVIEW-VI oder ganz einfach VI genannt) besteht aus dem Blockdiagramm, in dem sich die eigentliche Intelligenz und Funktionalität, des gesamten Messgerätes verbirgt.

Daher eine erste grundlegende Feststellung:

Merke

Das Fließen von Datenströmen
LabVIEW ist eine so genannte „Datenfluss-Programmiersprache" und das bedeutet:

Das eigentliche Programm eines LabVIEW-VIs besteht aus einzelnen *graphischen Funktionsblöcken*, die im Blockdiagramm angeordnet sind und deren Ein- und Ausgänge mit virtuellen Drähten miteinander verbunden sind.

Zwischen den Ein- und Ausgängen der Blöcke können somit beliebige Daten unterschiedlicher Art (Zahlen, Strings, Arrays, etc.) hin und her fließen.

Im Gegensatz zu einer „Textzeilen-basierten" Programmiersprache wie BASIC oder ´C´ werden hier also keine einzelnen Befehlszeilen hintereinander (untereinander) programmiert, sondern es werden einzelne (Funktions-)Kästchen auf ein Arbeitsblatt gelegt, verschoben, miteinander verbunden und dann von LabVIEW abgearbeitet.

Der Anwender sucht sich also zuerst aus einer riesigen Sammlung von bereits fertigen Funktionen die gewünschten aus, platziert diese „schön übersichtlich" auf dem Blockdiagramm und verbindet sie miteinander.
Um mehr braucht man sich gar nicht zu kümmern: Bereits beim Erstellen des Blockdiagramms analysiert LabVIEW im Hintergrund automatisch, welche Datentypen von einem

Funktionsblock zum anderen transportiert werden sollen und wählt dementsprechend den richtigen *Draht* für die Verbindung zwischen den Blöcken aus.

Über solch einen Draht werden dann einzelne Zahlen, Arrays, Strings oder noch komplexere Informationsarten transportiert.
Für den Anwender bleibt es nach außen hin einfach ein normaler Verbindungsdraht und er braucht daher nicht mehr zu machen, als den Draht von einem Block-Ausgang zu einem Block-Eingang zu verlegen. Den Rest macht LabVIEW automatisch.

Merke

Die LabVIEW-Verbindungsdrähte
Diese Verbindungsdrähte stellt LabVIEW immer in einer bestimmten Farbe und in einer bestimmten Form dar, damit man auch optisch erkennen kann, welche Arten von Datentypen darüber transportiert werden.

Aber:
Fehler bzw. fehlerhafte Verbindungen kann der Anwender natürlich immer noch reichlich machen: Er kann zum Beispiel versuchen, an einen Schalter einen Text-String zu senden, oder eine Fließkomma-Zahl an eine LED zu legen. Genauer gesagt, er kann beispielsweise versuchen, einen Schalter**ausgang** mit einem String-**Eingang** eines Funktionsblockes oder den Float-Ausgang eines Blocks mit einem LED-Block-Eingang zu verbinden.
Das funktioniert allerdings nicht. In allen Fällen überwacht LabVIEW strengstens die Verbindungslegung des Anwenders und meldet Fehlverbindungen: der Draht wird dann als unterbrochener Draht dargestellt und das LabVIEW-VI kann nicht gestartet werden.
Zusätzlich werden auch noch ausführliche textliche Fehlermeldungen erzeugt und angezeigt.
Das alles verschafft eine große Sicherheit im Vergleich zu anderen höheren Programmiersprachen, bei denen Fehlerstellen manchmal recht umständlich gesucht und korrigiert werden müssen.

Als nächstes werden wir nun etwas konkreter und entwickeln zu unserem Frontpanel aus dem vorhergehenden Kapitel ein funktionsfähiges Blockdiagramm und damit ein komplett ablauffähiges LabVIEW-VI.

Öffnen Sie dazu das bereits entworfene Frontpanel *´szenario-1.vi´*, es sollte noch so aussehen wie in Abb. 6.18.

Zu diesem Frontpanel gehört immer, wie bereits mehrfach erwähnt, ein zugehöriges Blockdiagramm.

Ein LabVIEW-VI besteht immer aus einem Frontpanel und aus einem Blockdiagramm!

Das zu einem Frontpanel gehörende Blockdiagramm erreichen Sie immer, indem Sie den Shortcut *´Strg+E´* drücken, Abb. 6.19:

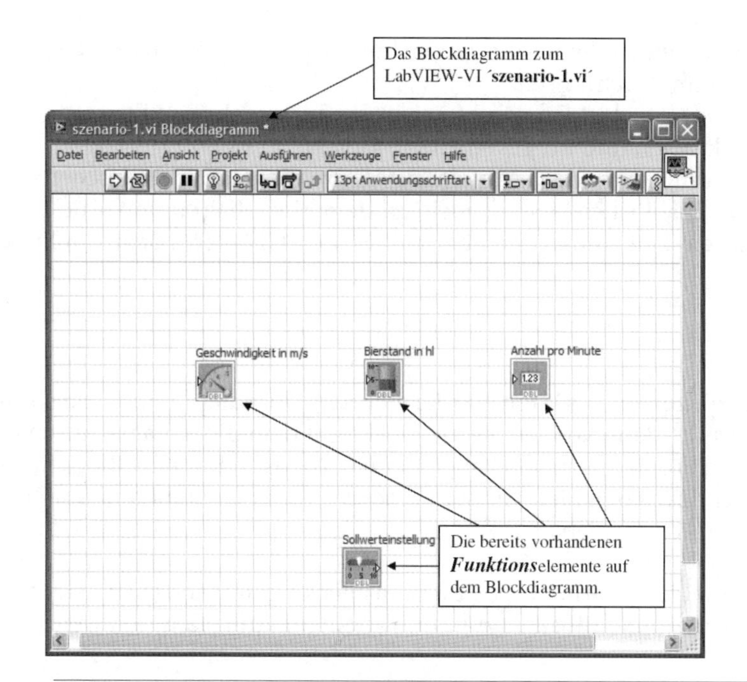

Abb. 6.19:
Das zum Frontpanel gehörende Blockdiagramm.

Merke

Die Umschaltung Frontpanel ⇔ Blockdiagramm
Das Umschalten zwischen Frontpanel und zugehörigem Blockdiagramm und umgekehrt geschieht durch die Tastenkombination (den Shortcut) ´Strg+E´.

Auf dem nun geöffneten Blockdiagramm, Abb.6.19, erkennen Sie schon die vier Funktionsblöcke, die von LabVIEW, den bereits auf dem Frontpanel vorhandenen Anzeige- und Bedienelementen zugeordnet sind.

Merke

Elemente des Frontpanels ⇔ Funktionsblöcke im Blockdiagramm
Zu jedem Element des Frontpanels gehört auf dem Blockdiagramm ein eigener Funktionsblock (Funktionssymbol), in dem die Eigenschaften des Frontpanel-Elements festgelegt sind.
Mit Hilfe solcher Funktionsblöcke erfasst LabVIEW die Aktionen von Bedienelementen auf dem Frontpanel und speist deren Eingaben in das Blockdiagramm (in das LabVIEW-VI) ein.
Andererseits werden Ausgaben des LabVIEW-VIs über die Anzeige-Funktionsblöcke zu den Anzeigeelementen auf dem Frontpanel weitergeleitet und dort dargestellt.
Solche Funktionsblöcke werden von LabVIEW automatisch in das Blockdiagramm eingefügt, wenn auf dem Frontpanel ein neues Element aufgebracht wurde.

Sie müssen dann lediglich die passende Verdrahtung der Funktionsblöcke auf dem Blockdiagramm durchführen.
Auch wird der Funktionsblock gelöscht, wenn Sie das zugehörige Element auf dem Frontpanel löschen und umgekehrt.
Nur die „lose herum hängenden" (nutzlosen) Verbindungsdrähte zwischen den gelöschten Funktionsblöcken bleiben noch auf dem Blockdiagramm zurück.
Testen Sie in diesem Fall einmal den Shortcut *´Strg+B´*! (Näheres dazu am Ende dieses Kapitels.)

Hinweis:
Sollte die Anordnung der einzelnen Funktionsblöcke in Ihrem Blockdiagramm nicht so aussehen wie in unserer Abb. 6.19, dann können Sie die Blöcke auf dem Blockdiagramm so verschieben, wie Sie es auf dem Frontpanel getan haben (s. im vorherigen Kapitel): Block mit gedrücktem Mauszeiger oder durch den Pfeil-Cursor markieren (gestrichelter Rand um Block) und dann an eine beliebige Stelle schieben.

Unsere erste Aufgabe besteht jetzt darin, diese Funktionsblöcke miteinander zu verbinden, so dass ein komplettes, ablauffähiges Blockdiagramm, also ein funktionsfähiges VI, entsteht.

Übung 1

Die geforderte Funktion unseres ersten VIs besteht darin, dass mit dem Schieberegler („Sollwerteinstellung") ein Messwert simuliert wird, der dann auf den drei Anzeigeinstrumenten zur Darstellung gelangt.
Also müssen wir den Schieberegler durch ein paar Drähte mit den Anzeigeeinheiten verbinden.

Merke

Die Ein- und Ausgänge von Funktionsblöcken
Jeder Funktionsblock auf dem Blockdiagramm hat naturgemäß Eingänge, Ausgänge oder beides.
Über diese Verbindungs- bzw. Anschlusspunkte werden Daten bzw. Informationen, vom Funktionsblock weg oder zum Funktionsblock hin transportiert.
Die Anschlüsse, an die man die „Drähte" anschließen kann, nennt man unter LabVIEW auch *´Terminals´*.
Ein Funktionsblock wird oft auch als *´Knoten´* des Blockdiagramms bezeichnet (Knoten ≡ programmausführendes Element mit Ein- und/oder Ausgängen) und die Verbindungsdrähte heißen auch *´Verbindungslinien´*.

Fahren Sie nun mit der Maus über den Funktionsblock ´Schieberegler´ („Sollwerteinstellung"), Abb. 6.20:

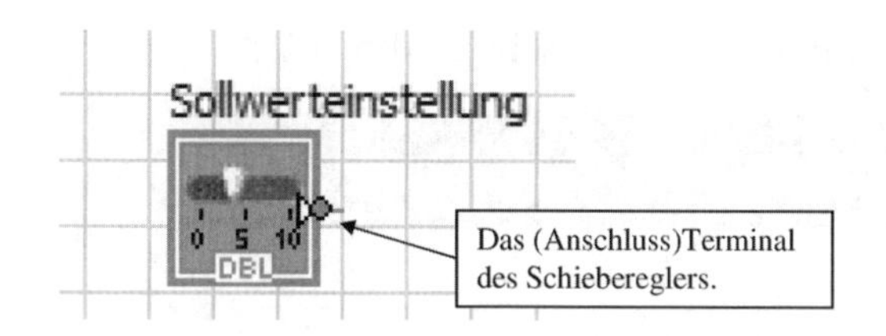

Abb. 6.20:
Der Schieberegler und sein Ausgangsterminal.

Sie sehen, dass plötzlich an der rechten Seite des Symbols, am kleinen Dreieck, ein roter Kreis mit einem kleinen Strich erscheint: der Anschluss, bzw. das Terminal des Schiebereglers. Es ist hier natürlich ein Ausgang, denn dieses Bedienelement gibt ja, wie ein normaler Schiebeeinstellreger auch, einen Wert aus.
Diese Datentransfer-Richtung erkennen Sie ebenfalls am kleinen Dreieck innerhalb des Symbols: dieses Dreieck ist nach rechts hin gerichtet, also vom Funktionsblock weg. Das Dreieck kennzeichnet also einen *Ausgang*.

Fahren Sie nun mit der Maus auf eines der drei Anzeigeelemente. Der kleine Kreis mit dem Strich erscheint nun auf der linken Seite des Funktionssymbols. Das kleine Dreieck ist ebenfalls nach rechts gerichtet, jetzt allerdings in den Funktionsblock hinein, es kennzeichnet also einen *Eingang*.

Merke

Eingänge – Ausgänge
Fährt man mit der Maus über ein Funktionselement im Blockdiagramm, so werden die zugehörigen Ein- und Ausgangsterminals angezeigt.
Kleine Dreiecke im Funktionsblocksymbol zeigen bei einigen Funktionsblöcken auch die Datenflussrichtung, also Eingang oder Ausgang, an.

Im nächsten Schritt müssen nun die Ein- und Ausgänge der Funktionsblöcke entsprechend miteinander verbunden werden.
Dazu bewegen Sie die Maus auf das Anschlussterminal (den kleinen roten Kreis) beim Schieberegler (Sollwerteinstellung).
Sie werden feststellen, dass sich das Kreuz-Maussymbol in eine kleine Drahtrolle verwandelt: die Maus ist nun zum Verdrahtungswerkzeug geworden.
Halten Sie nun die linke Maustaste gedrückt und ziehen Sie den Draht nach rechts vom Schieberegler-Symbol weg. Lassen Sie die Maustaste los, so wird ein Haltepunkt gesetzt und Sie können den Draht „um die Ecke" legen. Der Draht wird jetzt noch als gestrichelte schwarze Linie dargestellt.
Führen Sie den Draht nun auf einem schönen Weg zum Eingangsterminal des numerischen Elements (Anzahl pro Minute).
Sobald Sie diesen Punkt erreicht haben, lassen Sie die linke Maustaste los.
Der Draht wird jetzt zu einer durchgezogenen, orangen, dünnen Linie. So kennzeichnet LabVIEW Verbindungslinien, über die einfache numerische Daten transportiert werden (genau genommen sind es 64 Bit große reelle Zahlen, die über diesen Draht transportiert werden).

Das Ergebnis der ersten Verbindung könnte nun so aussehen, Abb. 6.21:

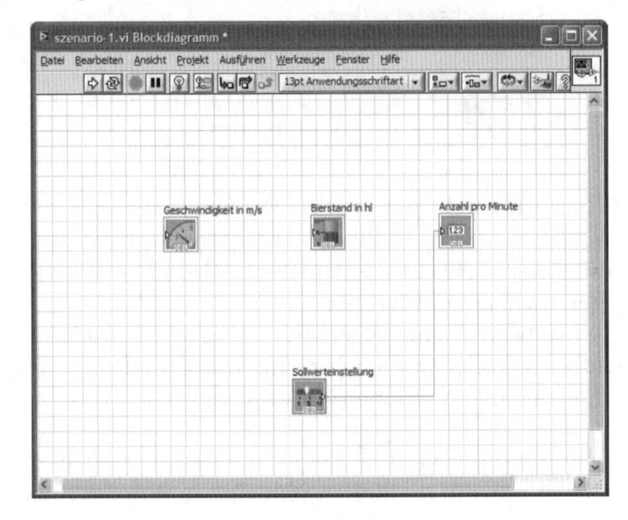

Abb. 6.21:
Die erste Verbindung im Blockdiagramm.

Mit Hilfe des Shortcuts ´*Strg+S*´ können Sie die bisher gemachten Änderungen unter ´szenario-1.vi´ abspeichern (≡ Sicherungsabspeicherung).

Merke

Die farbigen Drähte (Verbindungslinien)
An der Farbe, der Art der Darstellung (Darstellungsmuster) und der Dicke der Verbindungslinie lässt sich erkennen, welche Art von Daten (Informationen) über diesen Draht transportiert werden.
(Genaueres dazu finden Sie im Kapitel über die Datentypen.)

Übung 2

Verbinden Sie nun die Eingänge der beiden anderen Anzeigeinstrumente ´Tank´ (Bierstand in hl) und ´Rundinstrument´ (Geschwindigkeit in m/s) mit dem Ausgang des Schiebereglers (Sollwerteinstellung).

Und das geht ganz einfach wie folgt:

Wenn Sie jetzt mit dem Mauszeiger in die Nähe des bereits verlegten Drahtes kommen, verwandelt sich das Maussymbol wieder in die Drahtrolle. Durch Klicken mit der linken Maustaste können Sie dort einen Verbindungs-(Kreuzungs-)punkt setzen und von dort eine weitere Leitung verlegen.

Danach sollte Ihr Blockdiagramm so aussehen, Abb. 6.22:

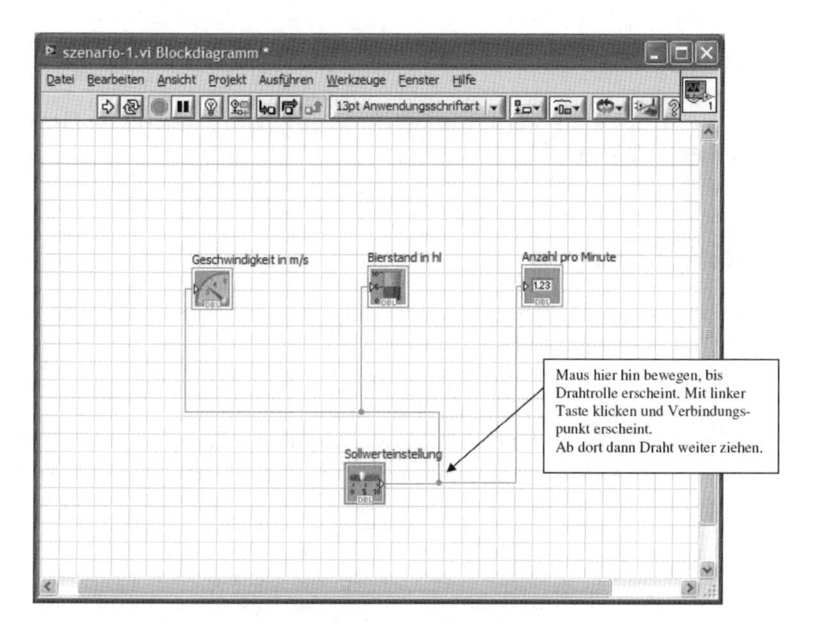

Abb. 6.22: *Das fertig verdrahtete Blockdiagramm unseres VIs.*

Fertig ist unser erstes Blockdiagramm und damit unser erstes selbst erstelltes LabVIEW-VI.

Und was nun?

Jetzt können wir das VI starten und untersuchen, ob alles richtig funktioniert.

Aber zuerst noch einige weiterführende ***Tipps und Tricks*** für das Arbeiten im Blockdiagramm:

Die Cursor-Formen und die Cursor-Funktionen im Blockdiagramm

Auch im Blockdiagramm erfüllt der Cursor unterschiedliche, wichtige Funktionen, je nach dem, über welcher Stelle des Funktionssymbols er sich gerade befindet:

- Außerhalb der Funktionssymbole: *Kreuz-Form*
  Das ist die bekannte, normale Arbeitsform des Cursors.

- Über einem Funktionssymbol: *Pfeil-Form*
  Hat der Cursor die Pfeil-Form, so kann das Funktionssymbol durch Klicken mit der linken Maustaste markiert werden (ein gestrichelter Markierungsrahmen erscheint um das Funktionssymbol) und das Symbol kann verschoben werden. Auch lässt sich zusätzlich das Textfeld getrennt markieren und verschieben.
  (Die alternative Markierungsmöglichkeit funktioniert hier ebenfalls.)
  Ist das Funktionssymbol einmal markiert, so sind auch ein *Löschen* und ein *Kopieren* von Funktionsblöcken (Funktionselementen) möglich.
  Nur das Vergrößern/Verkleinern von Funktionssymbolen funktioniert nicht.

- Am Ein- bzw. Ausgang eines Funktionssymbols und an einem bereits verlegten Draht: *Drahtrolle*
  In diesem Fall dient der Cursor als Verbindungswerkzeug zum Ziehen von Drähten zwischen den einzelnen Funktionsblöcken.

Verdrahtungen im Blockdiagramm

Sie können jederzeit die Verlegung des Drahtes im Blockdiagramm ändern und verbessern. Dazu haben Sie folgende Möglichkeiten (Abb. 6.23).
Bewegen Sie die Maus in die Nähe des zu verändernden Drahtes bis der Mauszeiger die Form des bereits bekannten, schräg nach oben gerichteten Pfeils hat.
Dann drücken Sie die rechte Maustaste und ein Pull-Down-Menü erscheint. Die oberen drei Menüpunkte beziehen sich auf die Möglichkeiten, den gerade ausgewählten Verbindungsdraht zu manipulieren:

- **Verdrahtung bereinigen**
  Wenn Sie im Laufe Ihrer Arbeit einmal einen Draht kreuz und quer auf dem Arbeitsblatt verlegt haben, so wählen Sie diesen Menüpunkt aus und LabVIEW optimiert für Sie automatisch die Verlegung des Drahtes. Meistens sieht diese Lösung dann optisch besser aus und verbindungsmäßig ändert sich natürlich nichts.

- **Verzweigung erstellen**
  Klicken Sie hier drauf, so wird an dieser Drahtstelle eine neue Verzweigung erstellt, die Drahtrolle erscheint wieder und Sie können ab hier eine neue Verbindung verlegen.

- **Verzweigung löschen**
  Über diesen Menüpunkt können Sie den verlegten und vorher markierten Draht, wieder löschen.

Das Löschen eines Drahtes ist aber auch einfacher möglich:
Sie fahren mit der Maus auf den Draht, bis der Mauszeiger wieder die Form des Pfeils hat. Dann klicken Sie den Draht an, der Draht erscheint gestrichelt (der Draht wird markiert). Und nun drücken Sie einfach auf die Lösch-Taste (´Entf´-Taste) auf der PC-Tastatur und der Draht ist weg.

> Wichtig
>
> *Meisten bleiben nach Löschaktionen noch einige „Drahtreste“ übrig, die jetzt „lose in der Luft herum hängen“, Abb. 6.24.*
> Diese brauchen Sie nicht mühsam einzeln zu löschen, denn hierzu gibt es den Shortcut *´Strg+B´*, mit dem LabVIEW automatisch und selbstständig alle „irgendwo lose im Blockdiagramm herumhängenden überflüssigen Drähte“ entfernt.

Das ist eine äußerst hilfreiche Funktion, um das Blockdiagramm schnell aufzuräumen, d.h. es von losen (fehlerhaften) Verbindungen zu bereinigen.

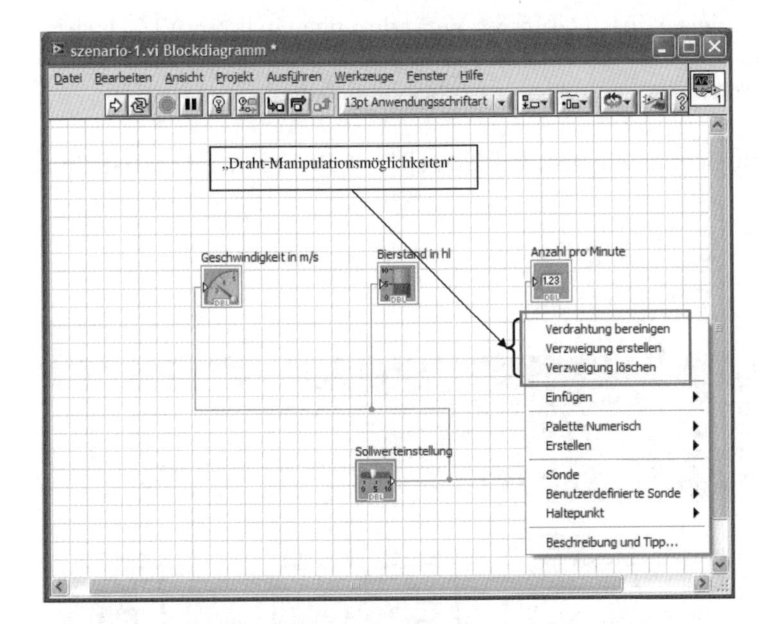

Abb. 6.23: *Die Möglichkeiten, einen Verbindungsdraht zu ändern.*

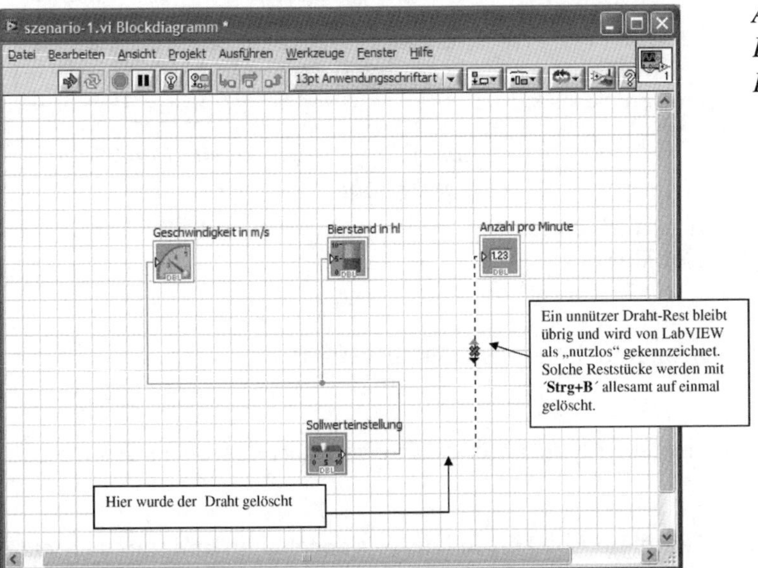

Abb. 6.24: *Die Beseitigung von Drahtresten.*

Und denken Sie immer daran, gefallen Ihnen die Änderungen nicht oder haben Sie etwas falsch gemacht: Über ´Bearbeiten\Rückgängig machen ... (bzw. ´*Strg+Z*´)´ können Sie alle Ihre Änderungen wieder rückgängig machen und den Ausgangszustand wieder herstellen.

6.3 Der Start des VIs

Machen Sie zunächst alle (testweise) durchgeführten Veränderungen in Ihrem VI ´szenario - 1´ rückgängig, so dass Sie die Ausgangssituation gemäß Abb. 6.18 (Frontpanel des VIs) bzw. gemäß Abb. 6.23 (Blockdiagramm des VIs) wieder hergestellt haben.

Schalten Sie nun, sofern noch nicht geschehen, mit *´Strg+E´* auf die Frontpanel-Darstellung des VIs um, Abb. 6.25:

Abb. 6.25:
Die wichtige linke obere Ecke.

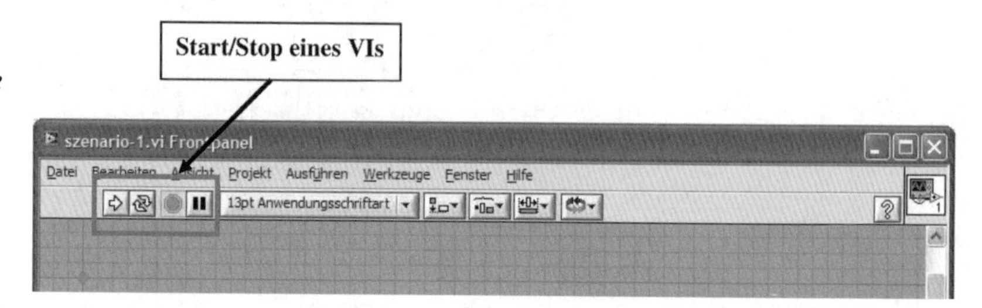

Zum Starten, Stoppen und Anhalten eines VIs sind jetzt vier Tastenfelder in der linken oberen Fensterecke maßgeblich. Diese finden Sie sowohl auf dem Frontpanel als auch auf dem Blockdiagramm vor (Abb.6.26).

Folgende Bedeutungen liegen den Ikons zugrunde:

Abb. 6.26: *Die wichtigen „Start/Stop-Ikons/Knöpfe“.*

Ausführen:
Das VI wird genau einmal ausgeführt, d.h. abgearbeitet, danach stoppt der Ablauf.

Wiederholt ausführen:
Das VI wird permanent, nacheinander immer wieder ausgeführt.

Ausführung abbrechen:
Die Abarbeitung des VIs wird abgebrochen, d.h. endgültig beendet (≡ Not-Aus-Funktion).

Pause/Weiter:
Durch Druck auf dieses Feld, wird die Abarbeitung des VIs angehalten und durch erneuten Druck auf dieses Feld wieder fortgesetzt.
Befindet man sich auf dem Frontpanel, so wird beim Einleiten der Pause automatisch das Blockdiagramm in den Vordergrund geholt.

Wenn Sie nun bei unserem VI auf *´Ausführen´* klicken, so bringt uns das noch nicht allzu viel, denn das VI wird in diesem Fall nur einmalig ausgeführt (und das passiert äußerst schnell) und danach ist wieder Schluss.
Wir müssen hier auf *´Wiederholt ausführen´* klicken, damit das VI permanent immer wieder hintereinander ausgeführt wird und wir somit etwas Sinnvolles einstellen und beobachten können.
Denn erinnern Sie sich, was unser erstes VI eigentlich machen sollte:

Mit Hilfe des Schiebereglers sollen Werte eingestellt werden, die dann auf den Anzeigeelementen angezeigt werden.

Ausprobieren

Starten Sie also nun das VI durch Klicken auf das Ikon mit den zwei verschlungenen Pfeilen. Sie werden zuerst feststellen, dass (Abb. 6.27):

- das Zeichenraster auf dem Frontpanel verschwunden ist
- einige Ikons aus der oberen Reihe verschwunden sind
- die vier Start/Stop-Ikons fett dargestellt sind

All das sind Zeichen dafür, dass das VI läuft!

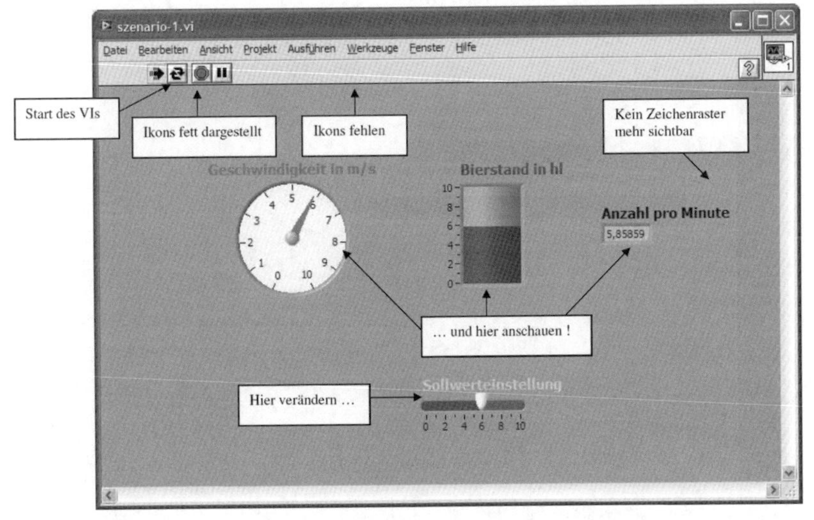

Abb. 6.27: *Das VI läuft!*

Bewegen Sie nun mit der Maus den Schieberegler (≡ Sollwerteinstellung) und beobachten Sie die drei Anzeigeinstrumente:

Synchron zur Änderung der Eingabewerte des Schiebereglers ändern sich auch die Werte in den Anzeigeelementen!

Zum Stoppen des VIs klicken Sie einfach auf den roten Stopp-Punkt (Abb. 6.26): die Abarbeitung des VIs wird beendet, das Zeichenraster auf dem Frontpanel und die verschwundenen Ikons erscheinen wieder.

Damit haben wir die Erstellung und den Test unseres ersten VIs erfolgreich beendet!

Und nun steigen wir richtig in LabVIEW ein …

7. Die Datentypen und die zugehörigen Grundfunktionen in LabVIEW, I

Da mit LabVIEW im Allgemeinen beliebige Daten verarbeitet werden, stellt sich natürlich als Erstes die Frage: Welche verschiedenen Datentypen gibt es eigentlich unter LabVIEW? Und die Antwort lautet:

- Die **einfachen** Datentypen sind:
  - numerische Daten (ganze Zahlen, Fließkomma-Zahlen und komplexe Zahlen)
  - boolesche Daten
  - Strings und Pfad-Daten

- Die **zusammengesetzten, komplexeren** Datentypen sind:
  - Ring und Enum
  - Arrays
  - Cluster
  - ....

In diesem ersten Kapitel über die LabVIEW-Datentypen werden wir uns schwerpunktmäßig zunächst mit den einfachen Datentypen beschäftigen.

Das Besondere unter LabVIEW ist ja, dass im Blockdiagramm die einzelnen Funktionsblöcke durch Verbindungsdrähte miteinander verbunden werden und dass man schon an der Farbe und an der Form der Drähte erkennen kann, welche Datentypen über diese Drähte transportiert werden, Abb. 7.1:

Ganzzahlen: BLAU, dünn
1D-Array, Ganzzahlen: BLAU, dick
Fließkommazahlen: ORANGE, dünn
1D-Array, Fließkommazahlen: ORANGE, dick
Boolescher Wert: GRÜN, dünn
1D-Array, Boolescher Wert: GRÜN, dick
String (Zeichenkette): ROSA, dünn
1D-String-Array (Zeichenkette): ROSA, dick
2D-Array, Ganzzahlen: BLAU, doppelt dick
2D-Array, Boolescher Wert: GRÜN, doppelt dick
2D-Array, Fließkommazahlen: ORANGE, doppelt dick
2D-String-Array (Zeichenkette): ROSA, doppelt dick

Abb.7.1: *Die Farbe und die Form des Verbindungsdrahtes geben die Art der transportierten Daten an.*

Zuerst erkennt man, dass folgendes bezüglich der **Farben** festgelegt wurde:

- Ganze Zahlen: blauer Draht
- Fließkomma-Zahlen: oranger Draht
- Boolesche Werte: grüner Draht
- Strings (Zeichenketten): rosa Draht

Weiterhin gilt bezüglich des **Drahtmusters** bzw. der **Drahtstärke**:

- Einfache Zahlen: dünner Draht
- Ein-dimensionale Arrays (1D-Array): dicker Draht
- Zwei-dimensionale Arrays (2D-Array): doppelt dicker Draht
- Arrays noch höherer Dimension: die Drähte werden immer ein klein wenig dicker

Bei den anderen, komplexeren Datentypen gibt es noch weitere Farben und Formen, die wir später noch angeben werden.

Merke

Farbige Drähte
Anhand der Farbe und der Form des Verbindungsdrahtes zwischen den Funktionsblöcken im Blockdiagramm kann man sehr gut die Art der transportierten Daten erkennen.

Wird im Blockdiagramm ein Ausgang mit einem Eingang per „Drahtrolle" verbunden, so wählt LabVIEW automatisch und selbständig schon den richtigen, passenden Drahttyp aus.

Aber: Die Verbindung muss auf jeden Fall plausibel, d.h. vernünftig sein, sonst verlegt LabVIEW einen unterbrochenen Fehlerdraht und das VI kann nicht gestartet werden.

Das wollen wir nachfolgend alles demonstrieren.

7.1 Numerische Daten und vielseitige Hilfen

Ganz normale, einfache Zahlen (ganze Zahlen oder Komma-Zahlen) sind sicherlich der Datentyp, der zuerst am meisten in einem LabVIEW-Blockdiagramm verwendet wird und damit soll jetzt vertiefend gearbeitet werden.

Die Darstellung des „Transportweges" für solcherlei numerische Daten im Blockdiagramm erfolgt durch einen dünnen blauen oder dünnen orangen Draht.

Öffnen Sie nun unser VI ´szenario-1.vi´ aus dem vorherigen Kapitel und speichern Sie dieses sofort wieder unter einem anderen Namen, nämlich ´szenario-2.vi´ ab (wie unter Windows gewohnt – Menü: „Datei\Speichern unter ...„), Abb. 7.2:

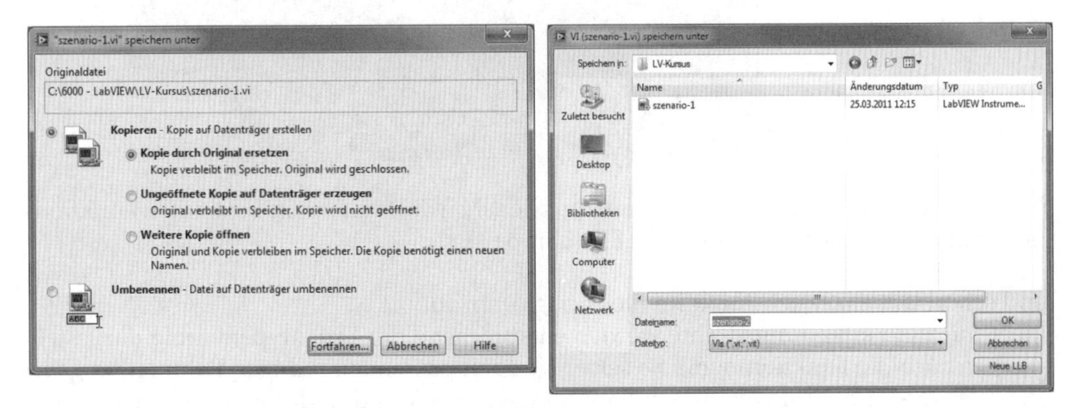

***Abb. 7.2:** Abspeichern unter einem anderen Namen.*

Im ersten nun erscheinenden Fenster wählen Sie ´*Kopie durch Original ersetzen*´ und klicken dann auf ´*Fortfahren*´.
Im dann erscheinenden zweiten Fenster tragen Sie den Zielpfad und die Zieldatei ein, wie unter Windows gewohnt. Sie beenden dann die Abspeicherung durch Klick auf ´*OK*´.

Ab jetzt werden wir mit ´szenario-2.vi´ arbeiten.

Platzieren Sie nun als Erstes auf dem Frontpanel ein neues boolesches Anzeigeelement, eine „LED (rund)", und nennen Sie diese LED ´*Lampe 1*´.

Hinweis:
Die runde LED finden Sie unter:

FP\Modern\Boolesch\LED (rund)

Klicken Sie mit dem „Hand-Cursor" auf die LED um diese anzuschalten (der LED-Knopf wird grün).

Das Gesamt-Ergebnis könnte dann so aussehen, Abb. 7.3:

Abb. 7.3: *Das neue VI: ´szenario-2´.*

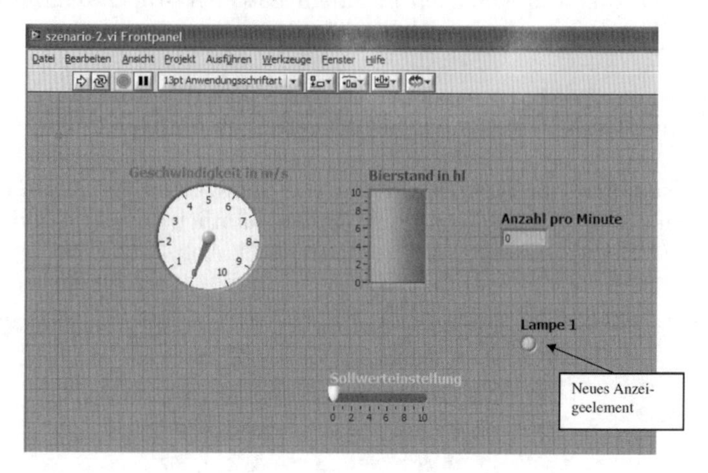

Schalten Sie nun auf das Blockdiagramm um. Sie sehen dort die bereits bekannten Funktionsblöcke und den neuen Block für die LED (Lampe 1).

Und schon fällt ein erster Punkt im Blockdiagramm auf:
Nicht nur die Verbindungsdrähte werden entsprechend der Datentypen farbig dargestellt, sondern auch die Funktionssymbole selber sind mit passenden farbigen Rahmen umgeben und auch die Beschriftungen in den Funktionssymbolen sind in der Farbe angepasst, Abb. 7.4:

´Sollwerteinstellung´,
´Geschwindigkeit in m/s´,
´Bierstand in hl´ und
´Anzahl pro Minute´

Grundeinstellung (Default):	Fließkomma-Zahlen	→	alles in orange
´Lampe 1´:	boolescher Wert	→	alles in grün

Abb.7.4: *Das Blockdiagramm zum VI ´szenario-2.vi´.*

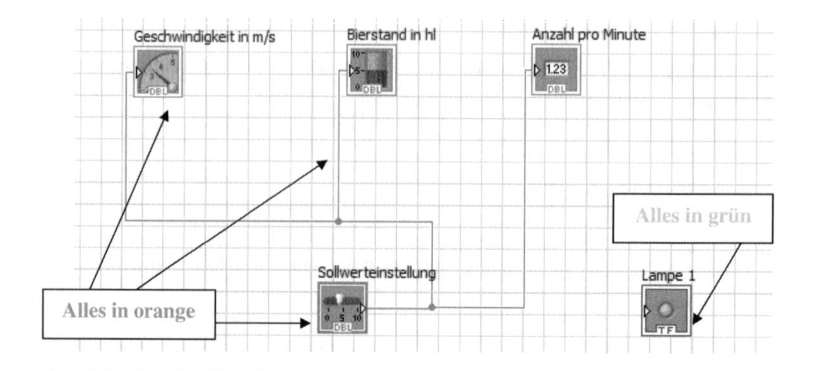

Und nun erinnern Sie sich an die Verdrahtungsaktion im vorherigen Kapitel:
LabVIEW hat bei der Verdrahtung der (orangen) Funktionsblöcke automatisch den richtigen Verbindungsdraht, also die richtige Farbe und die richtige Form (orange, dünn) für Fließkomma-Zahlen, ausgewählt.

Das Kontextmenü

Schauen wir uns nun einmal das Symbol des Funktionsblocks „Sollwerteinstellung" (Schieberegler) etwas näher an.
Klicken Sie mit der rechten Maustaste auf das Symbol, so erscheint das so genannte „Kontextmenü" zu diesem Funktionsblock, Abb.7.5:

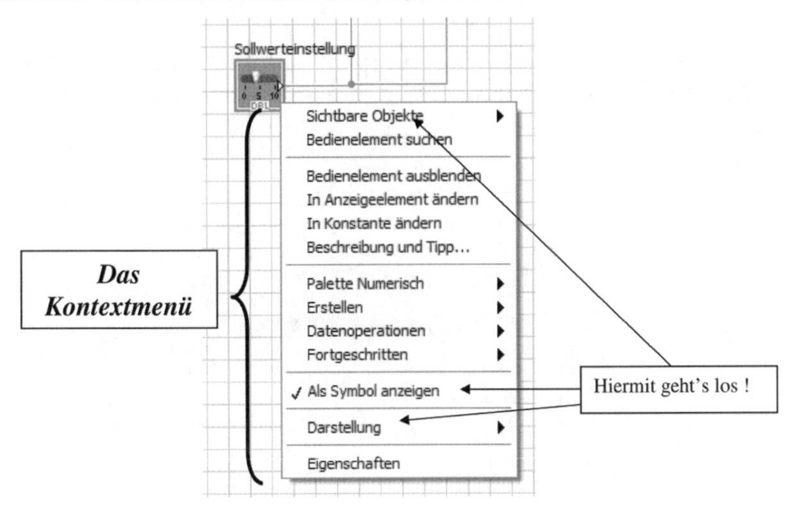

Abb.7.5:
Das Kontextmenü zu einem Funktionsblock.

Wichtig

Das Kontextmenü
In dieser Liste, im Kontextmenü, sind alle Punkte bzw. Eigenschaften aufgeführt, die der Anwender in Bezug auf diesen Funktionsblock einstellen bzw. verändern kann.
Über dieses Kontextmenü können also wesentliche Dinge zu diesem Funktionsblock festgelegt werden.

Zu jedem

- Funktionsblock des Blockdiagramms
- Element auf dem Frontpanel
- Anschlussterminal eines Funktionsblocks

gibt es unter LabVIEW solch ein individuelles Kontextmenü, das immer dann aufspringt, wenn man mit der **rechten Maustaste** auf den Block bzw. auf das Element bzw. auf den Anschluss klickt.

Für uns sind im Kontextmenü aus der Abb. 7.5 zunächst einmal nur die drei folgenden Menüpunkte wichtig:

- Sichtbare Objekte
- Als Symbol anzeigen
- Darstellung

(Die anderen Punkte des Kontextmenüs werden wir nach und nach an passender Stelle erläutern.)

Sichtbare Objekte

Unter diesem Menüpunkt kann sowohl auf dem Frontpanel als auch auf dem Blockdiagramm eingestellt werden, welche Bezeichnungen von diesem Element (zusätzlich) angezeigt werden sollen, Abb. 7.6:

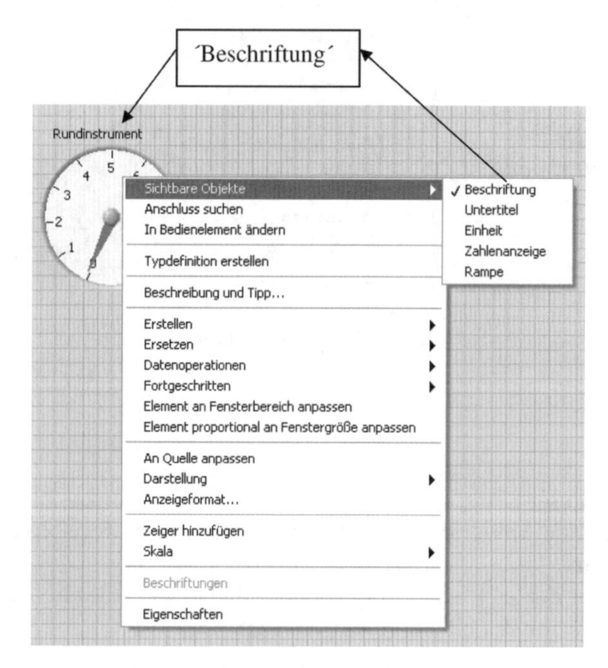

Abb. 7.6: *Die möglichen sichtbaren Objekte bei einem Rundinstrument auf dem Frontpanel.*

Bei einem Rundinstrument wird standardmäßig (als Mindestinformation) die Beschriftung, d.h. der Textzug ´Rundinstrument´ angezeigt.
Zusätzlich kann jetzt noch Folgendes mit dargestellt werden, Abb. 7.7:

- ein weiterer Untertitel
- die passende Einheit zum Zahlenwert
- der exakte Zahlenwert selber
- eine Farbverlaufsrampe

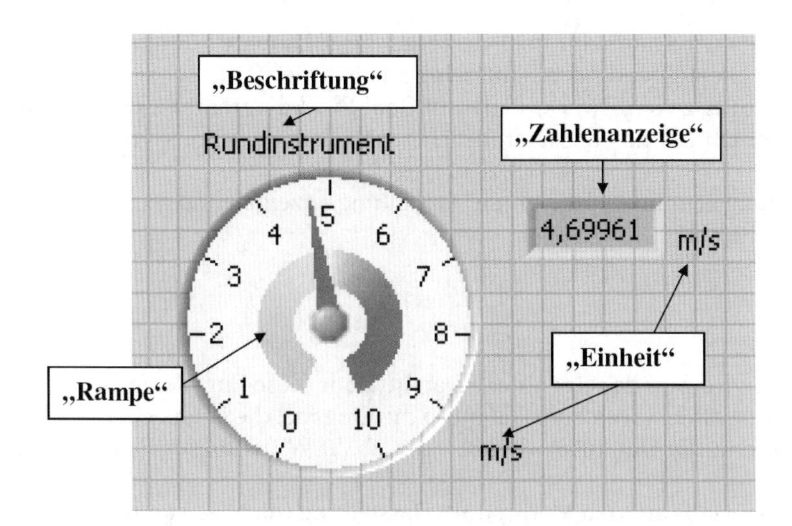

Abb.7.7: *Zusätzliche, aktivierbare sichtbare Objekte.*

So kann man nun ganz genau festlegen, was bei der Darstellung eines Rundinstruments auf dem Frontpanel noch alles mit angezeigt werden soll.

Beachten:

Auch bei diesen zusätzlichen Angaben kontrolliert LabVIEW ganz penibel, ob bei Verbindungen auch alles richtig zusammen passt: wenn Sie z.B. eine Einheit mit anzeigen lassen (z.B. ´m/s´), so muss die Datenquelle, z.B. der Sollwertschieber aus der Abb. 6.18 ebenfalls diese gleiche Einheit besitzen.
Hat der Schieber keine Einheit oder eine andere, so meldet LabVIEW einen **Verbindungsfehler**, mit anderen Worten: In diesem Fall müssen nicht nur die Datentypen, sondern auch die Einheiten zusammenpassen!

Bei jedem Element auf dem Frontpanel bzw. auf dem Blockdiagramm können nun andere, individuelle Bezeichnungsobjekte ausgewählt und dargestellt werden, die dann auch noch selber veränderbar sind, z.B. der Farbverlauf der Rampe.

Als Symbol anzeigen

Entfernen Sie per Mausklick den Haken vor diesem Menüpunkt, so schrumpft das Funktionssymbol auf dem Blockdiagramm zu einem kleineren Symbol zusammen, Abb. 7.8:

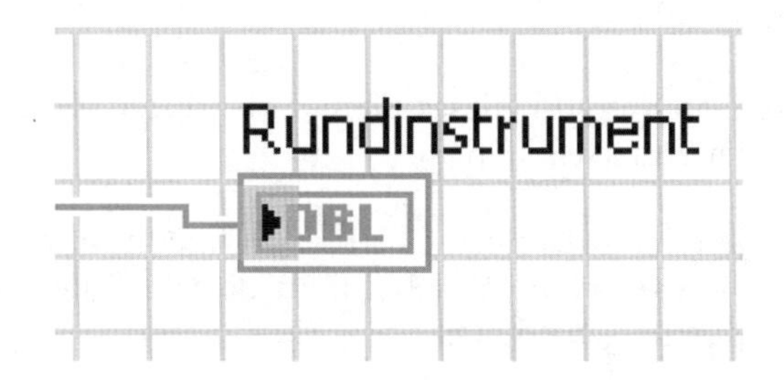

Abb.7.8: *Geschrumpft!*

In diesem kleinen Kasten wird dann nur noch der zugehörige Datentyp der Eingabe ('DBL') angezeigt, auf den wir nachfolgend noch näher eingehen werden.
Diese Verkleinerung hat u.a. den Zweck, Platz auf dem Blockdiagramm zu sparen, wenn dieses sehr voll sein sollte und man das ausführlichere, größere Funktionssymbol an dieser Stelle nicht benötigt.
Wir lassen uns zu Anfang aber immer die große Darstellung anzeigen und setzen den Haken wieder vor diesen Menüpunkt.

Darstellung

In diesem Menüpunkt wird nun der eigentliche Datentyp für diese Eingabe festgelegt, d. h., der Anwender kann auswählen, welchem Datentyp die Eingabe, die eingegebene Zahl, entsprechen soll (sofern man die Default-Auswahl von LabVIEW für dieses Element ändern möchte).
Fahren Sie dazu mit der Maus auf den Menüpunkt Darstellung (nicht Klicken) und es öffnet sich ein weiteres Fenster mit den hier zur Verfügung stehenden und somit einstellbaren, Datentypen, Abb. 7.9:

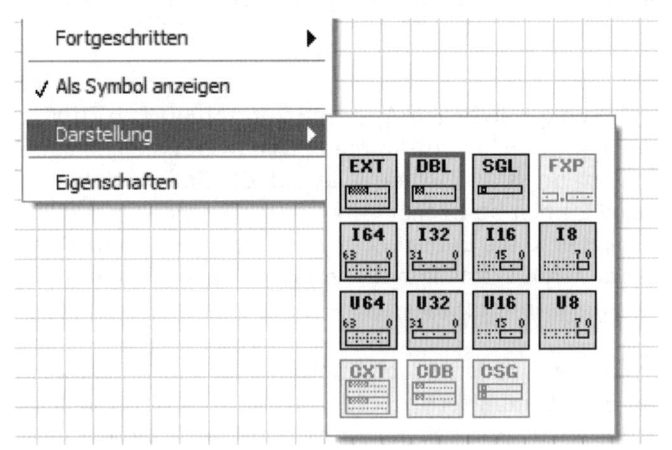

Abb.7.9: *Die nun verfügbaren Datentypen.*

Was sofort auffällt, sind zwei verschiedene Arten von Kästchen:

- Die hervorgehobenen, kontrastreichen Kästchen: Diese Datentypen können jetzt für das ausgewählte Eingabeelement ausgewählt werden.

- Die blassen, ausgegrauten Kästchen: Diese Datentypen sind hier für dieses Element nicht auswählbar, d.h. nicht zulässig.

Der jeweils aktuell ausgewählte Datentyp für dieses Element ist durch einen hervorgehobenen blauen Kasten markiert (hier zunächst: 'DBL').

Wenn Sie mit der Maus über einen der zulässigen Datentypen fahren, so erscheint in der Kopfzeile des kleinen Fensters die (Kurz-) Beschreibung zu diesem Datentyp, z.B. beim Kästchen 'DBL' die Angabe: 'Doppelte Genauigkeit'.

Im Detail gibt es nun vier große Gruppen unterschiedlicher Datentypen, die den vier Zeilen im Fenster entsprechen.

Wichtig

Die Wertebereiche der Datentypen
Eine genaue Übersicht über die exakten Wertebereiche der Datentypen findet man in der LabVIEW-Hilfe unter dem Suchbegriff: ´Übersicht über die numerischen Datentypen in LabVIEW´.
Die LabVIEW-Hilfe selber findet man sowohl auf dem Frontpanel als auch auf dem Blockdiagramm unter dem Menü ´Hilfe´. Dort dann ´LabVIEW-Hilfe durchsuchen … ´ (bzw. Short-Cut: ´*Strg* + *Shift* + *ß*´).

Für die Datentypen aus der Abb.7.9 gilt nun:

1. Zeile: Fließ- bzw. Festkommazahlen (Komma-Zahlen)	
FXP	Festkomma-Zahl (Fixpoint): Zahlen mit einer festen Anzahl von Ziffern und Dezimalstellen.
SGL	Fließkomma-Zahl mit einfacher Genauigkeit (Single). Interne Darstellung im 32-Bit-Format.
DBL	Fließkomma-Zahl mit doppelter Genauigkeit (Double). Interne Darstellung im 64-Bit-Format. *Diese Darstellung wird immer als Standard-Datentyp eingestellt, wenn vom Anwender ein neues numerisches Anzeige- oder Bedienelement ausgewählt wird.* Über den Punkt ´Darstellung´ des Kontextmenüs zu diesem Element kann man dann, bei Bedarf, einen anderen Datentyp auswählen bzw. einstellen. Von NI wird allerdings empfohlen, möglichst immer diesen Datentyp zu verwenden.
EXT	Fließkomma-Zahl mit erweiterter Genauigkeit (Extended). Interne Darstellung im 128-Bit-Format. Dieser Datentyp sollte nur dann verwendet werden, wenn es absolut notwendig ist.
2. Zeile: Vorzeichenbehaftete Integerzahlen (positive und negative ganze Zahlen)	
I8	Vorzeichenbehaftete ganze Zahl, ein Byte groß Wertebereich: - 128 … +127
I16	Vorzeichenbehaftete ganze Zahl, zwei Byte (= Word) groß Wertebereich: - 32.768 … +32.767
I32	Vorzeichenbehaftete ganze Zahl, vier Byte (= Long) groß Wertebereich: $-2^{31} \ldots +2^{31}-1$
I64	Vorzeichenbehaftete ganze Zahl, acht Byte (= Quad) groß Wertebereich: $-2^{63} \ldots +2^{63}-1$
3. Zeile: Vorzeichenlose Integerzahlen (nur positive ganze Zahlen)	
U8	Vorzeichenlose ganze Zahl, ein Byte groß Wertebereich: 0 … 255
U16	Vorzeichenlose ganze Zahl, zwei Byte (= Word) groß Wertebereich: 0 … 65.535
U32	Vorzeichenlose ganze Zahl, vier Byte (= Long) groß Wertebereich: $0 \ldots 2^{32}-1$
U64	Vorzeichenlose ganze Zahl, acht Byte (= Quad) groß Wertebereich: $0 \ldots 2^{64}-1$
4. Zeile: Komplexe Fließkommazahlen in der Form z = a + bi	
Solche komplexen Zahlen werden in der Elektrotechnik, vorzugsweise beim Rechnen mit Wechselgrößen, eingesetzt.	
CSG	Komplexe Fließkomma-Zahl mit einfacher Genauigkeit (Single)
CDB	Komplexe Fließkomma-Zahl mit doppelter Genauigkeit (Double)
CXT	Komplexe Fließkomma-Zahl mit erweiterter Genauigkeit (Extended)

Merke

Die Datentypen
Sie können also jederzeit einem Element den passenden Datentyp zuordnen, wobei vorzugsweise mit ´DBL´ gearbeitet werden sollte.

Ausprobieren

Schauen Sie sich nun auf dem Blockdiagramm die auswählbaren Datentypen für den Funktionsblock ´Anzahl pro Minute´ an.
Sie werden sehen, dass bei diesem Element, im Gegensatz zu Abb. 7.9, alle Datentypen auswählbar sind, d.h. es sind hier keine Kästchen ausgegraut.

Mit anderen Worten:

Wichtig

Die auswählbaren bzw. einstellbaren Datentypen
Je nach Art des Anzeige- und Bedienelements können nicht alle Datentypen frei auswählbar sein.

Sie können alternativ auch *direkt auf dem Frontpanel* das Kontextmenü zu einem der dort platzierten Elemente mit dem rechten Mausklick aufrufen.

Überprüfen Sie jetzt die verfügbaren Datentypen zu allen anderen Funktionsblöcken auf dem Blockdiagramm bzw. auf dem Frontpanel.

Im Kontextmenü zur LED werden Sie allerdings feststellen, dass dort kein Menüpunkt ´Darstellung´ vorhanden ist: Es gibt bei der LED ja nur einen einzigen Datentyp (nämlich Boolesch) und der kann nur wahr (true) oder falsch (false) sein. Auf diesen Datentyp werden wir in Kapitel 7.2 noch näher eingehen.

Die Kontexthilfe

Neben dem Kontextmenü, in dem Sie eine Vielzahl von Eigenschaften für das jeweilige Element einstellen können, gibt es noch die so genannte Kontexthilfe.

Wichtig

Die Kontexthilfe, ´Strg+H´
Aufgerufen wird diese Kontexthilfe durch den Shortcut ´Strg+H´, sowohl auf dem Frontpanel als auch auf dem Blockdiagramm.
Es öffnet sich nun ein weiteres kleines Fenster, das sogenannte Kontexthilfe-Fenster, Abb. 7.10.

In diesem Fenster wird nun beschrieben, wie ein Element (eine Funktion) heißt und was es (sie) eigentlich macht.
Wenn Sie nun mit dem Cursor (mit der Maus) über ein Element auf dem Frontpanel bzw. über einen Funktionsblock auf dem Blockdiagramm fahren, so erscheint in dem Kontexthilfe-Fenster sofort eine Kurzbeschreibung zum jeweiligen Element bzw. zur jeweiligen Funktion!

Je nach Element/Funktion fällt diese Kontexthilfe mal mehr und mal weniger ausführlich aus.

Dieses Fenster bleibt solange geöffnet, bis es durch Klicken auf das rot/weiße Kreuz in der oberen rechten Fensterecke geschlossen wird.

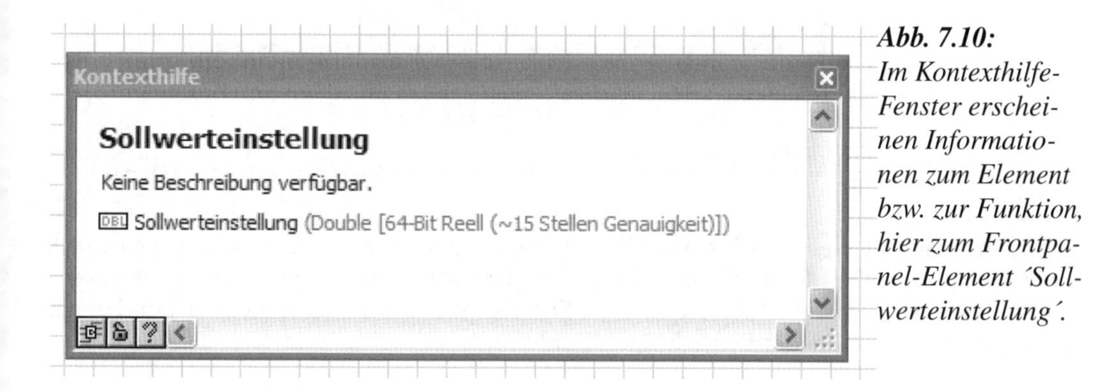

Abb. 7.10: *Im Kontexthilfe-Fenster erscheinen Informationen zum Element bzw. zur Funktion, hier zum Frontpanel-Element ´Sollwerteinstellung´.*

Auch bei vielen Menüs, Untermenüs bzw. Einstellmöglichkeiten auf den LabVIEW-Registerkarten funktioniert diese Kontexthilfe und zeigt Ihnen dann an, was man unter diesem Punkt alles machen kann.

Fahren Sie daher nun mit der Maus im Blockdiagramm über das Element ´Sollwerteinstellung´ (den zur Eingabe gehörenden Funktionsblock), so sehen Sie die in Abb. 7.10 dargestellte Kurzbeschreibung zu diesem Element:

- In der ersten Zeile erscheint der Name, den Sie diesem Element gegeben haben, hier: ´Sollwerteinstellung´.

- In der zweiten Zeile könnte jetzt eine kurze Beschreibung stehen, die Sie diesem Element zugeordnet haben und worin steht, wozu das Element gut ist (Was es eigentlich macht).
  Da wir solche Angaben bisher noch nicht gemacht haben, steht in dieser Zeile nur: ´Keine Beschreibung verfügbar´.

- Und in der dritten Zeile stehen noch einmal der Name des Elements und der zugehörige Datentyp.

Die Kontextbeschreibung zu reinen Ein- / Ausgabe-Elementen (des Frontpanels) ist meistens „recht mager", da es hier nicht allzu viel zu beschreiben gibt.
Schaut man sich aber die Angaben zu (komplexeren) Funktionsblöcken auf dem Blockdiagramm an, so sind diese schon wesentlich ausführlicher, Abb. 7.11:

Abb.7.11:
Beispiel: Ein umfangreicheres Kontexthilfe-Fenster zur komplexeren Funktion ´Tabelle erstellen´.

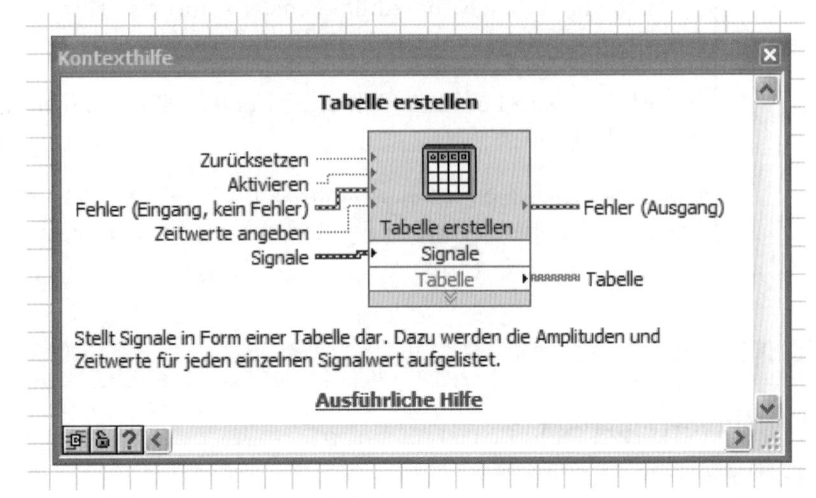

Wir nehmen als Beispiel einfach einmal die Funktion ´Tabelle erstellen´ und schauen uns an, was es dazu in der Kontexthilfe zu sagen gibt (eigentlich ist diese genau genommen keine Funktion, sondern ein LabVIEW-Express-VI. Dazu kommen wir aber später noch und daher bleiben wir zunächst bei der Bezeichnung ´Funktion´):

- In der ersten Zeile steht der offizielle LabVIEW-Name der Funktion: ´Tabelle erstellen´.
  Alternativ steht hier dann der aktuelle Name, den Sie bei Bedarf selber für diesen Block vergeben haben.

- Es folgt das offizielle LabVIEW-Symbol mit allen Ein- und Ausgängen.

- Danach sehen Sie eine kurze Beschreibung zur Funktion dieser Funktion.

- Und zum Schluss **ganz wichtig**: Es folgt ein Link in die *Ausführliche Hilfe*, wo man noch mehr Informationen zu diesem Element, zu dieser Funktion, zu diesem Express-VI, ... erhält.

Ausprobieren

Schalten Sie um auf das Frontpanel und öffnen Sie das Kontexthilfe-Fenster. Fahren Sie mit der Maus über die Elemente des Frontpanels und sehen Sie sich die Kontexthilfe an.
Schalten Sie nun um auf das Blockdiagramm und lassen Sie sich die Kontexthilfen zu den dort vorhandenen Funktionsblöcken zeigen.
Gehen Sie mit der Maus auf den bereits vorhandenen Verbindungsdraht und Sie werden sehen: auch zu (jedem) Verbindungsdraht gibt es eine entsprechende Kontextbeschreibung.

Es wird hierbei angegeben, welche Datenart über den Draht transportiert wird und von welchem Funktionsblock der Draht kommt, d.h., wo der entsprechende Anfang (Ausgang) der Datenverbindung liegt.

Fehlverbindungen

Verbinden Sie nun im Blockdiagramm den Ausgang des Eingabe-Elements ´Sollwerteinstellung´ mit dem Eingang der LED-Anzeige ´Lampe 1´.
Das Ergebnis sollte so aussehen, Abb. 7.12:

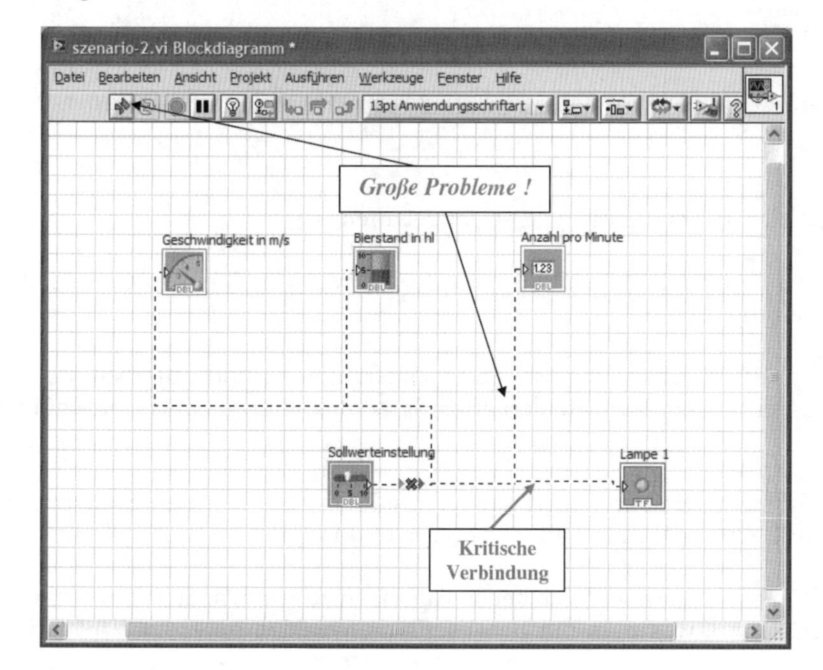

Abb. 7.12: *Fehlverbindungen.*

Dieser Verbindungsversuch ist also völlig daneben gegangen!

Sie haben versucht, einen Fließkommadatentyp-Ausgang an einen Booleschen Eingang zu legen und das funktioniert einfach nicht.

LabVIEW stellt daher die gesamte Verdrahtung, die von diesem Verbindungsversuch betroffen ist, als Sammlung von ungültigen Leitungen dar und beim Start-Ikon ´Ausführen´ ist ein unterbrochener Pfeil zu sehen, als Kennzeichen dafür, dass das gesamte VI aufgrund eines aufgetretenen Fehlers nicht ausführbar ist.

Rufen Sie nun noch die Kontexthilfe auf und fahren Sie mit der Maus über eine der als fehlerhaft angezeigten Leitungen, so erscheint im Kontexthilfe-Fenster eine ausführliche Fehlerbeschreibung, Abb. 7.13:

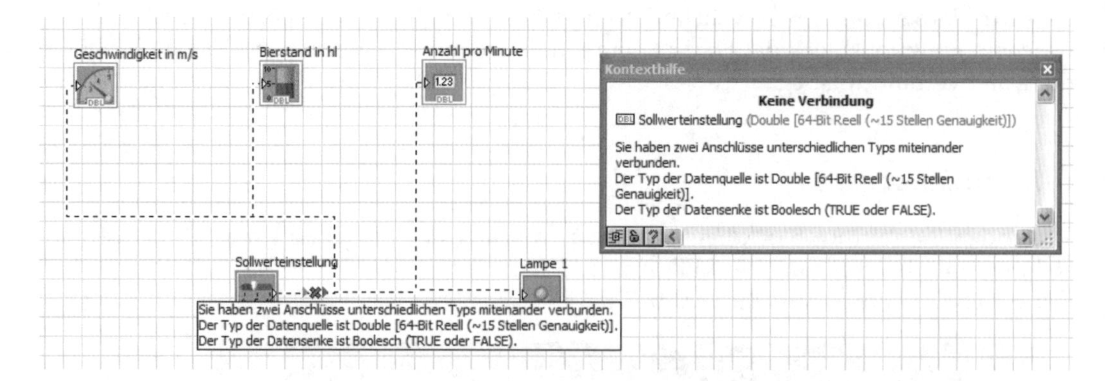

Abb.7.13: *Die Fehlerbeschreibung im Kontexthilfe-Fenster und am Cursor angeheftet.*

Hier steht dann ganz klar und eindeutig, was schief gelaufen ist.

Und auch der Cursor selbst zeigt ein Fehlertext-Fenster an, wenn Sie ihn über eine als fehlerhaft dargestellte Leitung führen.

Somit bietet Ihnen LabVIEW schon eine Menge an Unterstützung und Mitarbeit an, um Fehler frühzeitig zu vermeiden. Denn fehlerhafte VIs können erst gar nicht ausgeführt werden.

Wenn Sie nun die zuletzt gezogene fehlerhafte Verbindung zwischen der ´Sollwerteinstellung´ und ´Lampe 1´ entfernen, so ist alles wieder in Ordnung!

Sie können nun das VI abspeichern und sich neuen Aufgaben zuwenden, denn wir schauen uns im nächsten Kapitel an, was man mit den Fließkommazahlen unter LabVIEW alles machen kann.

7.2 Die grundlegenden Arithmetikfunktionen

Eng mit den numerischen Datentypen verbunden sind die Arithmetik- (oder Rechen-) Funktionen, denn man will ja die Daten miteinander verknüpfen und weiter verarbeiten.

Bevor wir uns diese Funktionen näher ansehen, erstellen Sie sich zuerst einmal ein neues, leeres VI mit dem Namen *´rechner - 1.vi´* und schalten Sie in diesem VI auf das Blockdiagramm um.
Alle unter LabVIEW verfügbaren Funktionen sind in sogenannten Funktionspaletten zusammengefasst. Hier ist die für uns zunächst Wichtigste, die Palette *´Programmierung´*.
Die Palette müssen wir uns als Erstes einmal dauerhaft sichtbar machen, ähnlich wie wir das mit der Elementpalette ´Modern´ auf dem Frontpanel gemacht haben, Abb.7.14:

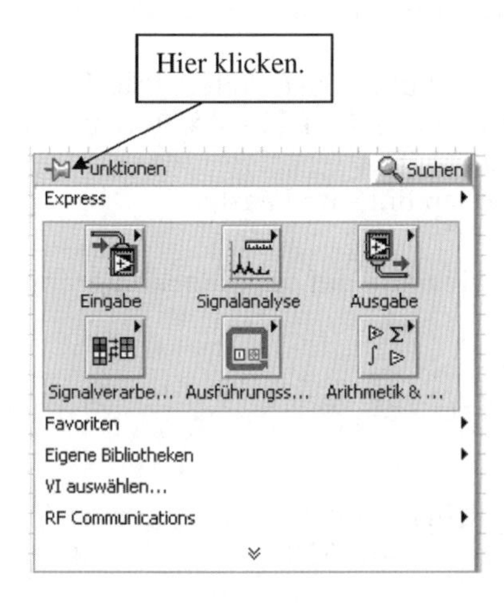

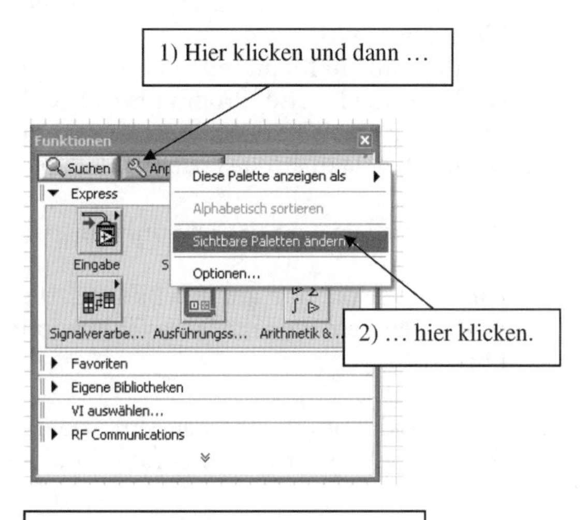

Bild 1): Mit der rechten Maustaste auf eine freie Stelle im Blockdiagramm klicken und dann auf die Heftzwecke klicken.

Bild 2): Auf den Button ´Anpassen´ klicken und dann auf ´Sichtbare Paletten ändern ...´ klicken.

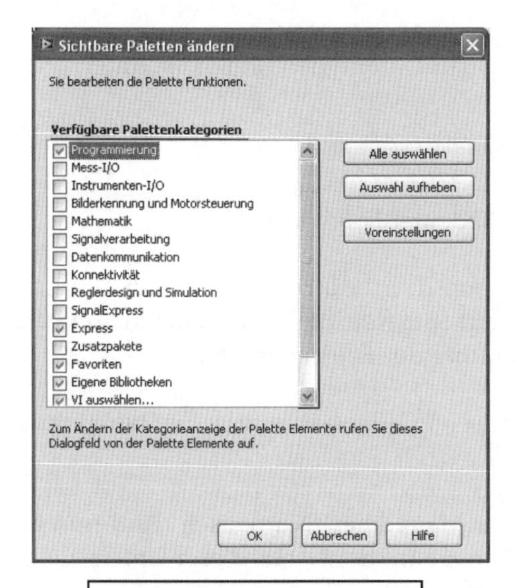

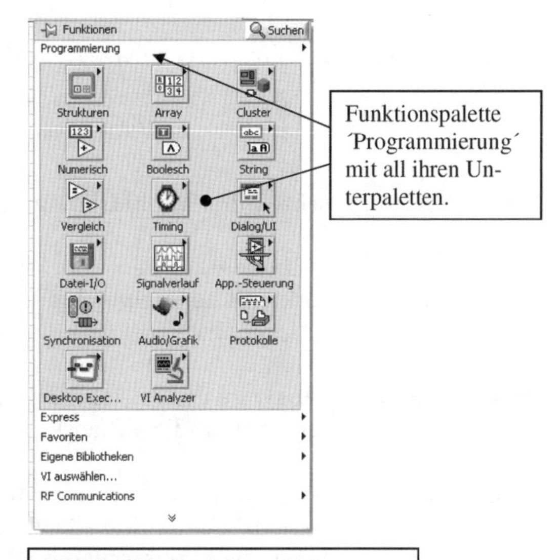

Bild 3): Den Eintrag ´Programmierung´ aktivieren und mit ´OK´ bestätigen.

Bild 4): Die Funktionspalette ´Programmierung´ mit all ihren Unterpaletten ist nun dauerhaft sichtbar.

Abb.7.14: *Die Sichtbarmachung der Funktionspalette ´Programmierung´.*

- Klicken Sie dazu als Erstes mit der rechten Maustaste auf eine freie Stelle im Blockdiagramm.
  Es erscheint ein Menü mit allen zurzeit sichtbaren Funktionspaletten, Bild 1.
  Leider ist die Palette ´Programmierung´ hier zurzeit noch nicht enthalten und sie muss daher jetzt erst ´sichtbar´ gemacht werden.
  Klicken Sie dazu auf das ´*Heftzwecken-Symbol*´ oben links im Fenster.

- Bild 2: Das Fenster mit den Funktionspaletten wird nun auf dem Blockdiagramm fixiert.
  Hier klicken Sie nun auf den Button ´*Anpassen*´.
  Es erscheint ein weiteres Auswahlmenü in dem Sie auf ´*Sichtbare Paletten ändern ...*´ klicken.

- Bild 3: In der nun erscheinenden Liste der möglichen Funktionspaletten markieren Sie den Eintrag ´Programmierung´ und klicken dann auf ´OK´.

- Bild 4: Ab jetzt erscheint bei jedem neuen Aufruf der Funktionspaletten (≡ Klick mit der rechten Maustaste auf eine freie Stelle im Blockdiagramm) die Funktionspalette ´Programmierung´ an erster Stelle, bereits geöffnet und mit all ihren Unterpaletten.

Schließen Sie nun abschließend die Funktionspalette.

Die jetzt wesentlichen Grundrechenarten für die Zahlen-Datentypen finden Sie unter:

BD\Programmierung\Numerisch

Diese ´Ziel-Wegbeschreibung´ im Blockdiagramm bedeutet Folgendes:

BD Arbeiten auf dem Blockdiagramm, d. h., Aufruf des Blockdiagramms und mit der rechten Maustaste auf eine freie Stelle des Blockdiagramms klicken. Es öffnet sich die Sammlung der *Funktionspaletten*.

Programmierung Auswahl der Palette ´Programmierung´ (diese Palette ist hier bereits ausgewählt und geöffnet.)

Numerisch Anschließend fährt man mit der Maus über ´Numerisch´ und nun erscheinen endgültig alle verfügbaren Funktionen aus dieser Unterpalette, eben die numerischen Funktionen.

Das Ergebnis dieser Auswahl sehen Sie noch einmal zusammengefasst in der Abb. 7.15:

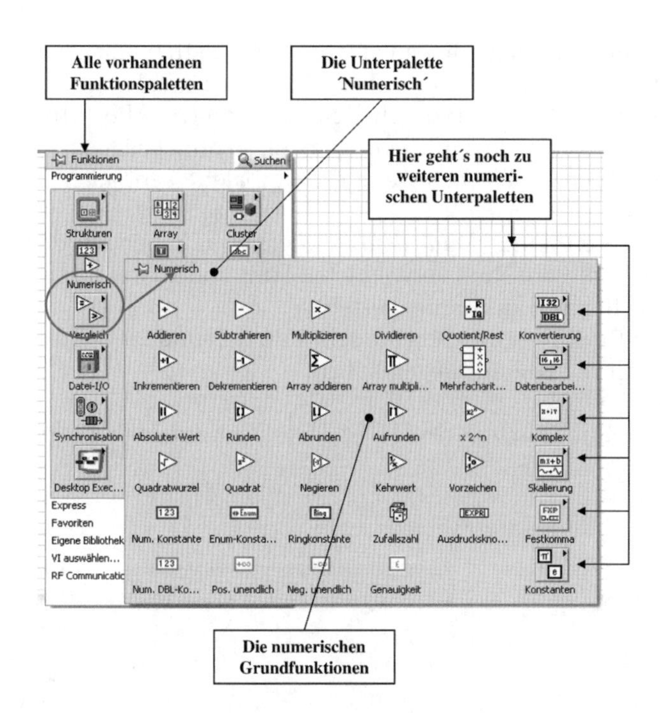

Abb. 7.15: *Die (Unter-) Funktionspalette 'Numerisch'.*

Wir halten hier zunächst einmal für das Arbeiten auf dem Blockdiagramm fest:

Wichtig

Die Funktionen des Blockdiagramms
Die LabVIEW-Funktionen machen im Wesentlichen die eigentliche Intelligenz aus, die hinter einem VI steckt.
Mit diesen Funktionen werden:

- Daten erfasst
- Daten verarbeitet
- Daten gespeichert
- Daten ausgegeben
- Oder ganz allgemein: Daten werden auf beliebige Art und Weise verknüpft, manipuliert, verarbeitet und dargestellt.

Alle Funktionen, die in einem Blockdiagramm verwendet werden können, sind wohlgeordnet in sogenannten Funktionspaletten zusammengefasst.

Zur Anzeige aller verfügbaren Funktionspaletten gelangt man, indem man mit der rechten Maustaste auf eine freie Stelle im Blockdiagramm klickt.

Durch Klick auf den Doppelpfeil am unteren Rand des aufgehenden Fensters, wird die Darstellung erweitert und man bekommt alle vorhandenen Funktionspaletten angezeigt.

Wenn es in einer Funktionspalette noch weitere Unterpaletten gibt, so wird dieses durch einen kleinen Pfeil oben rechts im Palettensymbol angezeigt und das Palettensymbol selber wird hervorgehoben dargestellt, s. Abb. 7.16.
Fährt man nun mit der Maus über solch ein Symbol, so öffnet sich eine weitere Unterpalette, die gegebenenfalls noch weitere Unterpaletten enthalten kann.

Im Anhang *Funktionen zur Entwicklung des Blockdiagramms* haben wir einmal in einer Übersicht alle in diesem Kurs verwendeten Funktionen, mit ihren Wegweisern, übersichtsartig zusammengestellt.
Diese Auflistung ist für Ihre ersten Schritte sehr hilfreich und Sie sollten diese Seiten immer neben Ihrer Tastatur liegen haben.

Sie finden diese Zusammenstellung auch als druckbare PDF-Datei auf der beiliegenden CD.

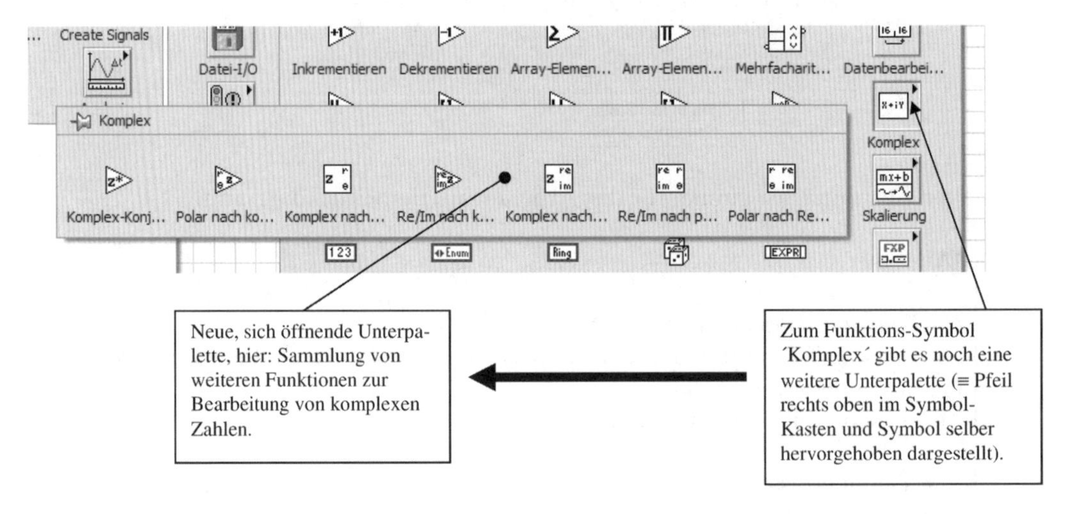

Abb. 7.16: *Die Unterpalette in einer Unterpalette.*

Aufgabe

In einer ersten Anwendung der numerischen Funktionen wollen wir einen kleinen Taschenrechner programmieren, der die vier Grundrechenarten – Addition, Subtraktion, Multiplikation und Division – von je zwei Zahlen beherrscht.

Beispiel: Die Realisierung der Addition

Fügen Sie im Blockdiagramm des VIs ´rechner -1.vi´ als erstes die Additions-Funktion für zwei Zahlen ein.

Sie finden diese Funktion unter:

BD\Programmierung\Numerisch\Addieren

Wenn Sie nun mit der Maus über das Additionssymbol fahren (nicht klicken), so erscheinen an diesem Symbol drei orange Punkte mit kleinen Drahtstücken, Abb. 7.17:

- zwei Eingangsanschlüsse für die beiden Summanden
- ein Ausgangsanschluss für das Additionsergebnis, die Summe

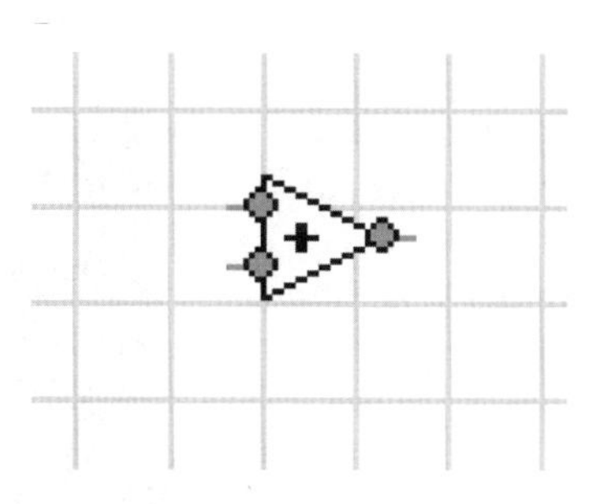

***Abb. 7.17:** Die Addition von zwei Zahlen – alles in orange.*

Warum nun sind diese Punkte / Striche orange?
Weil orange die Lieblingsfarbe von LabVIEW für den Datentyp ´DBL´ ist. Das heißt, LabVIEW gibt bei allen arithmetischen Funktionen zunächst einmal diesen Datentyp als Grunddatentyp vor (s. Kap.7.1).

Nun müssen wir als Nächstes an die Eingänge je ein numerisches Bedienelement (≡ zur Eingabe der beiden Summanden) und an den Ausgang ein numerisches Anzeigeelement (≡ zur Anzeige der Summe) anschließen.

Der Anschluss von einfachen, rein numerischen Anzeige- und Bedienelementen, I

Zum sofortigen Anschluss von einfachen numerischen Anzeige- und Bedienelementen an die entsprechenden Ein- und Ausgänge von beliebigen Funktionen oder von Funktionsblöcken gibt es zwei Möglichkeiten:

1. **Erstellung von einfachen, numerischen Anzeige- und Bedienelementen durch das Umschalten auf das Frontpanel**

   Schalten Sie auf das Frontpanel um und platzieren Sie dort:

   - zwei *numerische Bedienelemente*, die Sie ´Zahl a´ und ´Zahl b´ nennen
   - ein *numerisches Anzeigeelement*, das Sie ´Summe´ nennen.

   Schauen Sie gegebenenfalls im Anhang ´Elemente zur Gestaltung von Frontpanels´ nach, wie Sie zu diesen Elementen kommen.

   Das Ergebnis könnte dann wie in Abb. 7.18 aussehen.

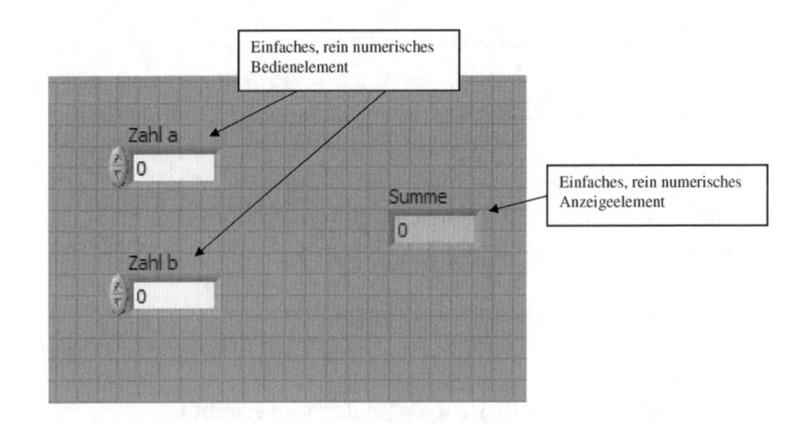

Abb. 7.18: Frontpanel-Entwurf für die Addition von zwei Zahlen ('rechner - 1.vi').

Auf diese Art und Weise, also über das Umschalten auf das Frontpanel, können nicht nur die einfachen numerischen Anzeige- und Bedienelemente ausgewählt werden, sondern auch alle anderen, komplexeren Frontplatten-Elemente, die zur Ein- und zur Ausgabe von Werten dienen, also zum Beispiel Dreh- und Schieberegler, Thermometer, Tanks, etc.

2. **Erstellung von einfachen, numerischen Anzeige- und Bedienelementen auf dem Blockdiagramm selber**

Löschen Sie jetzt einmal alle auf dem Blockdiagramm zuvor eingefügten Anzeige- und Bedienelemente, so dass nur noch das „reine Additionssymbol" gemäß Abb. 7.17 übrig bleibt (noch vorhandene, nutzlose „Drahtreste" werden mit *'Strg+B'* gelöscht).

Fahren Sie nun mit der Maus auf einen der orangen Eingangspunkte (Eingangsanschlüsse) des Additionssymbols und klicken Sie dann die rechte Maustaste:

Es erscheint das Kontextmenü genau zu diesem Eingangspunkt, Abb. 7.19:

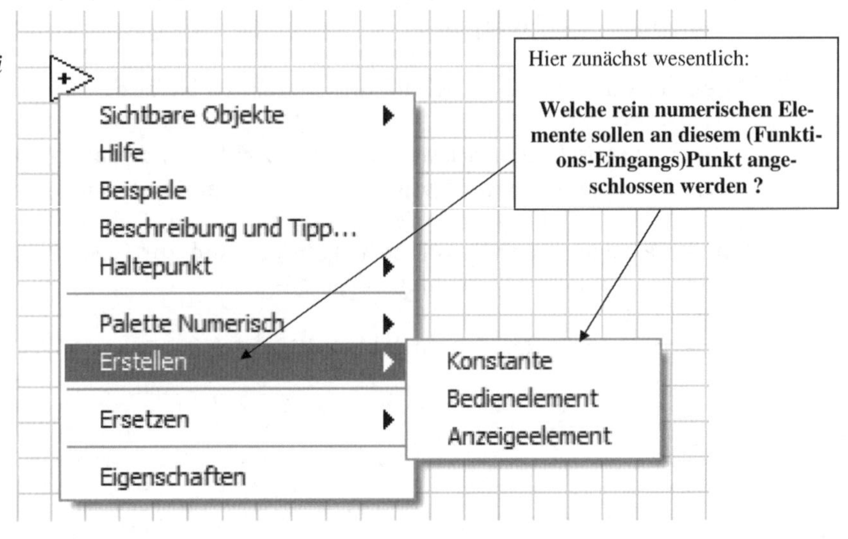

Abb. 7.19 Das Kontextmenü zu einem (Funktionseingangs-) Punkt und das Untermenü 'Erstellen'.

Für uns wichtig in diesem Menü ist zunächst der Unterpunkt *´Erstellen´*.
Fahren Sie mit der Maus auf diesen Punkt (nicht klicken). Es erscheint ein weiteres Auswahlmenü mit den drei Auswahlpunkten:

- Konstante
- (einfaches, rein numerisches) Bedienelement
- (einfaches, rein numerisches) Anzeigeelement

Sie können jetzt auswählen, was an diesem Eingangspunkt der Additionsfunktion angeschlossen werden soll:

Konstante

Diesen Punkt wählen Sie, wenn ein fester (konstanter) Wert (Summand) hinzuaddiert werden soll.
Dieser Wert wird dann in einem kleinen Kästchen auf dem Blockdiagramm dargestellt und kann dort dann ebenfalls im Wert verändert werden.
Gleichzeitig ist diese Konstante auch mit dem Eingang der Additionsfunktion verbunden.
Auf dem Frontpanel erscheint hierzu allerdings kein besonderes Element, also keine Darstellung der Konstanten.

Bedienelement

Dieses Element wählen Sie aus, wenn Sie über das Frontpanel eine variable Eingabe für den Summanden machen wollen. Hierdurch wird auf dem Frontpanel *automatisch* von LabVIEW ein rein *numerisches Bedienelement* angelegt und dieses dann im Blockdiagramm automatisch mit dem Eingang der Additionsfunktion verbunden.

Anzeigeelement

Durch Auswahl dieses Punktes wird versucht, ein rein numerisches *Anzeige*element an den **Eingang** der Additionsfunktion anzuschließen.
Das aber macht nicht viel Sinn: Man kann eine Anzeige nicht als „Einspeiseelement" für einen Eingang benutzen!
Und das merkt LabVIEW natürlich auch: Es wird zwar sowohl auf dem Frontpanel als auch auf dem Blockdiagramm ein Anzeigeelement eingefügt, aber nicht mit dem Eingang der Additionsfunktion verbunden, eben weil dies unsinnig wäre.
Das so erzeugte Anzeigeelement steht also völlig allein und unverbunden da.

Merke

Der vereinfachte Anschluss von rein numerischen Anzeige- und Bedienelementen
An jeden Eingang und an jeden Ausgang von LabVIEW-Funktionen können im Blockdiagramm über das Kontextmenü zu diesem Anschlusspunkt (über den Untermenüpunkt ´Erstellen´) sehr einfach rein numerische Anzeige- und Bedienelemente als auch Konstanten angeschlossen werden. LabVIEW prüft selbstständig, ob die Auswahl für diesen Anschlusspunkt sinnvoll ist oder nicht. Bei einer gültigen Auswahl verbindet LabVIEW automatisch das numerische Anzeige- bzw. Bedienelement mit dem gewünschten Aus- bzw. Eingangspunkt

---

der Funktion. Ist die getroffene Wahl dagegen nicht sinnvoll, so wird zwar das Anzeige- bzw. Bedienelement erzeugt, aber nicht mit dem Funktionsaus- und Eingang verbunden.
Parallel dazu wird das Anzeige- bzw. Bedienelement bereits auf dem Frontpanel dargestellt (eingetragen).
Hier müssen die Elemente dann im Allgemeinen nur noch schön angeordnet werden.

Ausprobieren
Schließen Sie auf diese Art und Weise Folgendes an unsere Additionsfunktion an:

- an die beiden Eingänge jeweils ein Bedienelement
- an den Ausgang ein Anzeigeelement

Schalten Sie dann auf das Frontpanel um und ordnen Sie sich die Anzeige- und Bedienelemente schön an, zum Beispiel so wie in der Abb. 7.18.

Merke

Der Anschluss von Anzeige- und Bedienelementen
Welche der beiden Arten Sie zum Anschluss von einfachen numerischen Anzeige- und Bedienelementen verwenden, ist eigentlich egal:

Der Anschluss direkt aus dem Blockdiagramm heraus (**2. Fall**) ist sicherlich schneller gemacht, wenn nur die beiden einfachen Anzeige- und Bedienelemente verwendet werden sollen.
Allerdings müssen Sie dann hinterher noch das Frontpanel aufräumen, da LabVIEW die Anzeige- und Bedienelemente dort recht willkürlich anordnet.
Im Kontext-Untermenü ´Erstellen´ müssen auch nicht immer nur diese drei Möglichkeiten ´Konstante, Bedienelement, Anzeigeelement´ vorkommen. Je nach Art des Ein- bzw. Ausgangs, können zahlenmäßig mehr und inhaltlich auch andere Auswahlmöglichkeiten vorhanden sein.

Bei der Auswahl der Anzeige- und Bedienelemente über das Frontpanel (**1. Fall**) hingegen stehen Ihnen alle Möglichkeiten zur Verfügung. Sie können eine Vielzahl anderer, gestalteter und komplexer Anzeige- und Bedienelemente verwenden, zum Beispiel Schiebe- und Drehregler, Rundinstrumente, Tanks, etc.

Schalten Sie jetzt, sofern noch nicht geschehen, zur richtigen Verdrahtung aller vier Teile auf das Blockdiagramm um, Abb. 7.20:

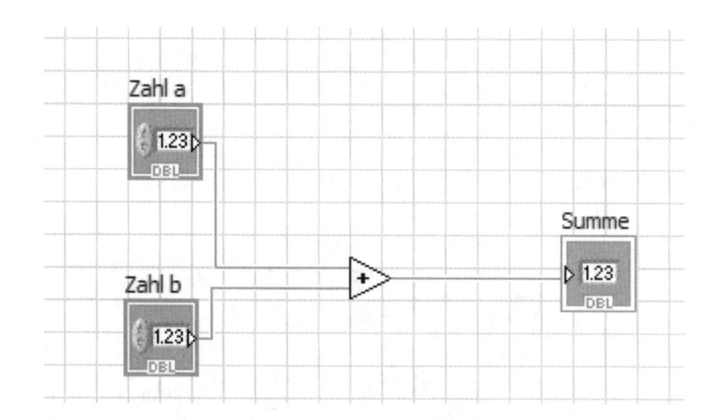

Abb. 7.20: *Die zugehörige Verdrahtung auf dem Blockdiagramm zur Addition von zwei Zahlen (´rechner - 1.vi´).*

Speichern Sie danach das VI als ´rechner - 1.vi´ ab.

Übung

Erstellen Sie durch Kopieren des VIs ´rechner - 1.vi´ ein neues VI namens *´rechner - 2.vi´* und führen Sie dort folgende Änderungen durch (alte Elemente löschen und neue Elemente einfügen):

- Eingabe des ersten Summanden (Zahl a) durch einen ´Schieber mit Zeiger (horizontal)´
- Eingabe des zweiten Summanden (Zahl b) durch einen ´Drehknopf´ (FP\Modern\Numerisch\Drehknopf)
- Anzeige des Ergebnisses (Summe) durch ein ´Rundinstrument´

Das Ergebnis (Frontpanel) könnte so aussehen, Abb. 7.21:

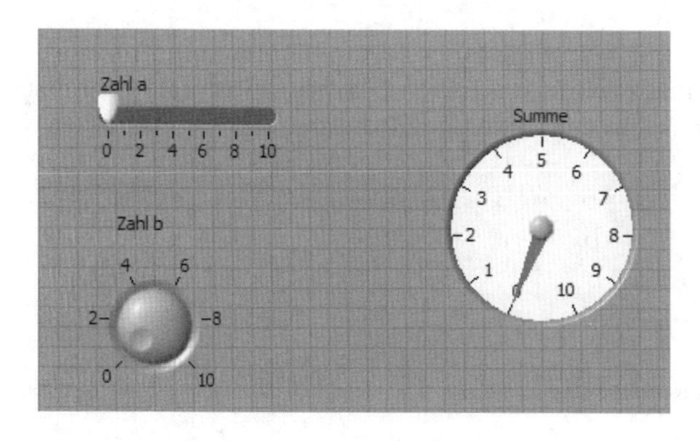

Abb. 7.21: *Die unterschiedlichen Anzeige- und Bedienelemente (´rechner - 2.vi´).*

Speichern Sie danach auch dieses VI ab.

Der Ablauf des VIs

Öffnen Sie nun das VI ´rechner - 1.vi´, schalten Sie um auf das Frontpanel und starten Sie das VI (´Wiederholt ausführen´).

Die Eingabe von Zahlen kann hier nun auf zwei Arten erfolgen, Abb. 7.22

Abb. 7.22: Die Möglichkeiten zur Zahlenwert-eingabe.

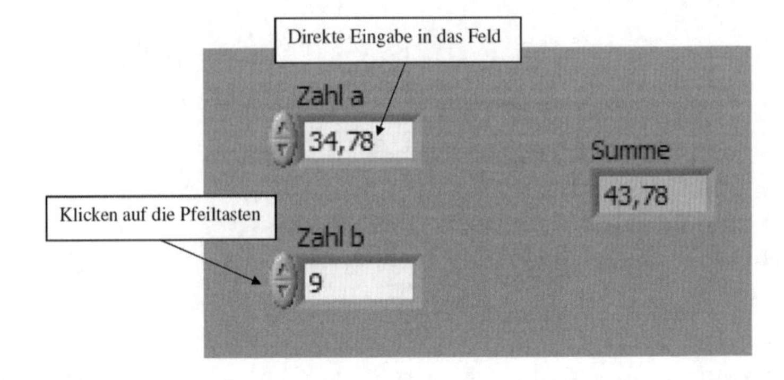

1. Möglichkeit:
Sie klicken mit dem Cursor in das Eingabefeld, geben die Zahlen direkt ein und schließen die Eingabe mit RETURN ab.
So können Sie auch Komma-Zahlen direkt eingeben.

2. Möglichkeit:
Sie benutzen die ´Rauf/Runter-Pfeiltasten´ auf der linken Seite des Symbols. Hiermit können Sie die Zahlenwerte rauf und runter ändern, zurzeit allerdings nur in ganzen Zahlenschritten.

Übung 1:

Starten Sie nun auch das VI ´rechner - 2.vi´ und überprüfen Sie dessen Funktion.
Was fällt Ihnen hierbei auf?

Übung 2:

Kopieren Sie nun das VI ´rechner - 1.vi´ in das neue VI *´rechner - 3.vi´* und vervollständigen Sie dieses VI zu unserem Taschenrechner mit den gewünschten Funktionalitäten, das heißt,

- Addition a + b
- Subtraktion a – b
- Multiplikation a * b
- Division a / b

Nach einigen Überlegungen könnte die Lösung wie in Abbildung 7.23: aussehen.

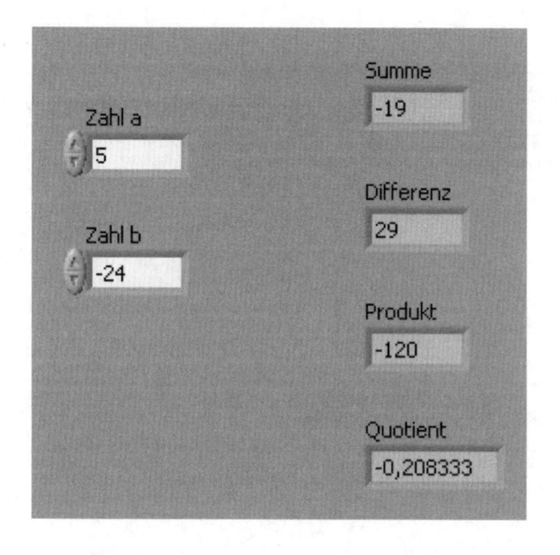

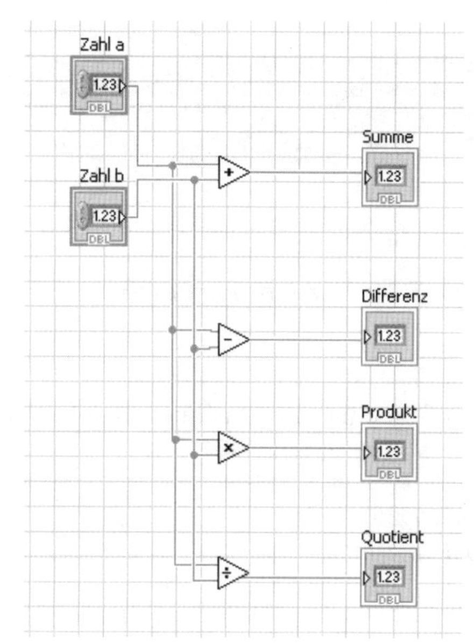

Abb. 7.23: *Der erste Taschenrechner in LabVIEW (´rechner - 3.vi´).*

Starten Sie auch dieses VI und testen Sie es ausführlich.

Achten Sie hierbei auch auf die Besonderheit bei der Division „durch 0", die ja mathematisch ´verboten´ bzw. gar nicht definiert ist: Das LabVIEW-VI stürzt hierbei nicht ab, sondern gibt den Wert *´Inf´* (≡ unendlich) aus.

Bevor wir uns mit dem nächsten Datentyp beschäftigen, möchten wir Ihnen noch weitere Feinheiten von LabVIEW vorstellen, die das Entwickler- und Anwenderleben angenehmer gestalten:

LabVIEW-Feinheiten: Alles aufräumen

Im Laufe des Gefechtes kann es sicherlich einmal vorkommen, dass Sie im Blockdiagramm die Verbindungsdrähte zwischen den Blöcken doch recht wild und unübersichtlich verlegt haben.
Hier bietet LabVIEW Ihnen zwei Möglichkeiten an, um das Blockdiagramm schön ordentlich aufzuräumen.

Sie können

1. auf das „Besen-Ikon" klicken, Abb.7.24
2. Sie benutzen einfach den Short-Cut *´Strg+U´*.

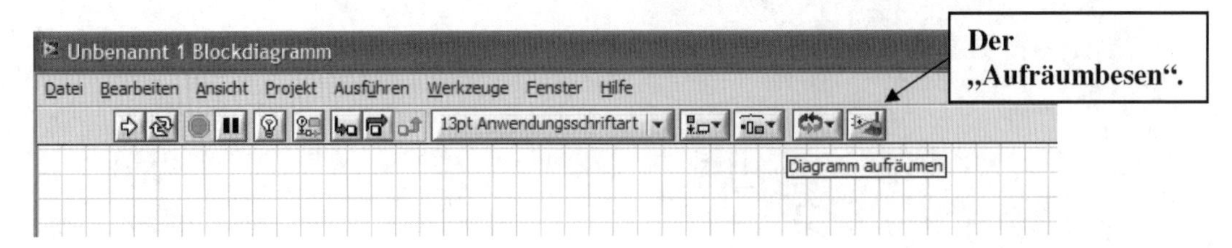

Abb. 7.24: *Der Aufräumbesen.*

Das Ergebnis einer Aufräumaktion können Sie in Abb. 7.25 sehen:

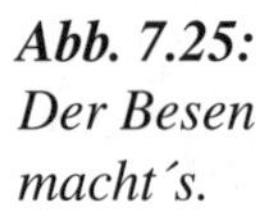

Abb. 7.25:
Der Besen macht´s.

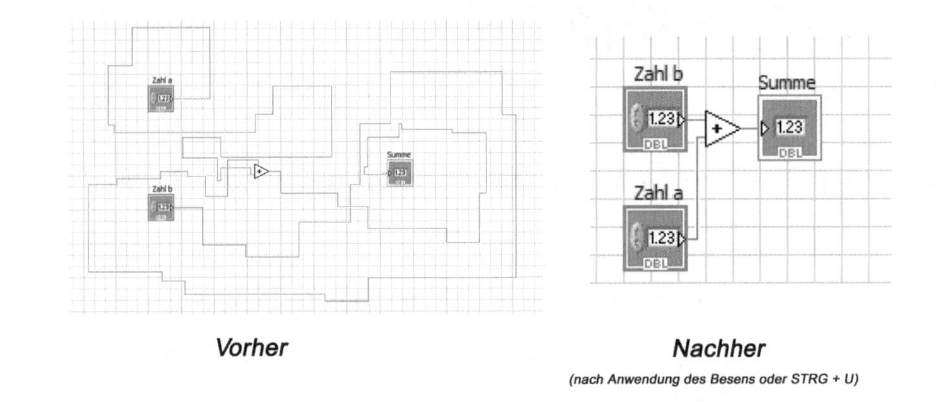

Und denken Sie immer daran: Wenn Ihnen das Aufräumergebnis nicht gefällt, so können Sie jederzeit mit ´Strg+Z´ alles wieder rückgängig machen und selbst Hand anlegen.

LabVIEW-Feinheiten: Startwert festlegen

Wenn Sie ein VI neu starten, so wird normalerweise in allen numerischen Eingabefeldern als Startwert (Grundwert) immer automatisch der Wert ´0´ eingetragen.
Sie können LabVIEW aber auch veranlassen, das VI mit bestimmten, vorgegebenen Standardwerten zu starten.
Geben Sie dazu im Frontpanel, in den entsprechenden Feldern, die gewünschten Werte ein, z.B. im VI ´rechner-1.vi´ den Wert ´5´ für die Zahl a und den Wert ´27´ für die Zahl b.
Öffnen Sie dann das Menü *´Bearbeiten´* und klicken Sie auf *´Aktuelle Werte als Standard´* (siehe Abb. 7.26).

Wenn Sie das VI nun speichern (*´Strg+S´*), werden diese Werte mit abgelegt. Bei jedem Neustart lädt LabVIEW diese Startwerte und das VI startet mit diesen Zahlen. Wenn Sie zwischendurch, z.B. während das VI läuft, wieder diese Anfangswerte herstellen möchten, so klicken Sie im Menü ´Bearbeiten´ einfach den Punkt *´Standardwerte wiederherstellen´* an. LabVIEW lädt dann erneut diese Grundwerte und das VI arbeitet damit weiter.

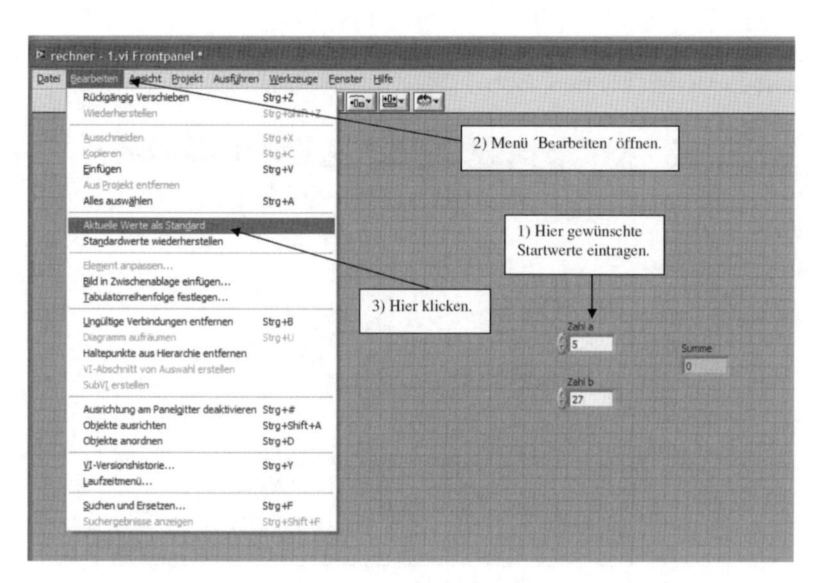

Abb. 7.26: Das Abspeichern von Werten als Standard-Werte.

Kommen wir nun im vorerst letzten Punkt zu einem sehr wesentlichen Konzept von LabVIEW bei der ganz individuellen Gestaltung von Anzeige- und Bedienelementen: Sie können jedes Element auf dem Frontpanel mit einer Vielzahl von weiteren zusätzlichen Eigenschaften ausstatten!

Die vielfältigen Eigenschaften

Kopieren Sie das VI ´rechner -1.vi´ in ein neues VI namens *´rechner - 4.vi´* um und öffnen Sie dieses VI (aber bitte noch nicht starten).
Rufen Sie nun das Kontextmenü zum Anzeigeelement *´Summe´* auf. Klicken Sie dazu mit der rechten Maustaste auf das Symbol.
Es ist dabei egal, ob Sie dies im Frontpanel oder im Blockdiagramm machen (wir führen nachfolgend alles im Frontpanel durch).
Im erscheinenden Pull-Down-Menü wählen Sie den Punkt *´Eigenschaften´* aus, Abb. 7.27:

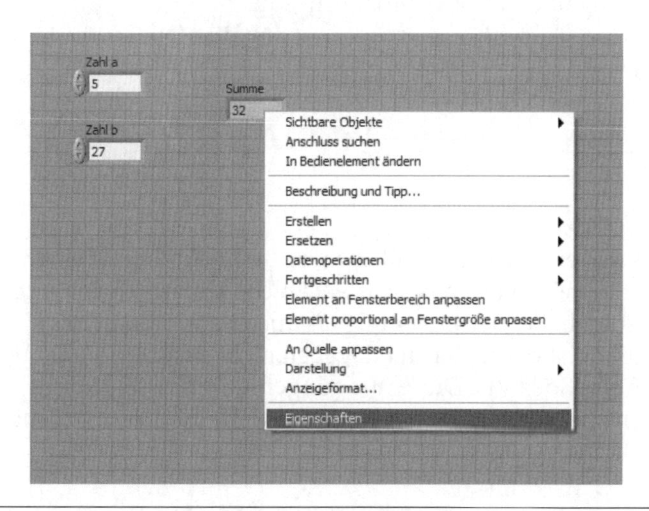

Abb. 7.27: Die Auswahl des Untermenü-Punktes: ´Eigenschaften´.

Es öffnet sich dann ein weiteres Fenster in dem Sie „jede Menge" weitere Eigenschaften zu diesem Anzeigeelement einstellen können, Abb. 7.28:

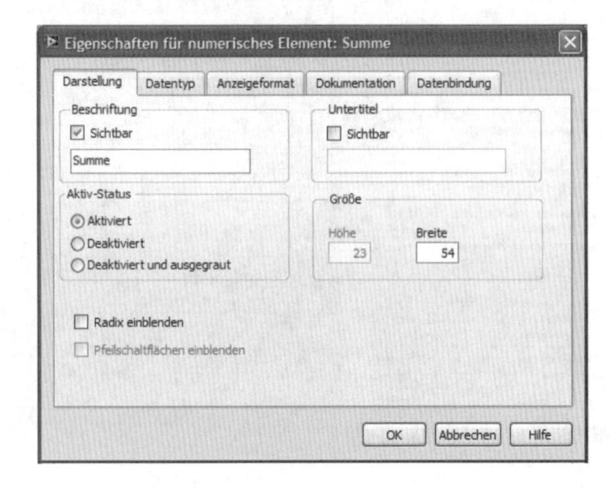

Abb. 7.28: *Die über die Registerkarten Darstellung, Datentyp, Anzeigeformat, Dokumentation und Datenbindung einstellbaren Eigenschaften des Elements ´Summe´.*

Betrachten wir einige der Auswahl- und Einstellmöglichkeiten nun einmal etwas näher:

Hinweis:
Auch hier lässt sich die Kontexthilfe (´Strg+H´) sehr sinnvoll einsetzen, denn wenn man mit dem Cursor, bei eingeschalteter Kontexthilfe, über einen der Einstellpunkte aus den Registerkarten fährt, so erhält man zusätzliche Informationen zu diesem Punkt.

Die Registerkarte ´Darstellung´

Hier lässt sich die Darstellung des Elements anpassen (Abb. 7.28):

- Die ´Beschriftung´ des Elements auf dem Frontpanel an sich, hier ´Summe´. Und auch, ob die Beschriftung überhaupt sichtbar sein soll.
- Zusätzlich kann noch ein ´Untertitel´ zur weiteren detaillierten Beschreibung des Elements angegeben werden (hier nicht verwendet).

Merke

Der Untertitel zu einem Element
Über den Untertitel kann eine etwas ausführlichere Beschreibung zu einem Element auf dem Frontpanel angegeben werden. Solche Untertitel sind auf dem Frontpanel sichtbar, sowohl bei der Erstellung als auch beim Ablauf des VIs. Auf dem Blockdiagramm ist der Untertitel dagegen nicht sichtbar, weder beim Entwurf noch beim Ablauf des VIs. Die Eintragungen unter ´Beschriftung´ und ´Untertitel´ erscheinen zusätzlich noch in der Kontexthilfe zu diesem Element.

- Unter dem ´Aktiv-Status´ kann angegeben werden, ob der Benutzer das Element bedienen möchte (nur bei Eingabe-Elementen sinnvoll) oder ob das Element deaktiviert wird.

- Wenn Sie ´Radix einblenden´ aktivieren, so wird im Element noch zusätzlich mit angezeigt, in welchem Zahlenformat bzw. in welcher Zahlenbasis die Zahl angezeigt wird.
  Mit anderen Worten: Sie können (siehe dazu später) zunächst einmal die Darstellungsart der Zahl festlegen:

  - dezimal
  - hexadezimal
  - oktal
  - binär oder
  - SI

  Diese Festlegung wird dann für den Anwender zusätzlich auf dem Frontpanel, beim jeweiligen Element, mit angezeigt: z.B. ein kleines ´x´ vor der Zahl als Kennzeichnung der hexadezimalen Darstellung, ein kleines ´b´ für die binäre Darstellung, …

  Beachten:
  Eine Darstellung im hexadezimalen, oktalen oder binären Format funktioniert nur dann (und macht auch nur dann Sinn), wenn Sie als Datentyp einen ganzzahligen Typen, also ´I …´ oder ´U …´ gewählt haben.

- Die ´Pfeilschaltflächen´ (einblenden) sind die bereits bekannten Eingabeflächen bei Eingabeelementen.
  Dieser Punkt ist hier ausgegraut, also nicht anwählbar, da das von uns als Beispiel ausgewählte Element ´Summe´ ja ein reines Ausgabeelement ist.

Die Registerkarte ´Datentyp´

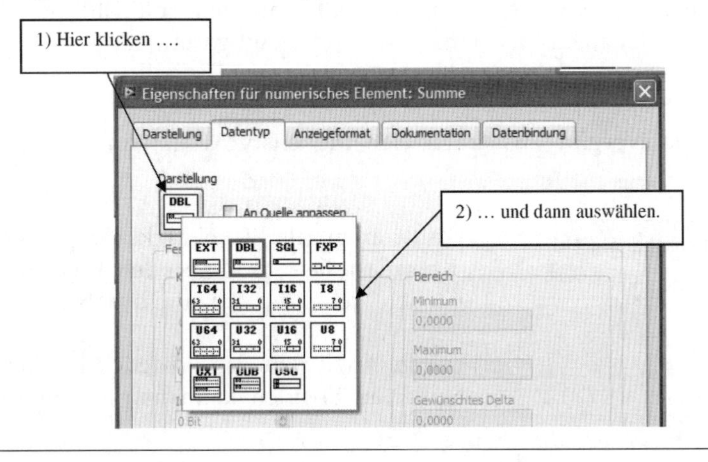

Abb. 7.29: *Auswahl des Datentyps.*

Über diese Registerkarte können Sie den Datentyp des Elements einstellen.

Die Registerkarte ´Anzeigeformat´

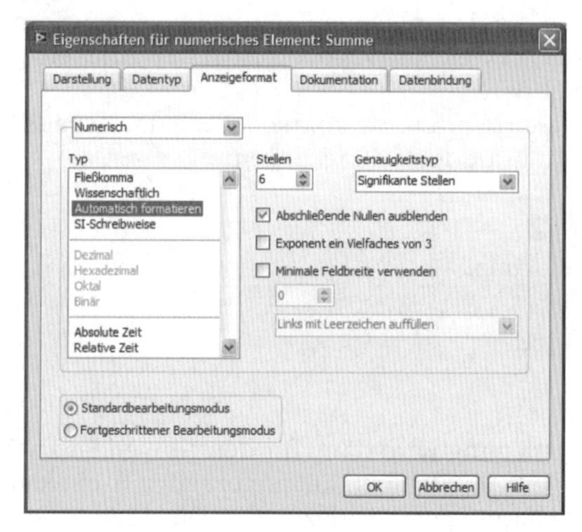

Abb. 7.30:
Die Festlegung des Anzeigeformats.

Dies ist eine sehr wesentliche Registerkarte, denn hier werden die verschiedenen Formate der Zahlenanzeige festgelegt. Einige Beispiele sollen das näher verdeutlichen.

Hinweis:
Benutzen Sie auch die Kontexthilfe (´Strg+H´) um sich die Bedeutungen der Einstellungen anzeigen zu lassen.

Typ ´Fließkomma´

Normale Komma-Zahlen-Darstellung, aber hier sind dann noch die Felder ´Stellen´ und ´Genauigkeitstyp´ von Bedeutung.
Ist zum Beispiel unter ´Genauigkeitstyp´ ´Signifikante Stellen´ ausgewählt, so gibt der Wert unter ´Stellen´ die Anzahl der wirklich signifikanten Stellen der Zahl, also die wesentlichen Vor- und Nachkommastellen an, wobei das Komma NICHT als Stelle mit zählt.
Bei der Reduzierung der Stellenanzahl wird mathematisch exakt gerundet.

Beispiel 1
Die Zahl sei: 32,822178 – dann ergibt (zusätzlich: Genauigkeitstyp ´Signifikante Stellen´ gewählt):

Stellen	Anzeige im Frontpanel-Feld
2	33
3	32,8
5	32,822
8	32,822178

Wählt man als ´Genauigkeitstyp´ dagegen ´Kommastellen´, so gibt der Wert im Feld ´Stellen´ jetzt die Anzahl der Nachkommastellen an.
Durch Anklicken des Feldes ´Abschließende Nullen ausblenden´ kann man „unnütze rechte

Nullen" unterdrücken, die ansonsten hinzugefügt werden, um die gewünschte Stellenanzahl zu erreichen.

Beispiel 2

Die Zahl sei: 32,51 - dann ergibt (Genauigkeitstyp ´Kommastellen´ gewählt):

Stellen	Abschließende Nullen ausblenden	Anzeige im Frontpanel-Feld
0	ja	33
1	ja	32,5
2	ja	32,51
3	ja	32,51
4	ja	32,51
5	ja	32,51
0 - 2	nein	wie zuvor
3	nein	32,510
4	nein	32,5100
5	nein	32,51000

Ausprobieren

Testen Sie selber einige Einstellungen für das Element ´Summe´.

Typ ´Wissenschaftlich´

Darstellung der Zahl in Form von:

- Mantisse
- Exponent

wobei als Basis die ´10´ genommen wird (also ganz normale Darstellung mit Exponent zur Basis ´10´).

Beispiel

Die Festlegungen bei ´Stellen´, ´Genauigkeitstyp´ und ´Abschließende Nullen ausblenden´ haben den gleichen Einfluss wie zuvor beschrieben.

Bei diesem Darstellungsformat kann auch noch die Option ´Exponent ein Vielfaches von 3´ gewählt werden: Hier werden dann der Exponent und die Mantisse so gewählt, dass Vielfache von 3 im Exponenten erscheinen und so

Zahl	Anzeige im Frontpanel-Feld
32	3,2E+1 (≡ $3,2 * 10^1$)
5805	5,805E+3
-0,823	-8,23E-1
0,00029	0,29E-3

die in der Technik sehr häufig verwendeten ´dezimalen Einteilungen´ benutzt werden können.

Beispiel
(zusätzlich: ´Abschließende Nullen ausblenden´ gewählt)

Zahl	Anzeige im Frontpanel-Feld
14709	14,709E+3
0,0000345	34,5E-6

Die anderen auswählbaren Festlegungen arbeiten wie beschrieben.

Typ: ´SI´

Hierbei wird nun die Zahl ebenfalls in Exponentenschreibweise mit dem Exponent als Vielfachem von 3 dargestellt, allerdings werden jetzt die international genormten Kennbuchstaben für die 3er-Exponenten verwendet:

E+3 ≡ k = Kilo, E+6 ≡ M = Mega, ...
E-3 ≡ m = Milli, E-6 ≡ u = Mikro, ...

Beispiel
(zusätzlich: ´Abschließende Nullen ausblenden´ gewählt)

Zahl	Anzeige im Frontpanel-Feld
1023	1,023k
0,00042	420u

Die anderen Festlegungen wirken auch hier so, wie zuvor beschrieben.

Typ: ´Automatisch formatieren´

Hierbei sucht sich LabVIEW selbstständig (automatisch) diejenige Darstellung aus, die, abhängig von den Eintragungen bei ´Stellen´, ´Genauigkeitstyp´ und ´Abschließende Nullen ausblenden´ die sinnvollste Darstellung der Zahl ergibt.

´Minimale Feldbreite verwenden´

Hiermit legen Sie für die Darstellung der Zahl eine Mindestfeldbreite fest.
Ist die Zahl kleiner als die gewählte minimale Feldbreite, so können Sie entscheiden, ob links oder rechts von der Zahl Leerzeichen aufgefüllt oder links entsprechend viele Nullen eingefügt werden sollen.
Ist die Stellenanzahl der Zahl dagegen größer als die minimale Feldbreite, so wird die Feldbreite ignoriert und die Zahl komplett dargestellt.

Beispiel
(zusätzlich: ´Abschließende Nullen ausblenden´ und ´Fließkomma-Darstellung´ gewählt)

Zahl	minimale Feldbreite	Anzeige im Frontpanel-Feld
456	5 und links mit Nullen auffüllen	00456
456	5 und links mit Leerzeichen auffüllen	__456 (_ = Leerzeichen)
456	1, Rest egal	456 (keine Änderung)

So können Sie z.B. sehr einfach Tabellen erstellen, bei denen unterschiedlich breite Zahlen schön untereinander stehen:

```
 123
  12
   1
1456
......
```

Sie sehen also, über diese Registerkarte haben Sie eine Unmenge von Möglichkeiten, Ihre Zahlendarstellung auf dem Frontpanel zu beeinflussen.

Ausprobieren
Untersuchen Sie nun selber die Wirkungen einiger Einstellungen in Bezug auf die Darstellung des Ergebnisses unserer Addition (Anzeige der ´Summe´).

Die Registerkarte ´Dokumentation´

Eintragungen im Feld *´Beschreibung´* werden bei der Kontexthilfe zu diesem Element als zusätzliche Information mit angezeigt.

Eintragungen im Feld *´Hinweisstreifen´* erscheinen am Mauszeiger, wenn man mit der Maus über das entsprechende Element fährt (und das VI gerade läuft).

Beachten:
Die Maus muss sich erst ca. 1-2 Sekunden über dem Element befinden, bevor der Hinweisstreifen erscheint.

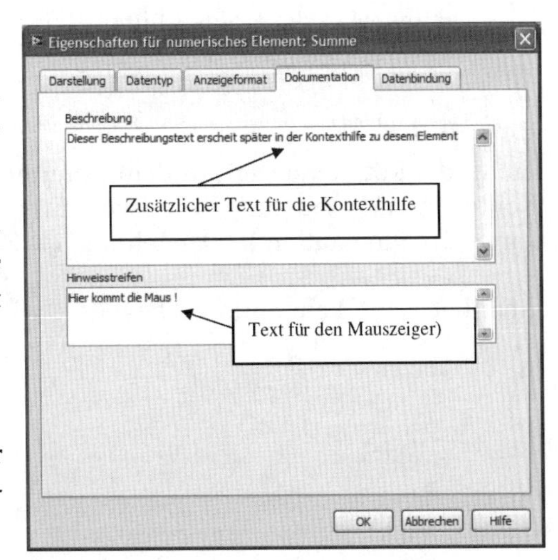

Abb. 7.31: *Registerkarte zur Dokumentation.*

Abb. 7.32 zeigt jene Ergebnisse, die entstehen, wenn die Eintragungen gemäß der Abb. 7.31 vorgenommen werden:

Abb. 7.32: *Zusätzliche Dokumentationen und Beschreibungen.*

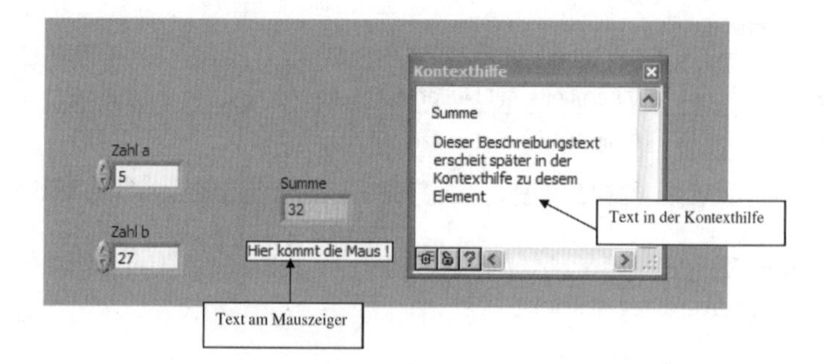

Übung

Erstellen Sie für unser VI *´rechner - 4.vi´* folgende zusätzliche Beschreibungen bzw. Mauszeiger-Hinweise für die Frontpanel-Elemente:

- Für die Zahl ´a´:
  Hinweis in der Kontexthilfe: „Hier wird der erste Summand eingegeben."
  Text für den Mauszeiger: „Bitte Zahl ´a´ eingeben:".

- Für die Zahl ´b´:
  Hinweis in der Kontexthilfe: „Hier wird der zweite Summand eingegeben."
  Text für den Mauszeiger: „Bitte Zahl ´b´ eingeben:".

- Für die ´Summe´:
  Hinweis in der Kontexthilfe: „Hier erscheint die Summe von ´a´ und ´b´."
  Text für den Mauszeiger: „Ergebnis: a + b =".

Hinweis

Einige der Registerkarten aus dem Untermenü ´Eigenschaften´ können auch direkt aus dem Kontextmenü heraus aufgerufen werden (s. Abb. 7.27): ´Beschreibung und Tipp´ (≡ Registerkarte ´Dokumentation´), ´Darstellung´ (≡ Registerkarte ´Datentyp´), ´Anzeigeformat´, etc.

Aber LabVIEW kennt nun noch weitere wichtige Datentypen, die Sie kennen sollten ...

7.3 Boolesche Daten und boolesche Grundfunktionen

Boolesche (logische, binäre) Variablen können nur zwei Zustände (Werte) annehmen:

- ´wahr´ (TRUE) beziehungsweise ´falsch´ (FALSE) oder auch
- log.´1´ beziehungsweise log.´0´.

Die zu diesem Datentyp gehörenden booleschen Anzeige- und Bedienelemente finden Sie unter

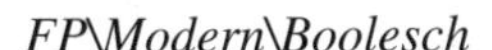

FP\Modern\Boolesch

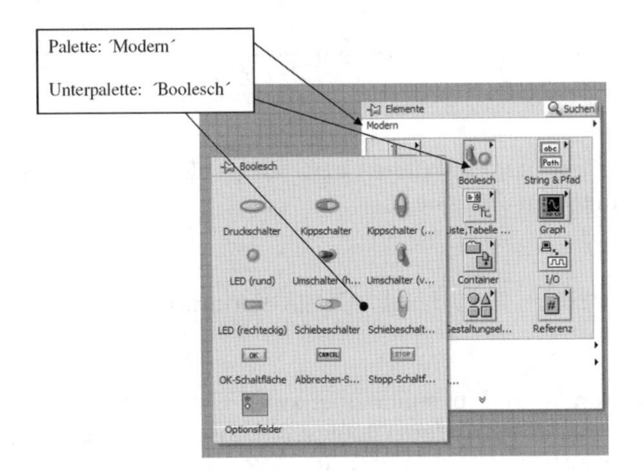

Abb. 7.33: *Die booleschen Anzeige- und Bedienelemente (Frontpanel).*

Es handelt sich hierbei im Wesentlichen um:

- die Anzeigeelemente: ´LED (rund)´ und ´LED (rechteckig)´
- die Bedienelemente: diverse Schalter, Taster, Schalt- bzw. Tastflächen

Zur Ver- bzw. Bearbeitung von booleschen Daten gibt es im Blockdiagramm die Booleschen Funktionen (siehe Abb. 7.34) unter:

BD\Programmierung\Boolesch

In dieser Funktionen-Unterpalette sind im Wesentlichen enthalten:

- die wichtigsten logischen Grundverknüpfungen, UND, ODER, ...
- die booleschen Konstanten ´TRUE´ und ´FALSE´,
- Bearbeitungsfunktionen für boolesche Arrays
- Konvertierungsfunktionen

Abb. 7.34:
Die Booleschen Funktionen.

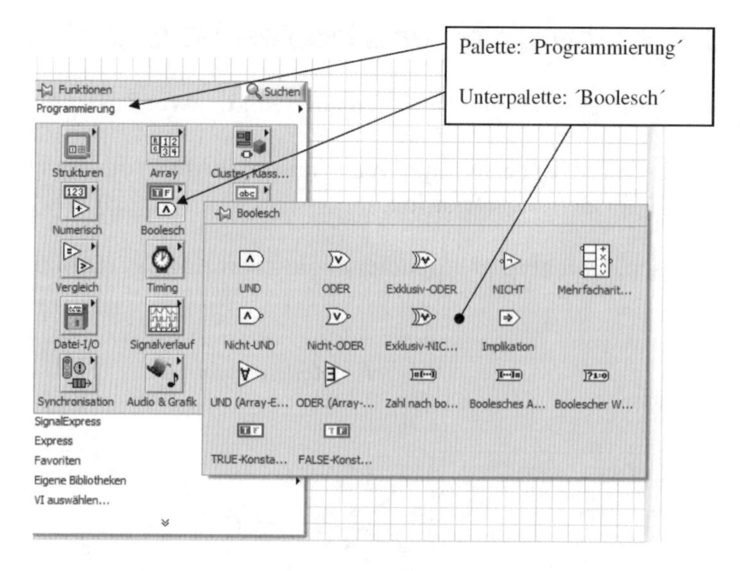

Wir werden uns zunächst nur mit den Funktionen bzw. Elementen aus den ersten beiden Punkten beschäftigen und daher nun die erste ...

Übung

Entwickeln Sie ein VI namens *'boole - 1.vi'*, das die ODER-Verknüpfung zweier boolescher Variabeln verdeutlicht:

- Zwei boolesche Variablen 'a' und 'b' sollen über zwei 'Umschalter (vertikal)' eingegeben werden können (FP\Modern\Boolesch\Umschalter (vertikal)).
  Das Schaltverhalten dieser Schalter ist zunächst:
  - Schalter oben: EIN (log.'1', TRUE)
  - Schalter unten: AUS (log.'0', FALSE)

- Die beiden Variablen 'a' und 'b' werden ODER-mäßig miteinander verknüpft.

- Das Verknüpfungsergebnis wird durch eine große 'LED (rund)' angezeigt (FP\Modern\Boolesch\LED (rund)).

Erstellen Sie dazu als Erstes ein Frontpanel, das in etwa der Abb. 7.35 entspricht:

Abb. 7.35:
Das Frontpanel zur Verdeutlichung der ODER-Verknüpfung ('boole - 1.vi').

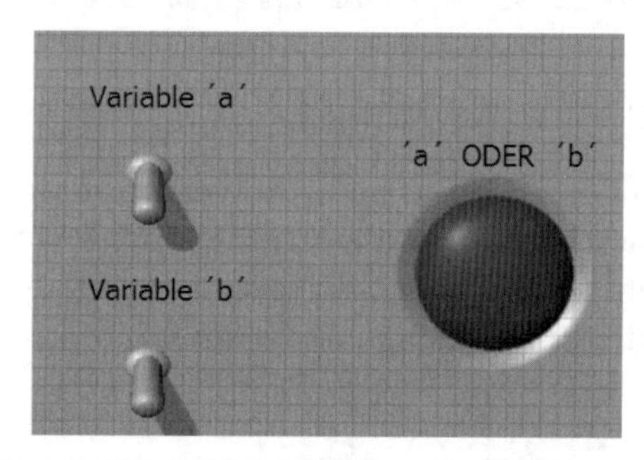

Platzieren Sie die beiden Schalter und die LED, vergrößern und beschriften Sie diese Elemente. Schalten Sie danach auf das Blockdiagramm um und verdrahten Sie diese Elemente entsprechend der geforderten ODER-Funktion:

LED = ´a´ ODER ´b´

Im Blockdiagramm fällt jetzt zunächst auf, dass alle Symbole und alle Verbindungen überwiegend in Grün gehalten sind. Sie erinnern sich an unsere Ausführungen im Kap. 7: Grün ist die Farbe der booleschen Datentypen und der booleschen Funktionen.

Das zugehörige Blockdiagramm könnte demnach aussehen wie in Abb. 7.36:

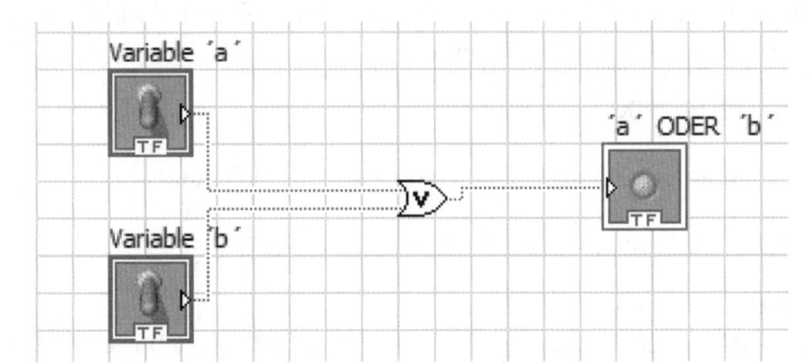

Abb. 7.36: *Das Blockdiagramm zur Verdeutlichung der ODER-Verknüpfung (´boole - 1.vi´).*

Speichern Sie das VI ab und starten Sie es im Frontpanel (´Wiederholt ausführen´). Überprüfen Sie die ordnungsgemäße Funktion. Stoppen Sie das VI.

LabVIEW-Feinheiten: Die Eigenschaften eines Elements

Schauen wir uns nun einige wesentliche Punkte zu diesen booleschen Anzeige- und Bedienelementen etwas näher an. Auch hier bietet LabVIEW eine Menge nützlicher Spielereien für den Anwender, die über das Menü *´Eigenschaften´* eingestellt werden können.

Die Eigenschaften des Bedienelements ´Umschalter (vertikal)´

Klicken Sie mit der rechten Maustaste auf den Schalter zur Variablen ´a´ und rufen Sie den Punkt ´Eigenschaften´ auf (siehe Abb. 7.37).

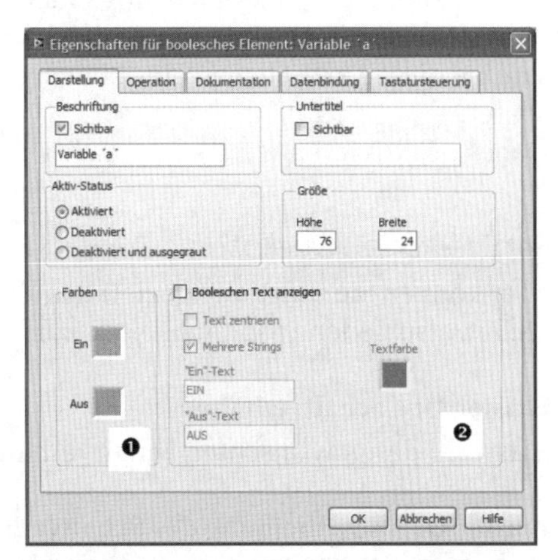

Abb. 7.37: *Die Registerkarte ´Darstellung´ in den Eigenschaften zum ´Umschalter (vertikal)´ der Variablen ´a´.*

Es wird hier zuerst die Registerkarte ´Darstellung´ angezeigt.

Registerkarte ´Darstellung´

Die Bedeutungen der oberen Teilfenster ´Beschriftung´, ´Untertitel´ und ´Aktiv-Status´ kennen Sie bereits aus unseren vorhergehenden Betrachtungen. Neu sind die Fenster *´Farben´* und *´Booleschen Text anzeigen´*.

Fenster ➊: ´Farben´

Hier können Sie für den Schalter die Farbe des Schaltknebels festlegen, und zwar getrennt für den Ein- und für den Aus-Zustand.
In der Grundeinstellung sind beide Farben gleich gewählt (ein mittleres grau), so dass Sie beim Schalten keinen Unterschied erkennen können.
Klicken Sie nun mit der linken Maustaste in das graue Quadrat beim ´Ein´-Zustand.
Es erscheint eine Farbpalette aus der Sie jetzt die Farbe für den Schaltknebel für den eingeschalteten Zustand auswählen können, z.B. ein blau.
Machen Sie dasselbe für den ´Aus´-Zustand und wählen Sie einen Rot-Ton.
Bestätigen Sie Ihre Auswahl mit ´OK´.

Starten Sie das VI und schauen Sie sich das ausgewählte Farbverhalten an.

Wählen Sie die gleichen Farbfestlegungen für den Schalter der Variablen ´**b**´.

Fenster ➋: ´Booleschen Text anzeigen´

Hier können Sie zwei Texte eingeben, von denen einer je nach Schalterstellung angezeigt wird.
Klicken Sie dazu das Kästchen *´Booleschen Text anzeigen´* an. Nun können Sie in den anderen Feldern dieses Fensters die entsprechenden Eintragungen machen.
Wenn Sie nach den Eingaben bei „Ein"-Text und „Aus"-Text den Abschlussknopf ´OK´ anklicken und das VI starten, so können Sie „bei genauem Hinsehen" am Schalterknebel die festgelegten Texte sehen.
Die Darstellung ist hier allerdings nicht optimal, da man die (Anzeige-)Stelle des Beschreibungstextes zunächst nicht so einfach verändern kann.
Wie Sie diese Texte aber an eine beliebige andere Stelle verschieben können, zeigen wir Ihnen später.
Daher deaktivieren wir hier zunächst den ´Booleschen Text anzeigen´.

Registerkarte ´Operation´

Hier können Sie nun ganz gezielt das Verhalten der Schaltfläche festlegen, wobei insgesamt sechs verschiedene Möglichkeiten zur Verfügung stehen (Abb. 7.38).

Fenster ➊: ´Schaltverhalten´

Auswahl des gewünschten Schaltverhaltens.

Fenster ➋: ´Beschreibung des Schaltverhaltens´

Verbale Beschreibung des ausgewählten Schaltverhaltens.

Fenster ❸: ´Vorschau des gewählten Verhaltens´

Hier können Sie das ausgewählte Schaltverhalten ausprobieren bzw. sich das Schaltverhalten verdeutlichen (da die Beschreibungen im Fenster ❷ manchmal doch etwas unklar sind).
Wenn Sie daher auf den Schalter (links) klicken, so zeigt die kleine LED (rechts) das Schaltverhalten an.

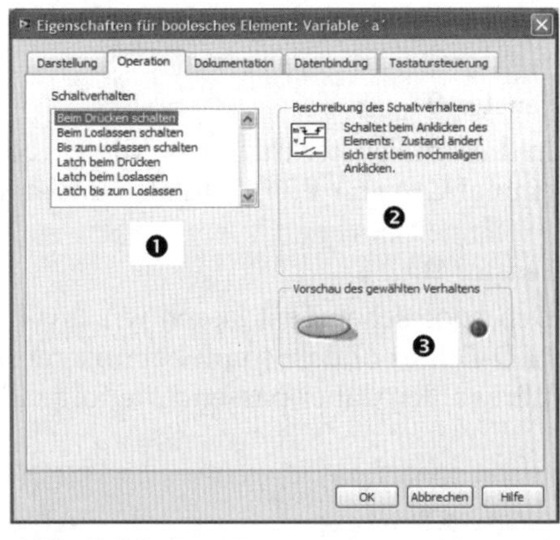

Abb. 7.38: Die Registerkarte ´Operation´.

Ausprobieren

Wählen Sie die verschiedenen Arten des Schaltverhaltens aus und machen Sie sich deren Funktionen klar.

Für unsere Anwendung wählen wir hier den ersten Punkt *´Beim Drücken schalten´* aus.

Die Registerkarte *´Dokumentation´* kennen Sie schon und die anderen Karten betrachten wir später.

Die Eigenschaften des Anzeigeelements ´LED (rund)´

Auch die Eigenschaften der LED können geändert bzw. den Wünschen des Anwenders angepasst werden, wobei es hier im Wesentlichen um die Farbe der LED und um einen Beschreibungstext im LED-Symbol geht.

Rufen Sie dazu zunächst das Kontextmenü zur LED auf und wählen Sie das Untermenü *´Eigenschaften´* aus, Abb. 7.39:

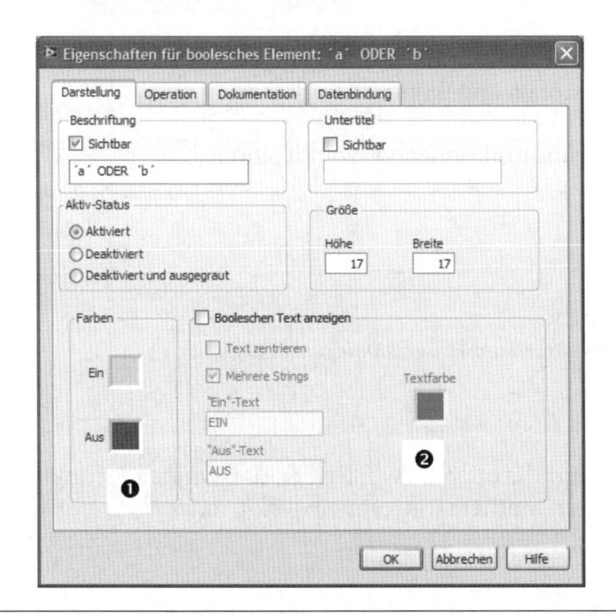

Abb. 7.39: Die Registerkarte ´Darstellung´ in den Eigenschaften zur ´LED (rund)´.

Diese Registerkarte sollte Ihnen bereits bekannt vorkommen (s. Abb. 7.37).

Fenster ❶:
In diesem Fenster tragen Sie die Farbe für die Schaltzustände der LED ein: wir wählen hier einmal Grün für EIN (Feld also unverändert lassen) und ein helles grau für AUS.

Fenster ❷:
Den booleschen Text lassen wir uns hier anzeigen, denn er erscheint jetzt in der Mitte des LED-Feldes und ist somit bei unserer recht großen LED gut sichtbar.
Wir wählen daher passend die folgende Beschriftung:

- EIN-Text: TRUE
- AUS-Text: FALSE

Als Textfarbe behalten wir schwarz bei.

Bestätigen Sie alle Festlegungen mit ´OK´, speichern Sie das VI ab und starten Sie es.
Das gesamte Erscheinungsbild des Frontpanels sieht nun doch recht farbig aus, Abb. 7.40:

Abb. 7.40:
Das VI schön in Farbe (´boole - 1.vi´). (Wenn Sie jetzt auch noch die Beschriftungstexte mit einfärben, wird´s richtig bunt.)

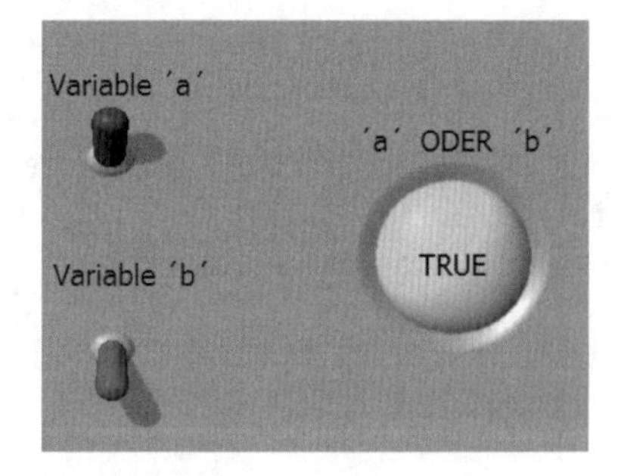

Damit sind wir zunächst am Ende unserer Betrachtungen zu den booleschen Variablen und zu den booleschen Grundfunktionen angekommen.

Aber eng mit den logischen Grundfunktionen verwandt sind …

Die Vergleichsfunktionen
die Sie unter

Blockdiagramm\Programmierung\Vergleich

finden (Abb.7.41).

Für uns zunächst interessant sind die oberen zwei Reihen der Vergleichsfunktionen, die Sie sicherlich noch aus der normalen Mathematik kennen: *gleich, ungleich, größer als, …*

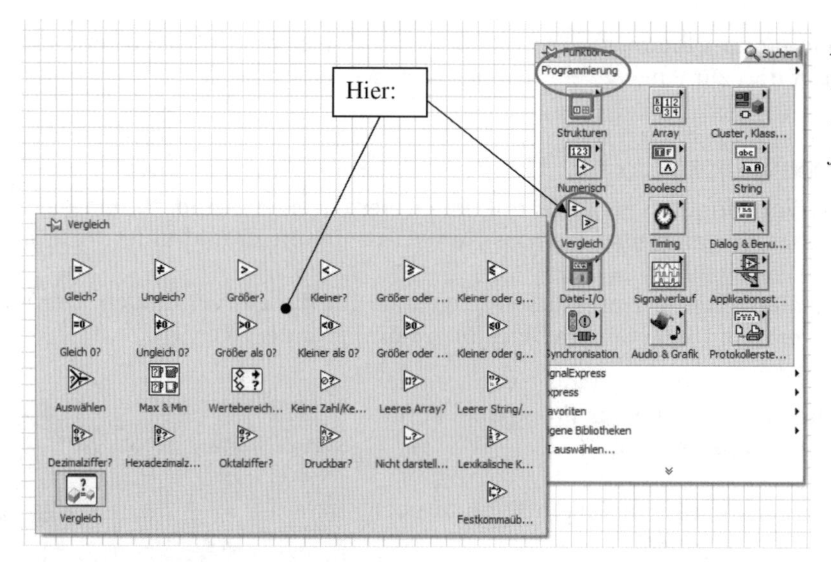

Abb. 7.41: Die (numerischen) Vergleichsfunktionen.

Die Anwendung dieser Funktionen wollen wir gleich an einer etwas größeren Übung verdeutlichen:

Übung: Der Fensterkomparator

Nehmen wir einmal an, dass wir einen Spannungswert erfasst und diesen in LabVIEW in ein VI eingespeist haben. (Dieser Messwert wird nachfolgend in LabVIEW durch einen Schieber mit Zeiger (horizontal) simuliert.)
Die Messspannung, die im Bereich von 0 ... 30 V liegt und in Schritten von 0,1 V veränderbar sein soll, soll nun vom VI mit Hilfe von drei farbigen LEDs überwacht werden:

Messspannung U	Auswertung/Meldung im VI durch drei runde farbige LEDs
0 … 12 V	ALARM! Rote LED leuchtet, die anderen LEDs sind aus.
> 12 V … 24 V	Warnung! Gelbe LED leuchtet, die anderen LEDs sind aus.
> 24 V… 30 V	Alles OK! Grüne LED leuchtet, die anderen LEDs sind aus.

Merke

Der Fensterkomparator
Solch eine Überwachungsfunktion nennt man Fensterkomparator. Damit wird überprüft, ob die Spannung in einem bestimmten Spannungsfenster liegt und eine dementsprechende Meldung (hier: Aktivierung einer LED) wird ausgegeben.
In der Praxis wird diese Meldung dann z.B. in einem Mikrocontroller-System oder eben in einem LabVIEW-VI noch weiter verarbeitet bzw. ausgewertet.

Erstellen Sie nun ein neues VI namens *´Fenster-Komp - 1.vi´*, welches diese Fensterkomparator-Funktion erfüllt und zur Anzeige ein schönes Frontpanel besitzt.

Einfügen von numerischen Konstanten

Konstante (Zahlen-)Werte für die Vergleichsfunktionen werden erzeugt, indem man am entsprechenden Funktions-Eingangsanschluss das Kontextmenü aufruft und unter *´Erstellen´* den Punkt *´Konstante´* auswählt.
Es wird ein ´Konstantenfeld´ am Anschluss erzeugt und mit diesem verbunden. Der dazugehörige Zahlenwert kann jederzeit (im Blockdiagramm) geändert werden.

Nach kurzem Nachdenken könnte das Frontpanel zu unserem gesuchten VI so aussehen, Abb. 7.42:

Zur Erstellung dieses Frontpanels benötigen Sie vorab noch einige kleine Zusatzinformationen.

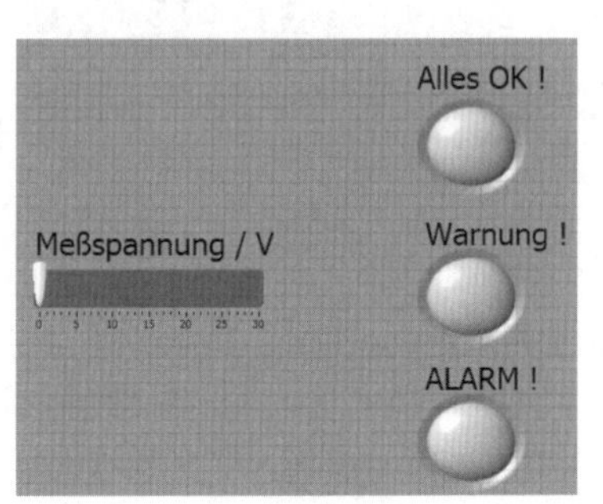

Abb. 7.42: *Das Frontpanel zum VI ´Fenster-Komp - 1.vi´.*

LabVIEW-Feinheiten: Einstellung des Wertebereichs eines Schiebers

Beginnen wir mit einem weiteren Detail zum Bedienelement ´Schieber mit Zeiger (horizontal)´. Es war ja gefordert, dass mit diesem Eingabeelement eine Spannung im Bereich von 0 ... 30 V, in Schritten von 0,1 V, erzeugt werden soll (also ganz allgemein: Zahlenwerte einstellbar im Bereich von 0 … 30, mit einer Auflösung von 0,1). Wenn man solch einen Schieber erstmalig im Frontpanel platziert, so besitzt dieser einen Zahlenwertebereich von 0 … 10 und die Auflösung beträgt 5 Stellen nach dem Komma (≡ Double-Datentyp). Dies muss nun entsprechend angepasst werden und dazu dient bekanntermaßen, das Eigenschafts-Untermenü aus dem Kontextmenü zum Bedienelement ´Schieber´, Abb. 7.43:

Abb. 7.43: *Eigenschafts-Untermenü zum ´Schieber´ bzw. ´Schieberegler´, Registerkarte ´Wertebereich´.*

Im Eigenschafts-Untermenü wählen wir dazu als Erstes die Registerkarte *´Wertebereich´*. Dort sehen Sie, dass der Punkt *´Standardbereich verwenden´* angekreuzt ist und alle Felder aus dem darunter liegenden Fenster ausgegraut, also nicht aktiv, sind.

Das bedeutet, dass der Schieber mit den zuvor erwähnten Standardwerten (Werte-Bereich 0 ... 10, Auflösung gemäß den Double-Festlegungen) arbeitet. Hier müssen wir also Änderungen vornehmen.
Als Erstes entfernen wir den Haken bei ´Standardbereich verwenden´ und nun können in den nachfolgenden Fenstern die notwendigen Eintragungen vorgenommen werden, Abb. 7.44:

Abb.7.44: *Die notwendigen Änderungen zur Anpassung des Schiebereglers.*

Hinweis

´Inf´ steht für ´Infinity´ und bedeutet ´unendlich´, also die maximale obere bzw. untere Grenze des Zahlenbereichs.

Als Erstes tragen wir bei *´Minimum´* unseren unteren (Spannungs-)Wert, also ´0´, ein.
Bei *´Maximum´* entsprechend ´30´. *´Werte außerhalb der Grenzen´* können ignoriert werden, da wir solche Werte mit unserem Schieber sowieso nicht einstellen können (anders wäre das, wenn wir ein Eingabezahlen-Feld hätten, denn dann könnten wir auch Werte außerhalb dieser Grenzen eingeben).

Als *´Inkrement´* (≡ Schrittweite bzw. Auflösung) geben wir 0,1 ein. Damit werden die mit dem Schieber einstellbaren Werte immer in Stufen von 0,1 erhöht bzw. erniedrigt.
Zusätzlich müssen wir aber noch ´An Nächsten angleichen´ auswählen, damit Zwischenwerte auch exakt in 0,1er-Stufen auf- oder abgerundet werden.
Die restlichen Felder bleiben unverändert (noch NICHT auf ´OK´ klicken).

Als Nächstes wählen wir die Registerkarte ´Skala´ aus, Abb. 7.45:

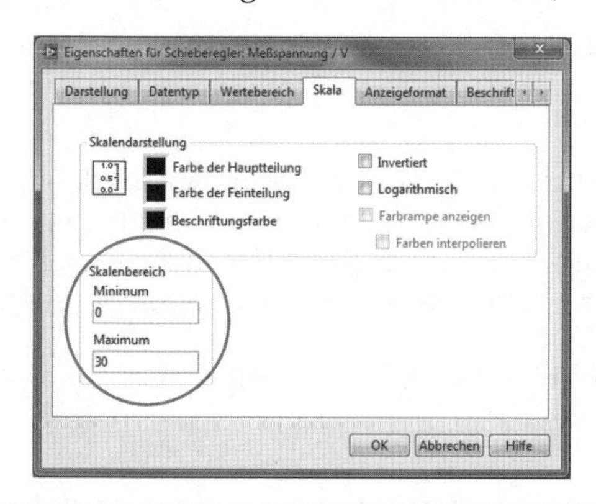

Abb. 7.45: *Die Einstellungen auf der Registerkarte ´Skala´.*

Hier sind lediglich der Anfangs- und der Endwert der (Anzeige-)Skala einzutragen: 0 ... 30.

Wenn Sie nun alle Eintragungen mit ´OK´ bestätigen, so können Sie deren ´Wirkungen´ schon auf dem Frontpanel überprüfen. LabVIEW hat alle Ihre Eingaben übernommen und den Schieber automatisch neu konfiguriert, Abb. 7.46:

Abb. 7.46:
Der für unsere Zwecke angepasste ´Schieber´.

Der einstellbare Wert ändert sich in 0,1er-Schritten.
Meßspannung / V
14,2
0 5 10 15 20 25 30
Neue Skala von 0 ... 30.

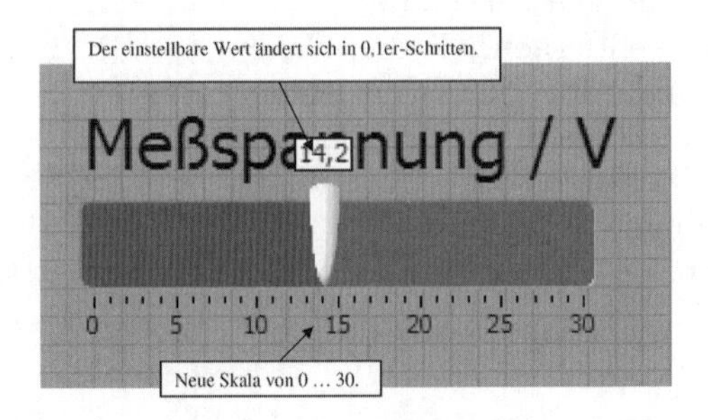

Kommen wir nun zum Blockdiagramm für unseren Fensterkomparator. Mithilfe der booleschen Grundfunktionen und der entsprechenden Vergleichsfunktionen könnte Ihre Lösung so aussehen, Abb. 7.47:

Abb. 7.47:
Das Blockdiagramm des Fensterkomparators (´Fenster-Komp - 1.vi´).

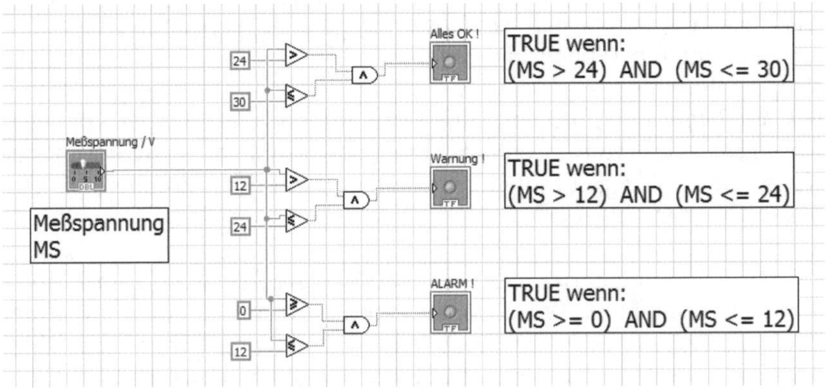

Alles OK !
TRUE wenn:
(MS > 24) AND (MS <= 30)
24
30
Meßspannung / V
Warnung !
TRUE wenn:
(MS > 12) AND (MS <= 24)
12
24
Meßspannung
MS
ALARM !
TRUE wenn:
(MS >= 0) AND (MS <= 12)
0
12

Und auch hier möchten wir Sie mit weiteren LabVIEW-Feinheiten vertraut machen.

LabVIEW-Feinheiten: Freie Beschriftungstexte im Blockdiagramm und im Frontpanel

Unter LabVIEW haben Sie die Möglichkeit, im Frontpanel und im Blockdiagramm beliebige, frei wählbare zusätzliche Erläuterungstexte zu einzelnen Funktionen oder Funktionsgruppen bzw. zu einzelnen Anzeige- und Bedienelementen anzugeben. Das sind dann z.B. die hell-gelben Textfelder auf der rechten Seite im Blockdiagramm der Abb. 7.47.

Das Einfügen solcher Texte ist nun sehr einfach und schnell gemacht:

Zusätzliche (Erläuterungs-) Texte auf dem Blockdiagramm

1. Klicken Sie dazu mit der linken Maustaste zweimal auf die Stelle im Blockdiagramm, wo der Text hin soll. Es erscheint ein kleines hellgelbes Kästchen mit dem blinkenden „Texteingabe-Cursor".

2. Geben Sie nun den gewünschten Text ein.

3. Die Textattribute (Texteigenschaften) können Sie danach beliebig ändern, z.B. indem Sie den Text markieren und mit dem Shortcut *´Strg+0´* die Registerkarte *´Schriftart´* aufrufen und dort die gewünschten Änderungen/Anpassungen durchführen.

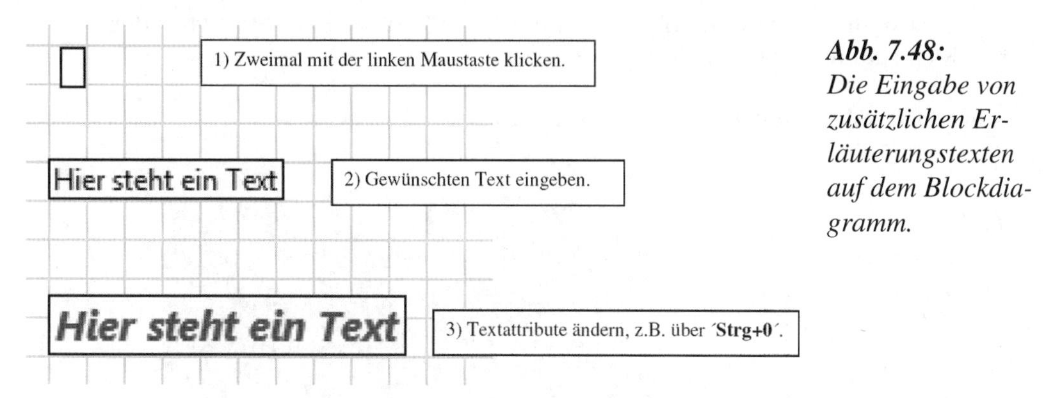

Abb. 7.48: *Die Eingabe von zusätzlichen Erläuterungstexten auf dem Blockdiagramm.*

Der so eingegebene Text erscheint allerdings nur auf dem Blockdiagramm.

Zusätzliche (Erläuterungs-)Texte auf dem Frontpanel

Auf dem Frontpanel können Sie ebenfalls, genauso wie zuvor beim Blockdiagramm beschrieben, beliebige Erläuterungstexte eingeben. Dies allerdings mit dem kleinen Unterschied, dass diese Texte später beim Ablauf des VIs auch auf dem Frontpanel miterscheinen, es sind also direkte zusätzliche Frontpanel-Beschriftungstexte.

Übung 1

Beschriften Sie nun das Blockdiagramm des VIs ´Fenster-Komp - 1.vi´ so wie in Abb. 7.47 dargestellt.

Nachdem Sie nun alle Änderungen bzw. Ergänzungen an unserem VI durchgeführt haben, speichern Sie dieses ab, starten es und überprüfen, ob es die gewünschte Funktion erfüllt, Abb. 7.49:

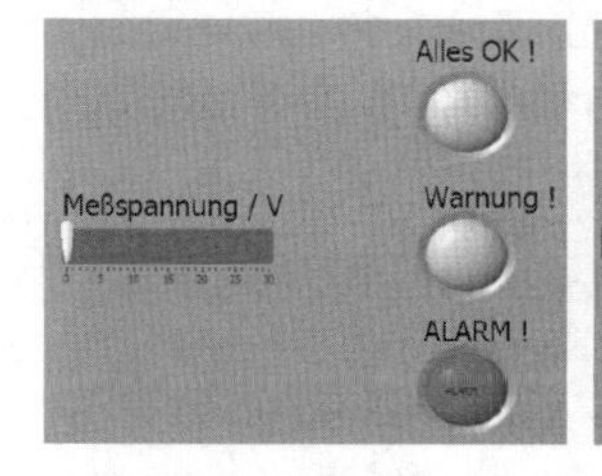

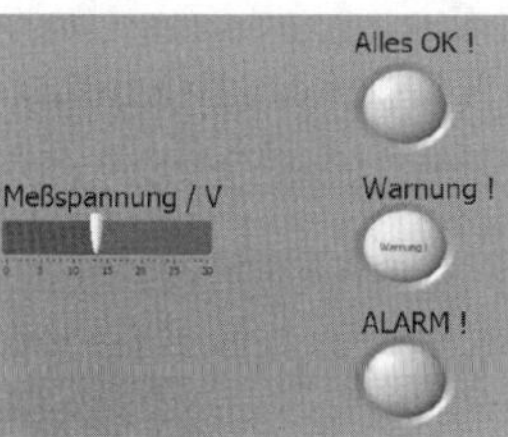

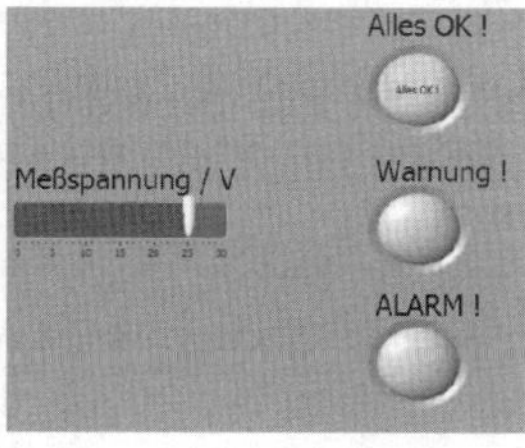

Abb. 7.49: *Das VI in voller Aktion.*

Übung 2

Erstellen Sie vom VI 'Fenster-Komp - 1.vi' eine Kopie namens *'Fenster-Komp - 2.vi'*.
Führen Sie in diesem neuen VI nun folgende Änderungen durch:

- Ergänzung einer Zahlenanzeige, die die eingestellte Messspannung als Zahlenwert anzeigt, mit einer Nachkomma-Stelle, wobei auch Nachkomma-Nullen angezeigt werden.

- Änderung der Auflösung der einstellbaren Messspannung auf 0,5 V.

- Bei jedem Start des VIs soll der Standardwert (Grund- bzw. Startwert) der Messspannung bei 15,0 V liegen.

Das Ergebnis sollte dann so aussehen, Abb. 7.50:

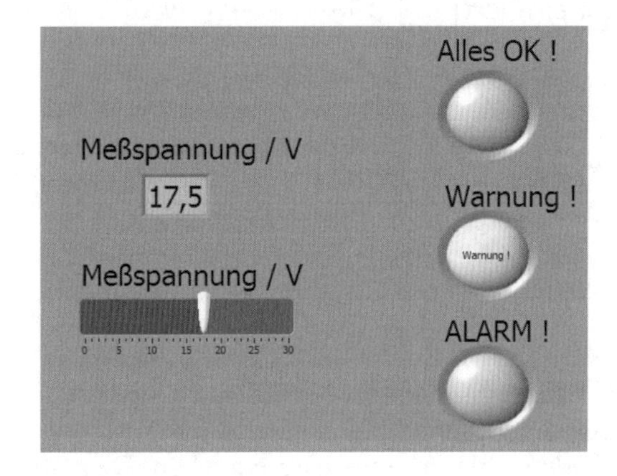

Abb. 7.50:
Das Ergebnis von 'Fenster-Komp - 2.vi' bei 17,5 V.

LabVIEW-Feinheiten: Wer suchet, der findet!

Bei umfangreichen und unübersichtlichen VIs kann es vorkommen, dass man sich beim Blick auf das Frontpanel fragt: „Wo zum Teufel finde ich eigentlich dieses oder jenes Anzeige- bzw. Bedienelement auf dem Blockdiagramm wieder." Oder umgekehrt: „Wo habe ich dieses oder jenes Anzeige- bzw. Bedienelement des Frontpanels eigentlich im Blockdiagramm platziert?"

Hier bietet LabVIEW eine einfache Such- und Finde-Hilfe an:
Markieren Sie z.B. auf dem Frontpanel ein bestimmtes Anzeige- bzw. Bedienelement und klicken Sie auf dieses zweimal mit der *linken* Maustaste (wenn der Cursor die Pfeilform hat).
LabVIEW schaltet dann sofort auf das Blockdiagramm um und das im Frontpanel markierte Anzeige- bzw. Bedienelement erscheint ebenfalls markiert im Blockdiagramm.
Umgekehrt funktioniert es genauso: markieren Sie im Blockdiagramm ein Element und klicken Sie zweimal mit der linken Maustaste darauf: LabVIEW wechselt ins Frontpanel und das gesuchte Anzeige- bzw. Bedienelement wird markiert dargestellt.

Alternativ können Sie auch über das Kontextmenü zum jeweiligen Element die Suche starten:

- Auf dem Frontpanel: Anwahl des Punktes *´Anschluss suchen´* im Kontextmenü.

- Auf dem Blockdiagramm: Anwahl des Punktes *´Anzeigeelement suchen´* bzw. *´Bedienelement suchen´* im Kontextmenü.

Probieren Sie diese Funktionen im aktuellen Frontpanel bzw. Blockdiagramm aus.

Kommen wir jetzt zum vorerst letzten Datentyp in LabVIEW ...

7.4 Strings und String-Grundfunktionen

Strings sind ganz einfach *Zeichenketten*, die aus

- Buchstaben,
- Zahlen
- Sonderzeichen

bestehen. Hierzu gehören auch, im Gegensatz zu anderen klassischen Programmiersprachen, die deutschen Umlaute - ä,ö,ü,ß,Ä,Ö,Ü - und sehr viele Sonderzeichen - §,$,%,&,/, ... (also bei weitem nicht nur die reinen ASCII-Zeichen).

Beispiele für Strings

Hallo Otto
4711 Hier und Heute
123_;&hfdfdh-ruru123!!

Wichtig

Die Strings in LabVIEW
Strings spielen in LabVIEW eine fast genauso große Rolle wie die „normalen" Zahlen, da sehr viele LabVIEW-Funktionen mit Strings als Eingabe- bzw. als Ausgabeelement arbeiten.

Hier unterscheidet sich LabVIEW an einigen wesentlichen Stellen von den klassischen Programmiersprachen, in denen Strings nicht immer eine so große Rolle spielen.

So treten Strings zum Beispiel auf, wenn Zeichen (z.B. Messwerte) über die serielle Schnittstelle des PCs von LabVIEW empfangen oder Steuerbefehle über diese Schnittstelle von LabVIEW ausgesendet werden sollen.

Dementsprechend groß ist auch die Vielfalt von String-Funktionen, die benötigt werden:
- um Strings zu zerlegen,
- um Strings zusammen zu bauen,
- um Strings in Zahlen umzuwandeln,
- um Zahlen in Strings umzuwandeln,
- um mit Datums- und Uhrzeit-Informationen zu arbeiten,
- etc.

Da einer unserer Schwerpunkte im Band 2 dieser Lehrbuchreihe zu LabVIEW der Anschluss von Mikrocontroller-Systemen an den PC und die Datenübertragung vom PC (LabVIEW) zum Mikrocontroller und umgekehrt ist, werden wir uns hier schon einmal vorbereitend, etwas intensiver mit den Strings und einigen ihrer Grundfunktionen auseinander setzen.

Das „String-Bearbeitungs- bzw.- Verarbeitungsgebiet“ umfasst im Wesentlichen drei Schwerpunktbereiche:

1. Die Eingabe von Strings

kann über verschiedene Wege erfolgen:

- Direkteingabe über ein Eingabefenster (≡ LabVIEW-Bedienelement),
- Einlesen über eine serielle Schnittstelle,
- Auslesen aus einer Datei.

2. Die Bearbeitung von Strings

Hierzu gehören die vielfältigen Möglichkeiten, mit Strings umzugehen, sie zu erfassen, zu manipulieren, umzuformen und wieder auszugeben.

3. Die Ausgabe von Strings

Ebenso vielfältig wie die Einlesemöglichkeiten sind die Ausgabemöglichkeiten für Strings:

- Direktausgabe über ein Ausgabefenster (≡ LabVIEW-Anzeigeelement),
- Ausgabe über eine serielle Schnittstelle,
- Einschreiben in eine Datei.

Die Ein- und Ausgabe von Strings über das Frontpanel

Beginnen wir mit den einfachsten Möglichkeiten der Stringein- und ausgabe über das Frontpanel.

Unter

FP\Modern\String & Pfad

finden Sie die beiden wesentlichen String-Ein- und Ausgabeelemente, Abb. 7.51:

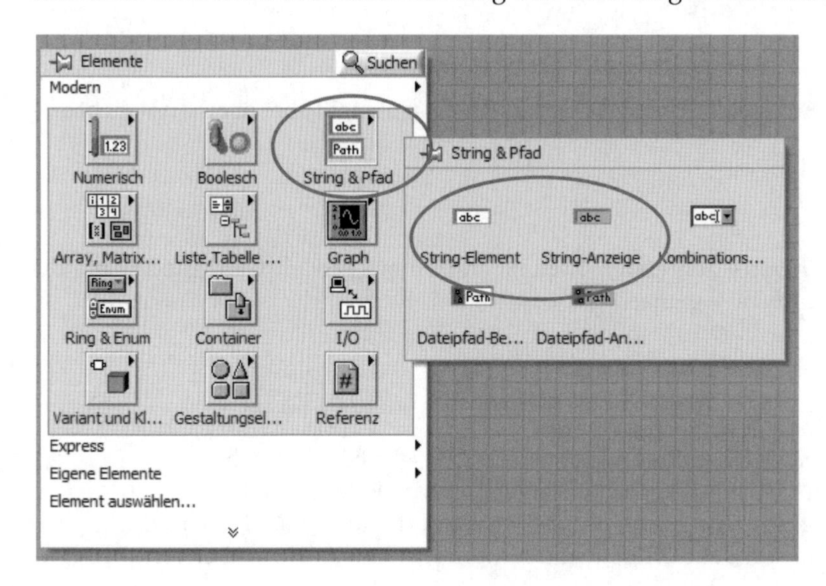

Abb. 7.51: *String-Elemente fürs Frontpanel.*

Als erstes benötigen wir einfach nur ein Eingabeelement (*´String-Element´*) und ein Ausgabeelement (*´String-Anzeige´*).

Positionieren Sie nun beide Elemente auf dem Frontpanel eines neuen LabVIEW-VIs namens *´string - 0.vi´* und verbinden Sie die Elemente auf dem Blockdiagramm.

Benennen Sie die Elemente mit ´Eingabe des Strings´ und ´Darstellung´, Abb. 7.52:

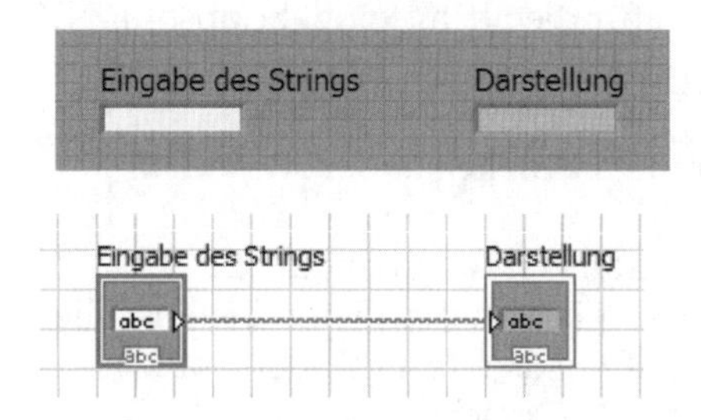

Abb. 7.52: *Das VI ´string - 0.vi´.*

Eines fällt hier sofort auf – die Lieblingsfarbe von LabVIEW für Strings im Blockdiagramm ist lila.

Starten Sie nun das VI ('Wiederholt ausführen') und geben Sie im Eingabefeld irgendeinen String (irgendeine Zeichenkette) ein.

Nach Abschluss der Eingabe mit Return sollte der String im Ausgabefeld ('Darstellung') zu sehen sein.

Das ist aber nicht der Fall!

Der String ist zwar im Eingabefeld verschwunden, im Ausgabefeld aber überhaupt nicht aufgetaucht!

Und somit haben Sie bereits den ersten Kontakt mit einer „großen Gemeinheit" bei der String-Eingabe unter LabVIEW gemacht:

Wichtig

Die RETURN-Taste bei der String-Eingabe
Das ist ein Fehler, den man am Anfang sicherlich sehr häufig macht:
Man beendet die Zeicheneingabe, wie eigentlich von jedem anderen (Windows-)Programm gewohnt, durch Druck auf die RETURN-Taste und wundert sich, warum der String nicht übernommen bzw. nicht weiter verarbeitet wird!

Merke

Bei der Eingabe von Zeichen für einen String zählt die RETURN-Taste als ganz normales Zeichen eines Strings (RETURN ≡ ASCII-Code '0ah') und ist somit als Abschluss- bzw. Ende-Zeichen für die Stringseingabe absolut NICHT geeignet.

Man muss also die Eingabe eines Strings gänzlich anders beenden.

Überprüfen wir aber zunächst einmal die Wirkung der RETURN-Taste etwas näher:
Beenden Sie dazu die Ausführung des VIs und markieren Sie anschließend in unserem VI (auf dem Frontpanel) das eigentliche Eingabefeld mit dem Cursor, so dass die bekannten kleinen blauen Quadrate rings um das Feld erscheinen.
Sie können nun dieses Eingabefeld nach unten erweitern, indem Sie am unteren Quadrat ziehen.

Ebenso können Sie das Feld nach oben, rechts und / oder links erweitern um so mehr Platz für den einzugebenden String zu schaffen.

Auf die gleiche Art und Weise können Sie die Größe des Ausgabefeldes zur Darstellung des Strings anpassen, Abb. 7.53:

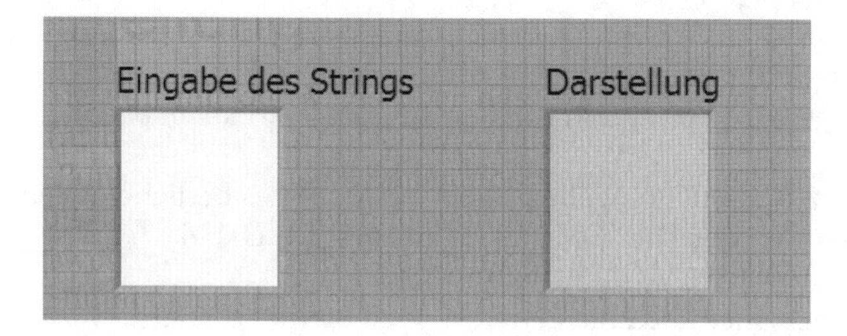

Abb. 7.53:
Die Vergrößerungen der Ein- und Ausgabefelder.

Führen Sie diese Vergrößerungen durch und starten Sie das VI erneut.

Geben Sie nun z.B. in das Eingabefeld folgendes ein:

abc	RETURN
1234	RETURN
ghjk	RETURN

Sie erkennen: nach jedem RETURN springt der Cursor in die nächste Zeile und Sie können immer noch weitere Zeichen des Strings eingeben. Die Eingabe insgesamt wird also durch das RETURN NICHT abgeschlossen!

Wie wird nun aber eine String-Eingabe beendet?
Abb. 7.54. zeigt die Lösung:

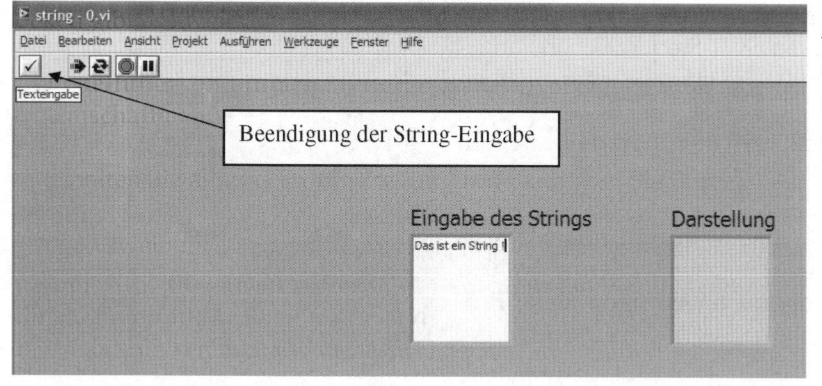

Abb. 7.54:
Die Beendigung der String-Eingabe.

In der linken oberen Ecke der Task-Leiste erscheint ein kleiner *„OK-Haken“*, sobald Sie ein neues Zeichen des Strings eingegeben haben. Wenn Sie mit der Maus über diesen Haken fahren, erscheint der Hinweis *´Texteingabe´* und sobald Sie auf den Haken klicken, wird die String-Eingabe abgeschlossen, der String wird von LabVIEW übernommen und entsprechend verarbeitet, in unserem Falle im Ausgabefeld dargestellt.

Wichtig

Die Beendigung der String-Eingabe
Ein Druck auf die RETURN-Taste wird als ganz normales Zeichen des Strings interpretiert und beendet daher die Eingabe nicht.
Die Eingabe eines Strings wird erst durch Klicken auf den OK-Haken beendet!

Auch andere Eingaben, z.B. Zahleneingaben in ein numerisches Bedienelement, können so abgeschlossen werden (der OK-Haken erscheint auch bei Zahleneingaben).
Das haben wir allerdings bisher noch nie gemacht, weil hierbei ja auch der gewohntere Abschluss der Eingabe mit RETURN (besser) funktioniert.

Beachten Sie bei der Eingabe von Strings aber unbedingt noch die nachfolgend beschriebene Eingabe-Alternative …

LabVIEW-Feinheiten: Alternative Eingabemöglichkeit für Strings

Steht von vorne herein fest, dass wirklich nur eine einzige Zeile eingegeben werden soll (was auch häufig der Fall ist), so lässt sich im Kontextmenü zum jeweiligen String-Eingabeelement die Eingabe *´Auf eine Zeile begrenzen´* (Abb. 7.55).

Hier wirkt dann die RETURN-Taste, wie im allgemeinen gewohnt, als „echter" Abschluss der Eingabe, d.h. die RETURN-Taste wird nicht als eigenes, getrenntes ASCII-Steuerzeichen angesehen, sondern beendet die Eingabe einer einzigen Zeile.
Hier kann man sich verhalten, wie bei anderen Programmen gewohnt.

Wenn Sie also in einem String-Bedienelement wirklich nur eine Zeile eingeben wollen, so wählen Sie diese Festlegung und haben dann keine Probleme mit der Eingabe.

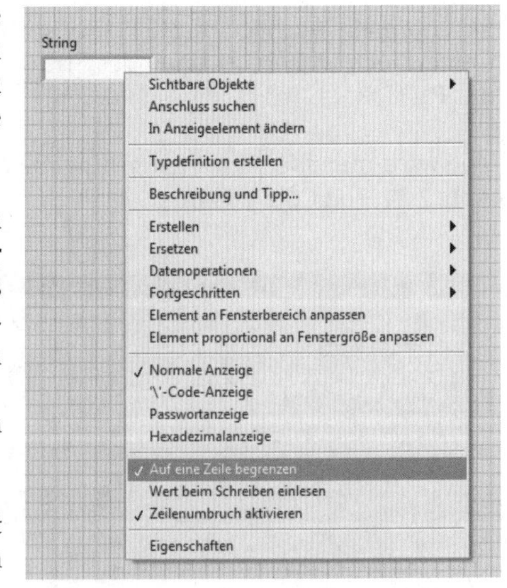

***Abb.7.55:** Die Begrenzung einer String-Eingabe auf nur eine Zeile.*

Die Darstellungsarten von Strings

Die Strings selber können nun bei der Ausgabe auf dem Frontpanel auf **vier** verschiedene Arten dargestellt werden, von denen Sie bereits eine, die normale Art, kennen gelernt haben.

Öffnen Sie dazu einmal (nach Stoppen des VIs) das Kontextmenü des Darstellungs-(Ausgabe-)fensters, Abb.7.56:

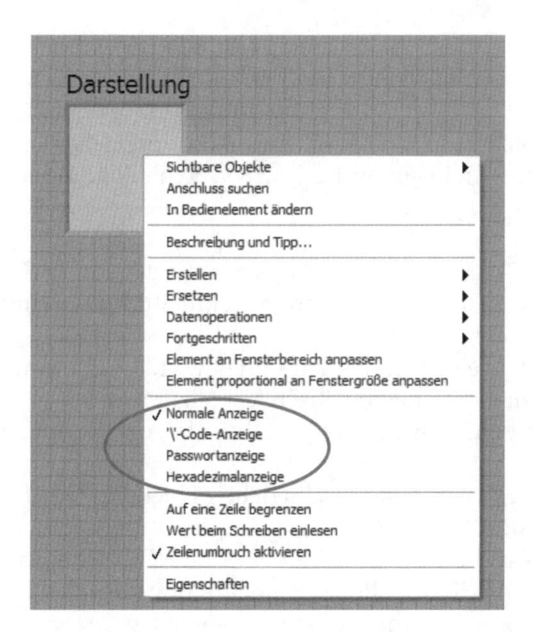

Abb. 7.56: *Die Festlegung der Anzeige- bzw. Darstellungsart eines Strings über das Kontextmenü.*

Bedeutungen

Normale Anzeige

Alle *druckbaren* Zeichen werden dargestellt. Also keine Darstellung der nicht-druckbaren ASCII-Steuerzeichen (mit den ASCII-Codes 00h - 1fh).

´\´-Code-Anzeige

Hierbei werden ebenfalls alle druckbaren Zeichen dargestellt, zusätzlich aber auch noch die *nicht-druckbaren* Steuerzeichen und einige andere Zeichen in der besonderen Form:

\ **Kennbuchstabe**

Also z.B.:	Leerzeichen (Blank)	durch	**s**
	RETURN-Taste (Zeilenumbruch)	durch	**n**

Passwortanzeige

Auch diese Anzeigeart kennen Sie schon von anderen (Windows-)Programmen, bei denen z.B. ein Password eingegeben werden muss. Die eingegebenen (druckbaren) Zeichen des Strings werden auf dem Bildschirm (unkenntlich) durch ´*´ dargestellt.

Hexadezimalanzeige

Bei dieser Darstellungsart werden *alle Zeichen* des Strings (druckbare und nicht-druckbare) dargestellt und zwar durch ihre entsprechenden ASCII-Codes im hexadezimalen Zahlensystem, wobei immer jeweils zwei Zeichen (zwei Bytes) zu einem 4er-HEX-Zahlenblock zusammengefasst werden.

Im Anhang ´ASCII-Tabelle´ finden Sie eine Übersicht über diesen Code.

Wichtig

Der ASCII-Code
String-Zeichen werden Rechner-intern durch eine 8-Bit vorzeichenlose Ganzzahl dargestellt. Damit ergeben sich insgesamt $2^8 = 256$ verschiedene Zeichen in solch einem Zeichencode.

Beim so genannten ´ASCII-Code´ sind allerdings nur die ersten 128 Zeichen (Zeichencodes 00h - 7fh bzw. 0 - 127) international einheitlich genormt!

Die restlichen 128 Zeichen (Zeichencodes 80h - ffh bzw. 128 - 255) sind dagegen nicht genormt und können Herstellerspezifisch festgelegt werden.
Man spricht hierbei zwar vom ´erweiterten ASCII-Code´, dieser kann eben unterschiedlich ausfallen.
Sie kennen das sicherlich alle von den verschiedenen Zeichensätzen bei einem Textverarbeitungsprogramm.
Auch LabVIEW benutzt für diesen oberen Teil der Code-Tabelle eigene Festlegungen (s. Anhang ´ASCII-Tabelle´), die aber in ungefähr den Definitionen von Windows-Word, Schriftart ´normaler Text´ entsprechen.

Übung
Entwerfen Sie nun ein VI namens *´string - 1.vi´*, in denm der Anwender einen String (beliebiger Länge) eingeben kann und der dann sofort auf alle vier verschiedenen Arten angezeigt wird.

Nach einer kurzen Schaffensperiode könnte Ihr Ergebnis so aussehen, Abb. 7.57:

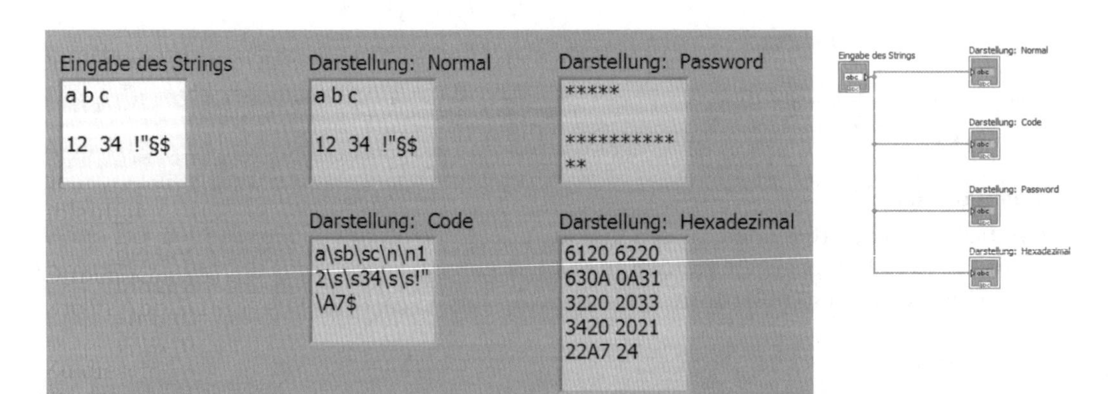

***Abb. 7.57:** Der String in seinen vier Darstellungsarten (´string - 1.vi´).*

Überprüfen Sie nun genauer die Wirkungsweise der vier Darstellungsarten:

Eingabe: Leerzeichen (Blank)

Darstellung: Normal — Nicht sichtbar (das Blank ist zwar ein druckbares Zeichen, aber es ist ja auf dem Bildschirm „unsichtbar").

Darstellung: Password — * (≡ Blank ist druckbares Zeichen)

Darstellung: Code — \s (≡ Darstellung als Steuer- bzw. Sonderzeichen)

Darstellung: Hexadezimal — 20 (20h ≡ ASCII-Code in HEX zum Blank)

Eingabe: Leerzeichen (Blank) und RETURN-Taste

Darstellung: Normal — Nichts sichtbar (die RETURN-Taste ist ein nicht druckbares (Steuer-) Zeichen und wird daher nicht dargestellt)

Darstellung: Password — nur ein * (vom Blank)

Darstellung: Code — \s\n (≡ Darstellung als Steuer- bzw. Sonderzeichen)

Darstellung: Hexadezimal — 200A (0Ah ≡ ASCII-Code in HEX zum RETURN)

Hinweis
0Ah ist eigentlich der ASCII-Code vom Line Feed (LF, Zeilenvorschub). Die RETURN-Taste bewirkt aber auch noch ein Carriage Return (CR, ASCII-Code: 0dh), also einen Sprung an den Anfang der nächsten Zeile.

In diesem Falle müssten für die RETURN-Taste eigentlich zwei Zeichen gesendet werden. Das wird hier aber nicht gemacht, man beschränkt sich daher nur auf das Senden bzw. Anzeigen bzw. Auswerten von LF.

Eingabe: Leerzeichen (Blank) und RETURN-Taste und 123 abc

Untersuchen Sie jetzt einmal selber die entstehende Darstellung (Abb. 7.58).

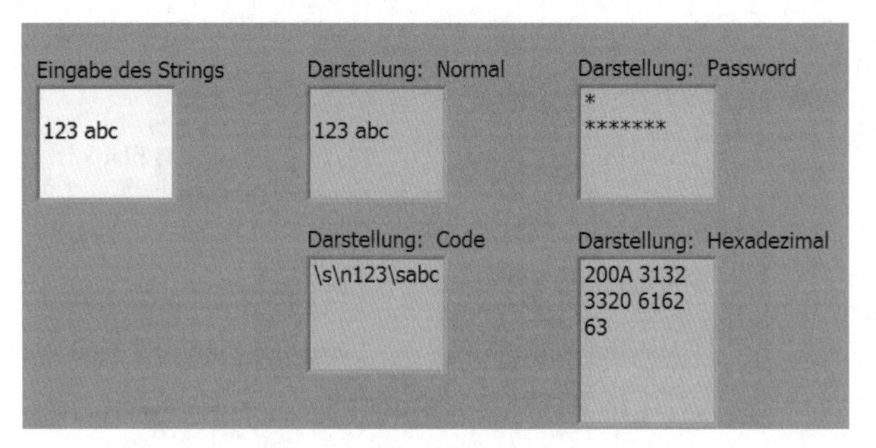

Abb. 7.58: *Experimente mit Strings.*

Damit beenden wir hier zunächst den Punkt ´Eingabe und Darstellung von Strings´ und wenden uns nun den Verarbeitungsfunktionen für Strings zu.

Wichtig

Die grundlegenden String-Funktionen
Da der Schwerpunkt unserer Beschäftigung mit LabVIEW im Band 2 dieser kleinen Lehrbuchreihe auf der Verarbeitung von Informationen liegt, die von Mikrocontrollern über die serielle Schnittstelle an den PC gesendet, und somit von LabVIEW als Strings interpretiert werden, betrachten wir nachfolgend nur einige der String-Funktionen, die wir für diesen Verwendungszweck benötigen.

Das gesamte Gebiet der String-Funktionen ist natürlich wesentlich größer und wir werden daher nach und nach noch weitere wichtige String-Funktionen vorstellen und erläutern.

Zur Simulation von Eingabe-Strings, die über die serielle Schnittstelle empfangen werden, benutzen wir nachfolgend einfach ein String-Eingabefenster und geben die Strings von Hand ein.
Dementsprechend werden Ausgabe-Strings zunächst einfach nur durch ein String-Anzeigeelement dargestellt.
Hier schließen wir später die serielle Schnittstelle in Empfangs- bzw. Senderichtung an.

Die zunächst wichtigsten String-Funktionen (Abb. 7.59) finden Sie unter:

BD\Programmierung\String

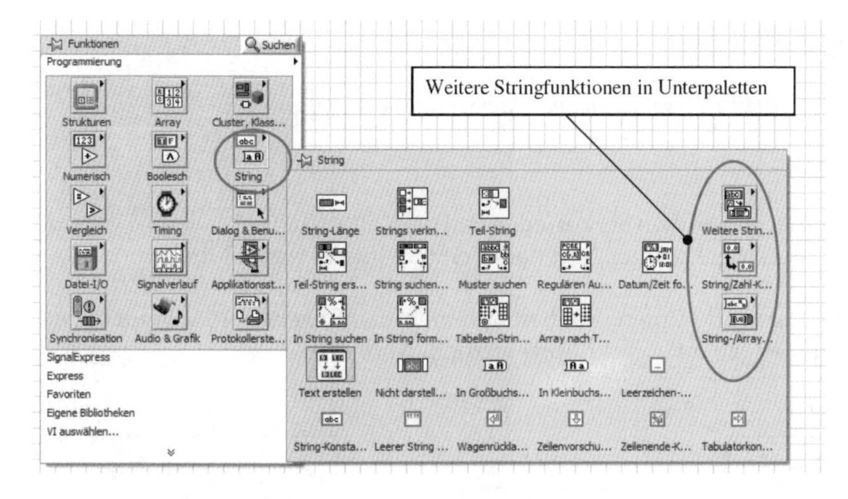

Abb.7.59:
Der Weg zu den String-Funktionen.

Funktion: String-Länge

BD\Programmierung\String\String-Länge

Durch Aufruf dieser Funktion wird die Länge des am Eingang der Funktion übergebenen Strings ermittelt, und zwar die Anzahl der Zeichen im String.

> **W**ichtig
>
> *Die Länge des Strings*
> Diejenigen unter Ihnen, die „klassische Programmiersprachen" kennen und damit schon arbeiten (wie z.B. mit ´C´), müssen hier etwas aufpassen: Unter LabVIEW wird bei der Ermittlung der Länge eines Strings, das Ende-Zeichen des Strings, NICHT mitgezählt.
> Es zählen bei der Längenbestimmung also nur die wirklichen Nutzzeichen im String: der String *abc* hat also die Länge 3!

Übung

Erweitern Sie das VI ´string - 1.vi´ so zum neuen VI *´string - 2.vi´*, dass jetzt noch die Länge des eingegebenen Strings mit angezeigt wird. So ungefähr hatten wir uns das vorgestellt, Abb. 7.60:

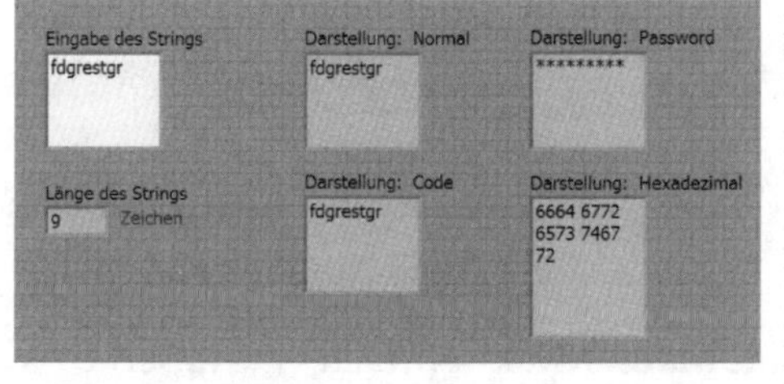

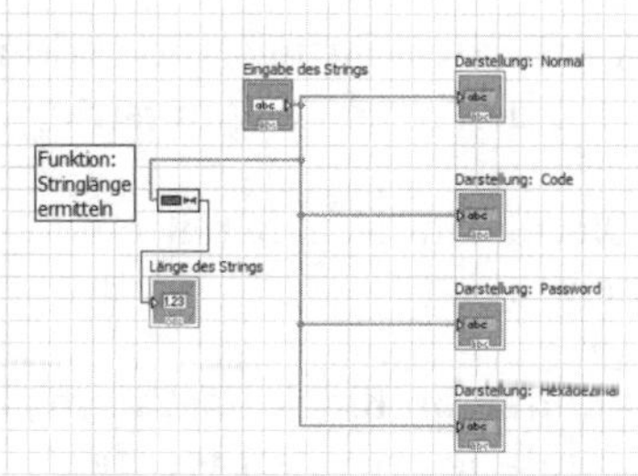

Abb. 7.60:
Das VI ´string - 2.vi ´.

Funktion: Strings verknüpfen

BD\Programmierung\String\Strings verknüpfen

Hinweis

Bevor wir hier weiter machen, sollten Sie auf jeden Fall die Kontexthilfe aktivieren (*´Strg+H´*). Jetzt ist ein guter Zeitpunkt gekommen, um damit einmal intensiver zu arbeiten.

Mit der Funktion ´Strings verknüpfen´ können nun mehrere Einzelstrings zu einem neuen Gesamtstring „zusammengebaut" (verknüpft) werden, Abb. 7.61:

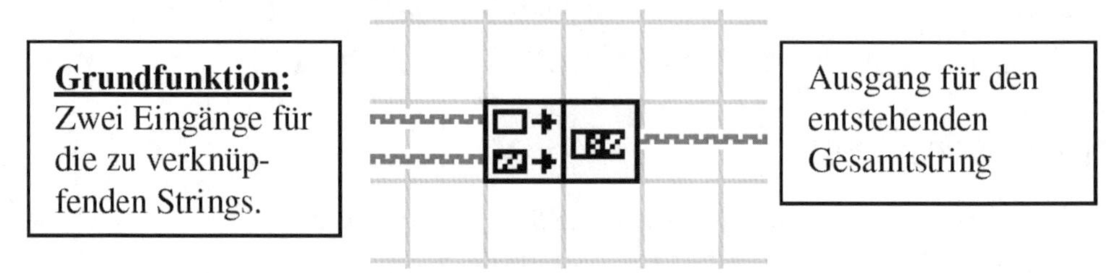

Abb. 7.61: *Die Verknüpfung von Teilstrings zu einem neuen Gesamtstring (hier: zwei Teilstrings werden zusammengesetzt).*

Dazu werden auf der linken Seite der Funktion die beiden Teilstrings in der gewünschten Zusammensetzungs-Reihenfolge (von oben nach unten) angeschlossen. Als Ergebnis erscheint am Ausgang, an der rechten Seite des Funktionssymbols, der neue zusammengestellte Gesamtstring, d.h. die beiden Teilstrings werden einfach hintereinander gesetzt und ergeben so den neuen Gesamtstring.
Bevor es weiter geht, nun noch die …

LabVIEW-Feinheiten: Die Erweiterung von Funktionen

Bei vielen LabVIEW-Funktionen steht dem Anwender nach dem Einfügen der Funktion ins Blockdiagramm nur ein bestimmter, minimaler Grundfunktionsumfang zur Verfügung. Und das bedeutet hier z.B.: es können zunächst (nur) **zwei** Teilstrings zu einem neuen Gesamtstring verknüpft werden. Dem Anwender stehen also zur Verfügung:

- zwei Eingänge für zwei Strings, die verknüpft werden sollen
- ein Ausgang für den neuen Gesamtstring

Und nun machen Sie Bekanntschaft mit einer weiteren, sehr wichtigen Eigenschaft von LabVIEW-Funktionen:

Viele Funktionen können im Blockdiagramm „mit Maus-Klick" einfach vergrößert bzw. in ihrem Funktionsumfang erweitert werden!

Wenn Sie mit der Maus über das Funktionssymbol fahren und der Cursor seine Form in die des kleinen Pfeils verändert, so erscheinen zwei kleine blaue Quadrate, oben und unten am Funktionssymbol – das sind die „Funktions-Aufzieh-Punkte".
Damit kann man die Funktion nach oben bzw. nach unten aufziehen und somit vergrößern.

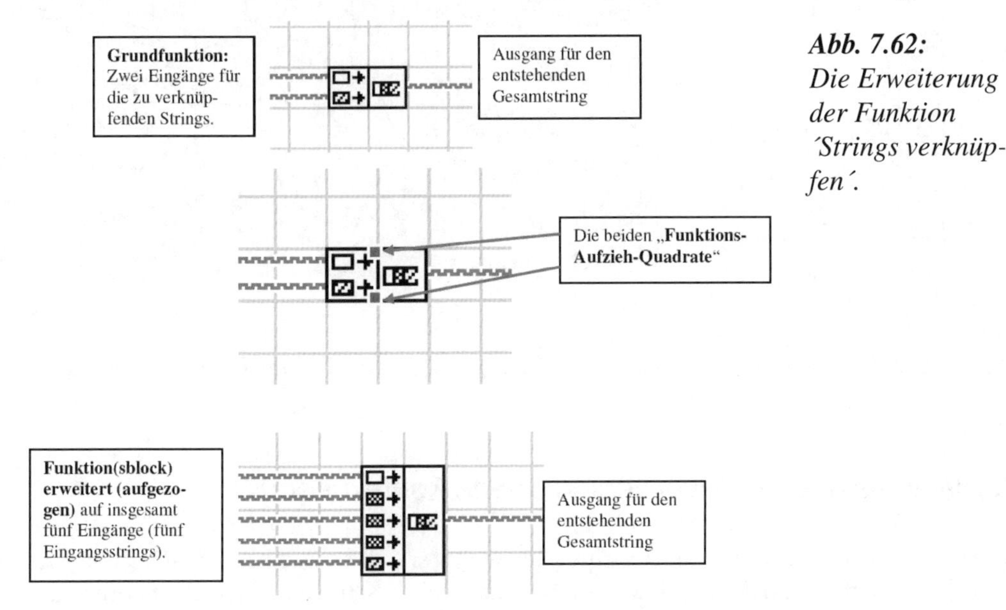

Abb. 7.62: *Die Erweiterung der Funktion ´Strings verknüpfen´.*

Die Funktion kann also durch zusätzliche Eingänge und/oder Ausgänge (je nach Art der Funktion) in ihrem Funktionsumfang erweitert werden.
In unserem konkreten Fall bedeutet das hier: man kann die Anzahl der Eingänge (fast) beliebig erhöhen und so beliebig viele Teilstrings zu einem Gesamtstring verknüpfen.
Die Anzahl der Ausgänge bleibt dabei aber bei 1, denn es gibt ja immer nur einen Ergebnisstring.
Entsprechend kann man die Funktion auch „verkleinern" indem man das Funktionssymbol wieder „zusammen schiebt".
Das klappt aber nur dann, wenn die entsprechenden Eingänge (noch) unbelegt sind.

Übung

Entwerfen Sie ein VI namens *´string - 3.vi´* mit folgenden Eigenschaften:

- Es werden insgesamt fünf Teilstrings zu einem Gesamtstring verknüpft.
- Dieser Gesamtstring wird entsprechend angezeigt
- Ebenfalls wird die Länge des Gesamtstrings ermittelt und dargestellt.

Testen Sie den Ablauf des VIs auch mit den unterschiedlichen Darstellungsarten für den Gesamtstring.

Das Ergebnis könnte dann ungefähr so aussehen, Abb. 7.63:

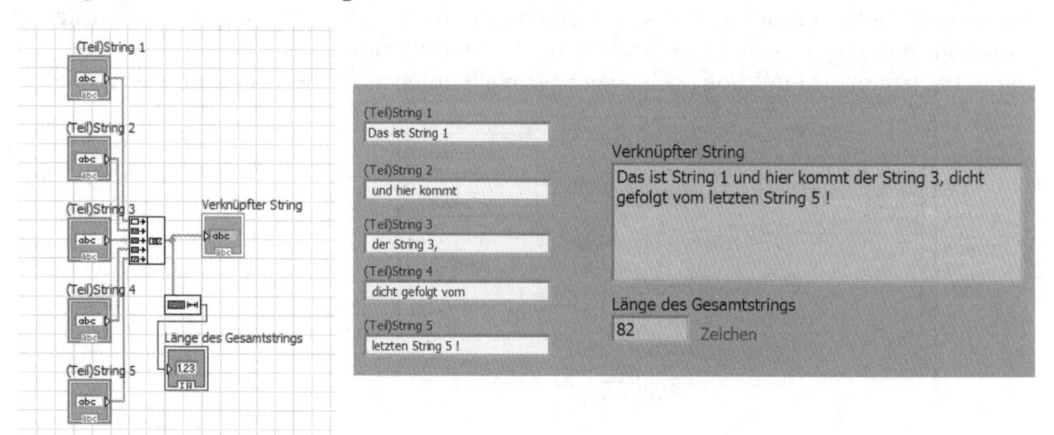

Abb. 7.63: *Die Verknüpfung von fünf Teilstrings zu einem Gesamtstring ('string - 3.vi').*

LabVIEW-Feinheiten: Zwei verschiedene Kontextmenüs

LabVIEW steckt aber auch hier noch voller weiterer „Überraschungen". Die von uns verwendete Funktion 'Strings verknüpfen' besitzt zwei verschiedene Kontextmenüs:

- ein Kontextmenü für die Eingangsseite (für die Eingänge)
- ein Kontextmenü für die Ausgangsseite (für den Ausgang) (Abb. 7.64)

Abb. 7.64: *Eine Funktion und zwei unterschiedliche Kontextmenüs.*

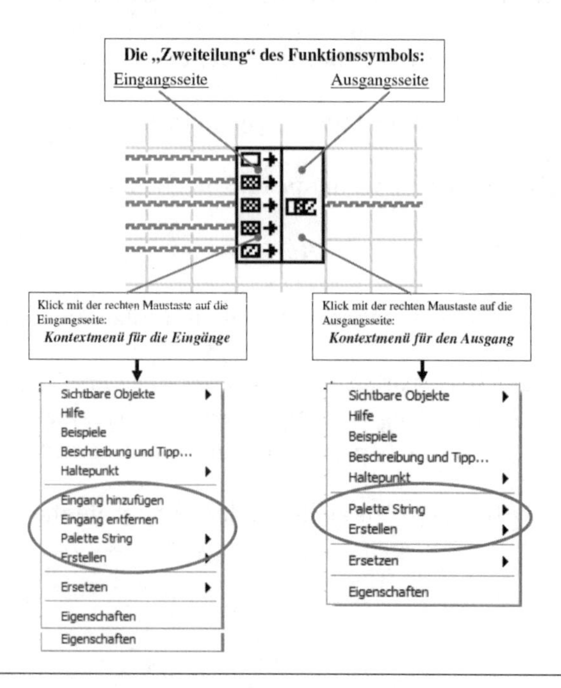

Der Grund dafür ist eigentlich recht einleuchtend: die Funktion selber ist zweigeteilt, das sieht man an dem durchgehenden senkrechten Strich in der Mitte des Funktionssymbols. Und daher gibt es für beide Seiten auch eine unterschiedliche (Hilfe-)Beschreibung.
Auf den ersten Blick sehen beide Kontextmenüs gleich aus, aber bei genauem Hinsehen erkennt man den wesentlichen Unterschied:

- Auf der Eingangsseite sind noch die Punkte ´Eingang hinzufügen´ und ´Eingang entfernen´ enthalten, die dem Aufziehen bzw. Zusammenschieben des Funktionssymbols entsprechen.

- Auf der Ausgangsseite dagegen sind keine Erweiterungen bzw. Reduzierungen möglich, da es hier ja immer nur einen einzigen Ausgang gibt.

LabVIEW-Feinheiten: Die Kontexthilfe

Schauen wir uns nun noch einmal die Kontexthilfe zu dieser Funktion (im Blockdiagramm) etwas näher an, Abb. 7.65:

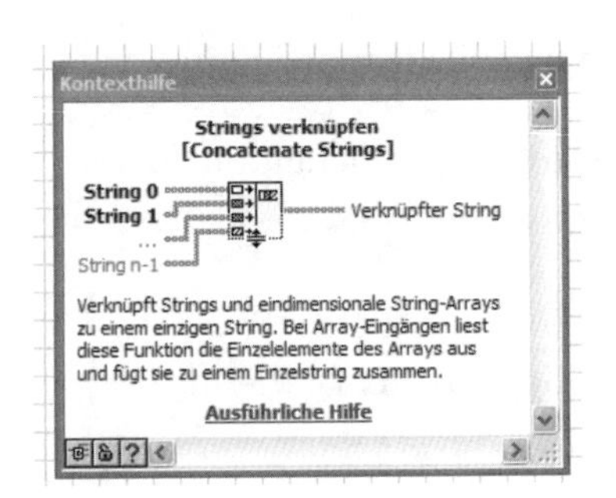

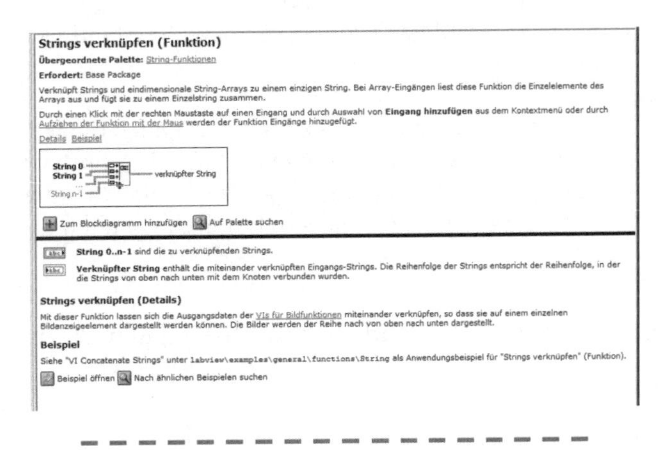

Wenn Sie Elementreferenzen unterschiedlicher Klassen mit dieser Funktion verbinden, werden die Referenzen in eine allgemeinere Klasse umgewandelt, und zwar in die nächste, beiden übergeordnete Klasse in der Klassenhierarchie. **Angehängtes Array** wird in dieser Klasse ausgegeben.

Abb. 7.65: *Die Kontexthilfe zu einer Funktion.*

Im linken Teil der Abbildung sehen Sie die typische LabVIEW-Kurzbeschreibung zu dieser Funktion.
Ausführliche Hilfe (aus der LabVIEW-Hilfe) erhalten Sie durch Klicken auf ´Ausführliche Hilfe´, im mittleren Teil der Abbildung.
Wie Sie nun unschwer erkennen können, werden die LabVIEW-Funktionen hier recht gut erläutert, für den Anfänger ergibt sich aber fast immer ein großes Problem:

Wichtig

Problemfall „LabVIEW-Hilfe“
Die LabVIEW-Funktionen sind mittlerweile so umfangreich und so vielseitig geworden, dass eine ausführliche, detaillierte Beschreibung der Funktionalität der Funktion die LabVIEW-Hilfe vom Umfang her sprengen würde.
Man hat daher mit dem Effekt zu kämpfen, dass diese Beschreibungen sehr allgemein gehalten sind und sehr viele, vielleicht auch unbekannte Fachausdrücke aus dem Bereich der Mathematik, Informatik, etc. enthalten.
Bereits bei unserer einfachen Verknüpfungsfunktion erkennen Sie, dass man damit nicht nur Strings verknüpfen kann, sondern auch Arrays und Bilder.
In diesem Fall hier, ist die Beschreibung noch recht verständlich. Aber es gibt „wesentliche schlimmere“ Hilfetexte und wenn Sie Pech haben, sind einige davon noch in Englisch gehalten.
Im rechten unteren Teil der Abb. 7.65 ist einmal solch ein Beispiel aus der Beschreibung zur Funktion ´Array erstellen´ angegeben.

Hier hilft dann nur eins:
Ein bisschen nachdenken und einfach mal die Funktion ausprobieren, um zu sehen, was eigentlich geschieht.
Das notwendige Detailwissen bzw. Verständnis kommt dann schon nach und nach.

Alternativ können Sie sich natürlich auch die fertigen Beispiele zu den Funktionen aus der Beispielsammlung von LabVIEW ansehen.
Dies hat aber manchmal den „Nachteil“, dass die gesamte Dokumentation zu diesem Beispiel ebenfalls in Englisch gehalten ist.

Eine weitere wichtige und interessante Funktion, die mit Strings arbeitet ist die …

Funktion: Datum-/Zeit-String lesen

BD\Programmierung\Timing\Datum-/Zeit-String lesen

Mit dieser Funktion kann man sehr einfach die aktuelle Zeit und das aktuelle Datum aus dem PC/Laptop auslesen und dann z.B. auf dem Frontpanel „schön“ darstellen (Abb 7.66):

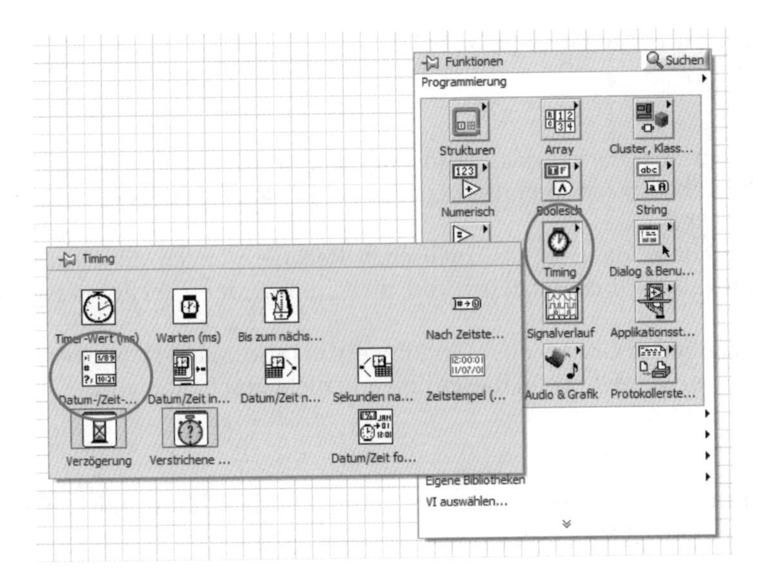

Abb. 7.66: *Der Weg zu ´Datum-/Zeit-String lesen´.*

Übung

Erschaffen Sie sich ein neues VI namens *´string - 4.vi´* und fügen Sie diese Funktion als Erstes in das Blockdiagramm ein.
Öffnen Sie die ausführliche Kontexthilfe zu dieser Funktion, lesen Sie sich diese Hilfe durch und versuchen Sie diese zu verstehen, Abb. 7.67:

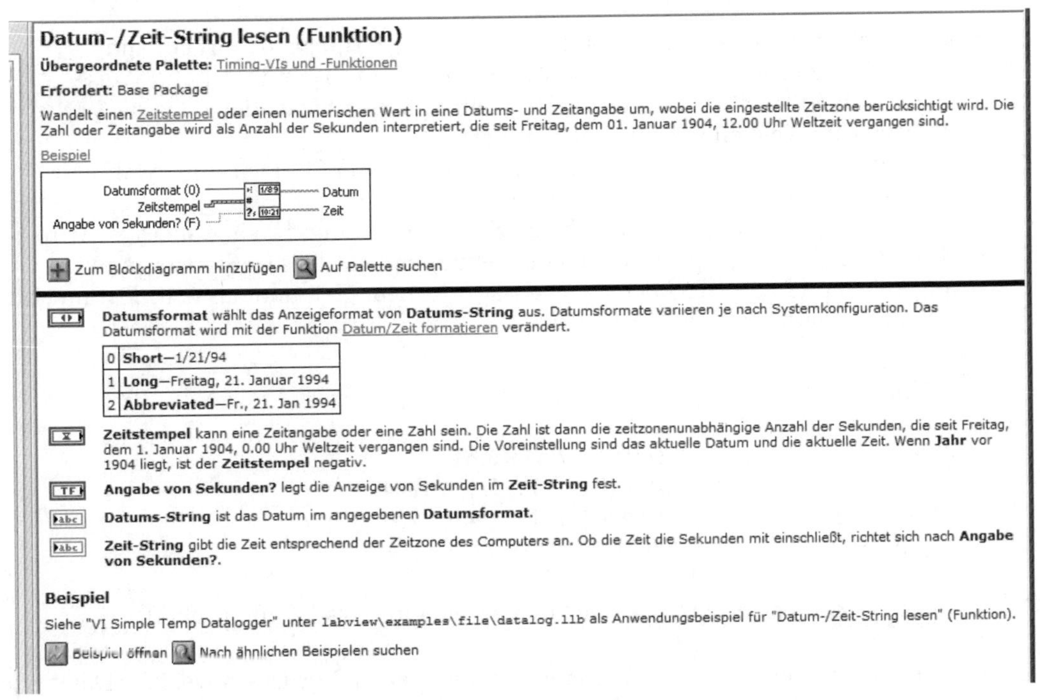

Datum-/Zeit-String lesen (Funktion)

Übergeordnete Palette: Timing-VIs und -Funktionen

Erfordert: Base Package

Wandelt einen Zeitstempel oder einen numerischen Wert in eine Datums- und Zeitangabe um, wobei die eingestellte Zeitzone berücksichtigt wird. Die Zahl oder Zeitangabe wird als Anzahl der Sekunden interpretiert, die seit Freitag, dem 01. Januar 1904, 12.00 Uhr Weltzeit vergangen sind.

Beispiel

Zum Blockdiagramm hinzufügen   Auf Palette suchen

Datumsformat wählt das Anzeigeformat von **Datums-String** aus. Datumsformate variieren je nach Systemkonfiguration. Das Datumsformat wird mit der Funktion Datum/Zeit formatieren verändert.

0	**Short**—1/21/94
1	**Long**—Freitag, 21. Januar 1994
2	**Abbreviated**—Fr., 21. Jan 1994

Zeitstempel kann eine Zeitangabe oder eine Zahl sein. Die Zahl ist dann die zeitzonenunabhängige Anzahl der Sekunden, die seit Freitag, dem 1. Januar 1904, 0.00 Uhr Weltzeit vergangen sind. Die Voreinstellung sind das aktuelle Datum und die aktuelle Zeit. Wenn **Jahr** vor 1904 liegt, ist der **Zeitstempel** negativ.

Angabe von Sekunden? legt die Anzeige von Sekunden im **Zeit-String** fest.

Datums-String ist das Datum im angegebenen **Datumsformat**.

Zeit-String gibt die Zeit entsprechend der Zeitzone des Computers an. Ob die Zeit die Sekunden mit einschließt, richtet sich nach **Angabe von Sekunden?**.

Beispiel

Siehe "VI Simple Temp Datalogger" unter `labview\examples\file\datalog.llb` als Anwendungsbeispiel für "Datum-/Zeit-String lesen" (Funktion).

Beispiel öffnen   Nach ähnlichen Beispielen suchen

Abb. 7.67: *Die Kontexthilfe zu ´Datum-/Zeit-String lesen´.*

Die Funktion hat zunächst **drei Eingänge** (linke Seite):

Datumsformat(0)

Hier wird festgelegt, in welchem Format das Datum angezeigt werden soll. Es gibt dazu drei Möglichkeiten, die sicherlich selbsterklärend sind (siehe Tabelle in der Mitte des Hilfetextes: Short, Long und Abbreviated).
Bei Short muss man beachten, dass bei „europäischen Rechnern" auch die europäische Version der Datumsdarstellung benutzt wird und nicht die in der Tabelle angegebene us-amerikanische Art.
Der Wert 0 in Klammern gibt den Grund- oder Defaultwert an (also: Short-Darstellung), d.h. den Wert, den LabVIEW verwendet, wenn dieser Eingang nicht beschaltet wird.

Zeitstempel

Hier wird die Zeitinformation eingespeist, die diese Funktion dann umwandelt in einen Datums- und in einen Zeit-String am Ausgang.

Hierzu gibt es drei Möglichkeiten:

- Man lässt diesen **Eingang offen**. Dann übernimmt LabVIEW die offizielle Uhrzeit und das offizielle Datum des jeweiligen Rechners auf dem dieses VI abläuft. Also ganz einfach: es werden die jeweiligen Daten der PC/Laptop-Uhr übernommen und in die beiden Ausgangs-Strings umgewandelt.

- Man speist hier einfach eine **unsigned int (positive Integer-) Zahl** ein und LabVIEW berechnet daraus eine Zeitinformation auf folgende Art und Weise:
  Der in LabVIEW intern festgelegte Startzeitpunkt ist Freitag, der 1. Januar 1904, 00:00:00 Uhr Weltzeit (warum auch immer).
  Für Rechner mit „deutscher Zeitrechnung" liegt dieser Startzeitpunkt während unserer Sommerzeit dann bei 01:00:00 Uhr.
  Wird nun eine ganze, positive Zahl am Zeitstempel-Eingang eingespeist, so wird diese Zahl als „vergangene Anzahl der Sekunden" seit diesem Startzeitpunkt angesehen und LabVIEW berechnet daraus die neue Zeit und das neue Datum und gibt diese Werte dann aus.

  Beispiele:

Zahl	**Zeit / Datum**
1	01:00:01 / Fr, 1. Jan 1904
1234	01:20:34 / Fr, 1. Jan 1904
1234567890	00:31:30 / So, 14. Feb 1943

  Negative Zahlenwerte werden nicht verarbeitet und als ´0´ interpretiert.

- Man schließt hier einen so genannten **Zeitstempel** an. Das ist ein weiterer Datentyp unter LabVIEW, der es ermöglicht, sehr einfach und elegant Zeit- und

Datumsinformationen einzugeben bzw. anzuzeigen (so wie Sie das von anderen Windows-Programmen kennen – mit Kalenderdarstellung und Uhrzeit-Eingabe).

Für uns am interessantesten ist sicherlich zunächst einmal nur der 1. Fall, in dem es darum geht, z.B. die aktuelle Uhrzeit und das aktuelle Datum auf dem Frontpanel darzustellen.

Angabe von Sekunden? (F)
Hiermit legen Sie über einen booleschen Wert (True oder False) fest, ob bei der Zeitangabe die Sekunden mit angezeigt (True) oder unterdrückt werden (False). Die Grundfestlegung, also bei nicht belegtem Eingang, ist hier (False).

Weiterhin hat die Funktion nun **zwei Ausgänge** (rechte Seite):

Datum
Hier erscheint die Datumsinformation als String gemäß den Festlegungen bei ´Datumsformat´.

Zeit
Ausgabe der Uhrzeit als String, mit oder ohne Sekundenangabe gemäß den Festlegungen bei ´Angabe von Sekunden?´.

Übung 1
Komplettieren Sie nun das VI ´string – 4.vi´ in der Form, dass das aktuelle Datum in der Long-Form und die aktuelle Uhrzeit mit Sekunden „schön" auf dem Frontpanel in der rechten oberen Ecke angezeigt werden.
(Verwenden Sie bei der Festlegung von ´Datumsformat´ eine numerische und bei der Festlegung von ´Angabe von Sekunden?´ eine boolesche Konstante.)

Starten Sie das VI und kontrollieren Sie die Aus- bzw. Angaben, Abb. 7.68:

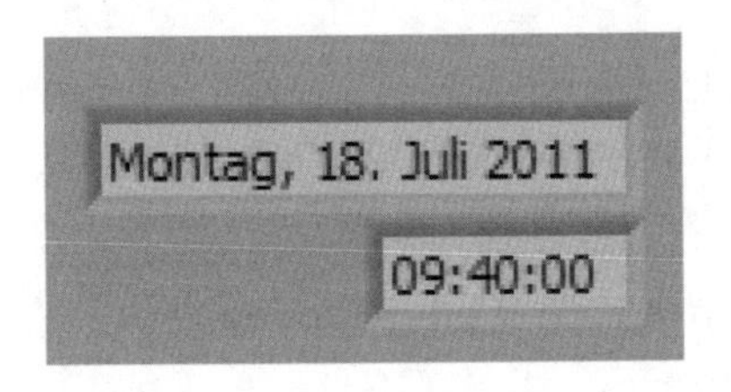

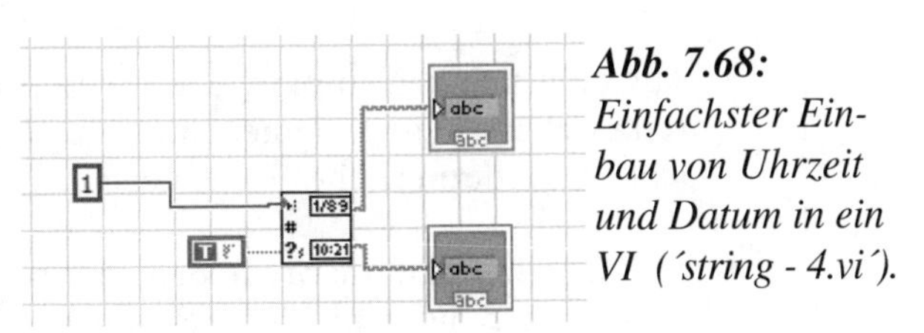

Abb. 7.68: *Einfachster Einbau von Uhrzeit und Datum in ein VI (´string - 4.vi´).*

Übung 2
Ändern Sie nun das VI ´string - 3.vi´ so zum VI ´*string - 5.vi*´ ab, dass in dem neuen VI jetzt auch noch Datum und Uhrzeit angezeigt werden.

Strings bei der seriellen Datenübertragung

Beschäftigen wir uns nun etwas konkreter mit derjenigen Aufgabe, die wir im Band 2 dieser kleinen Lehrbuchreihe lösen wollen:

> Ein Mikrocontroller (Mikrocontroller-System) sendet über seine serielle Schnittstelle (COMx-Gegen-Schnittstelle auf der PC-Seite) verschiedene Messdaten an den PC/Laptop, die dann dort mit Hilfe von LabVIEW verarbeitet, d.h. ausgewertet und dargestellt werden sollen.

Wichtig

Der Empfang von Daten über die serielle Schnittstelle unter LabVIEW
Wie Sie noch sehen werden, gibt es unter LabVIEW eine Anzahl von bereits fertig vorhandenen Funktionen, die die Datenkommunikation über serielle Schnittstellen (COM-Schnittstellen) sehr komfortabel abwickeln.
Der „Nachteil" bei diesen Funktionen ist allerdings, dass sowohl die ausgesendeten Daten als auch die empfangenen Daten immer als **ASCII-Strings** vorliegen.
Und das bedeutet z.B. im Empfangsfall (LabVIEW empfängt Messdaten vom Mikrocontroller):

- Der Mikrocontroller sendet z.B. den Messwert (ein Byte): **116 (≡ 74h)**.
- Dieser Wert entspricht dem ASCII-Zeichen ´**t**´.
- LabVIEW interpretiert den empfangenen Wert 116 daher als ´t´ und gibt dieses ASCII-Zeichen als String aus (≡ String, der aus nur einem Zeichen besteht).

Und hier beginnen dann die Probleme für die weitere Verarbeitung des Messwertes unter LabVIEW:

- Man kann sich den empfangenen Wert nun nicht einfach mit einem numerischen Anzeigeelement anzeigen lassen, denn man kann einen String nicht an ein numerisches Anzeigeelement anschließen.
- Auch lassen sich numerische Berechnungen (Addition, Multiplikation, Division, etc.) nicht mit einem String durchführen.

Es gilt also:
Jedes einzelne Byte, das der Mikrocontroller aussendet, wird von LabVIEW beim Empfang immer als ein einziges ASCII-Zeichen (1-Zeichen-ASCII-String) interpretiert und daher auch so ausgegeben und muss somit zunächst auch als ASCII-Zeichen (-String) weiter verarbeitet werden.

Sendet der Mikrocontroller mehrere Bytes an Messwerten aus, so entsteht sinngemäß ein längerer String, der aus mehreren ASCII-Zeichen besteht.

Es werden hierbei sowohl die nicht-druckbaren ASCII-Zeichen als auch die Zeichen des erweiterten ASCII-Codes (also mit den Zeichencodes von 128 - 255) verwendet.

Will man in unserem einfachen Beispiel also ganz normal mit dem numerischen Messwert 116 unter LabVIEW weiter rechnen, so muss der String ´t´ als Erstes in einen numerischen Wert zurückgewandelt werden.
Solche Umwandlungsfunktionen gibt es natürlich und man muss sie nur entsprechend einsetzen.

Das Analoge gilt für die Sendrichtung:
Sollen numerische Werte von LabVIEW über die serielle Schnittstelle an den Mikrocontroller gesendet werden, so müssen diese numerischen Werte erst in einen String umgewandelt werden und können dann an die Sendefunktion übergeben werden, die diesen String dann aussendet.
Auf der Mikrocontroller-Seite kann der Empfang dieser Zeichen allerdings ganz normal programmiert werden, denn der Mikrocontroller empfängt ja immer nur den reinen Zahlenwert, der dem ASCII-Code des String(-Zeichens) entspricht.

Beispiel:
Wir möchten von LabVIEW den (numerischen) Wert 89 an den Mikrocontroller senden. Dazu müssen wir diesen Wert 89 zuerst in einen (1-Zeichen-)String umwandeln, nämlich in das ASCII-Zeichen ´Y´.
Dieser String wird nun an die Sendefunktion übergeben und von dieser ausgesendet. D.h. die Funktion sendet dann den ASCII-Code von ´Y´ aus und das ist 89.
Dieser Wert 89 wird nun vom Mikrocontroller auch ganz normal als 89 empfangen und kann sofort weiter verarbeitet werden.

Wir beschäftigen uns nachfolgend zunächst nur mit dem Empfang der Messwerte auf der LabVIEW-Seite (die Senderichtung werden wir dann im Band 2 behandeln, wenn wir die Datenkommunikation über serielle Schnittstellen ganz konkret behandeln).

Bei unseren Betrachtungen des *simulierten* Empfangs von Messwerten müssen wir zunächst fünf Aufgaben lösen (da wir ja die serielle Schnittstelle noch nicht betreiben können):

1. Geeignete Eingabe (Simulation) der Messwerte, wie sie der Mikrocontroller erzeugen bzw. messen würde.

2. Umwandlung dieser Messwerte in ASCII-Strings, damit wir die Situation herstellen, wie sie am Ausgang der LabVIEW-Empfangsfunktion vorliegt.

3. Simulation des Empfangsvorganges unter LabVIEW.

Und danach beginnt die eigentliche Aufgabe, mit der wir uns beschäftigen wollen:

4. Umwandlung des empfangenen Strings in numerische Zahlenwerte.

5. Extraktion der Zahlenwerte, d.h. wie bekommt man nun im letzten Schritt wieder die eigentlichen Messwerte, mit denen man dann in LabVIEW weiter arbeiten kann?
Diese Weiterverarbeitung beschränkt sich hier bei uns zunächst nur auf die reine Anzeige der Werte.

Übung

Wir gehen einmal von folgendem Szenario aus:
Der Mikrocontroller sendet insgesamt vier verschiedene Messwerte, in Form von insgesamt fünf Bytes, hintereinander aus, Tab. 7.1:

	Messwert 1		Messwert 2	Messwert 3	Messwert 4
	16-Bit-Messwert (positiv)		8-Bit-Messwert (positiv/negativ)	8-Bit-Messwert (positiv)	8-Bit-Binärwerte
	1. Byte (High)	2. Byte (Low)	3. Byte	4. Byte	5. Byte
Beispiel	12345 = 3039h = 48, 57 (dez)		-120	60	63

Tab. 7.1: *Das Ausgangsszenario: Der Mikrocontroller sendet 5 Byte Messwerte.*

- Der erste Messwert besteht aus 16 Bit, alles nur positive Werte. Dieser Messwert ist also vom Datentyp U16 und hat den Wertebereich 0 … 65.535.
- Der zweite Messwert ist vom Typ I8, d.h. der Wertebereich geht von -128 … +127.
- Der dritte Messwert ist vom Typ U8 und hat daher den Werte-Bereich von 0 … 255.
- Im vierten Messwert sind insgesamt 8 binäre Zustände zusammengefasst (z.B. die Zustände von 8 verschiedenen Schaltern oder Kontakten).
Daher ist der Datentyp dieses letzten Bytes ebenfalls U8.
- In der letzten Zeile der Tabelle befinden sich Beispielwerte, mit denen nachfolgend gearbeitet wird.

1. Simulation (Eingabe) der Messwerte

Entwickeln Sie ein neues VI namens *´mw - 1.vi´*, in dem die gesamte Aufgabenstellung realisiert wird.
Im ersten Schritt sollen die vier Messwerte über geeignete numerische Eingabefelder entsprechend eingegeben werden.
Achten Sie dabei auch auf die Festlegung der richtigen Datentypen.
Bei der Eingabe der binären Zustände (in Form eines gesamten Bytes ≡ 4. Messwert) soll zusätzlich noch eine Anzeige des Wertes im binären Zahlenformat erfolgen.

Tragen Sie die in Tab. 7.1 angegebenen Beispielswerte als Standardwerte für die Eingaben ein.

Realisierung

Das Ergebnis könnte dann so aussehen, Abb.7.69:

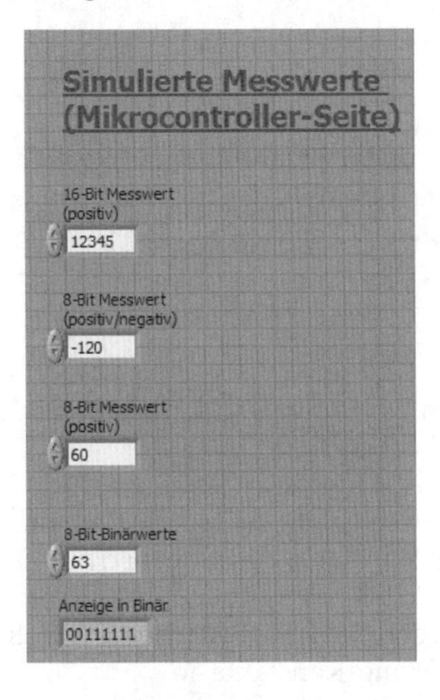

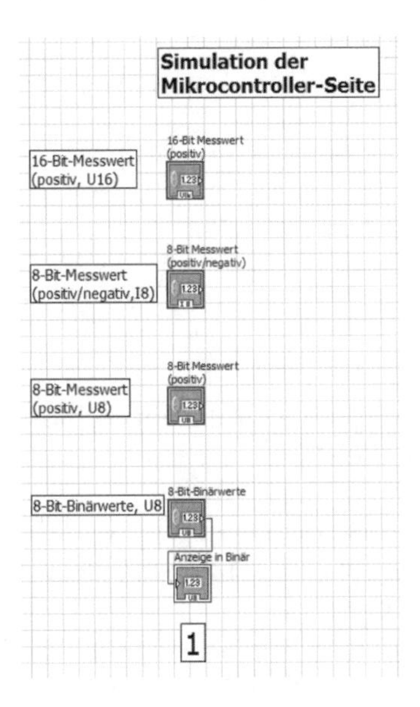

Abb. 7.69: *Die Eingabe der Messwerte (´mw - 1.vi´).*

2. Umwandlung der numerischen Messwerte in einzelne ASCII-Strings

Funktion: Typumwandlung (Type Cast)

Die eingegebenen Zahlenwerte müssen nun in ASCII-Strings umgewandelt werden. Dazu dient die (neue) **Typumwandlungs-Funktion (Type Cast)**.

BD\Programmierung\Numerisch\Datenbearbeitung\Typumwandlung

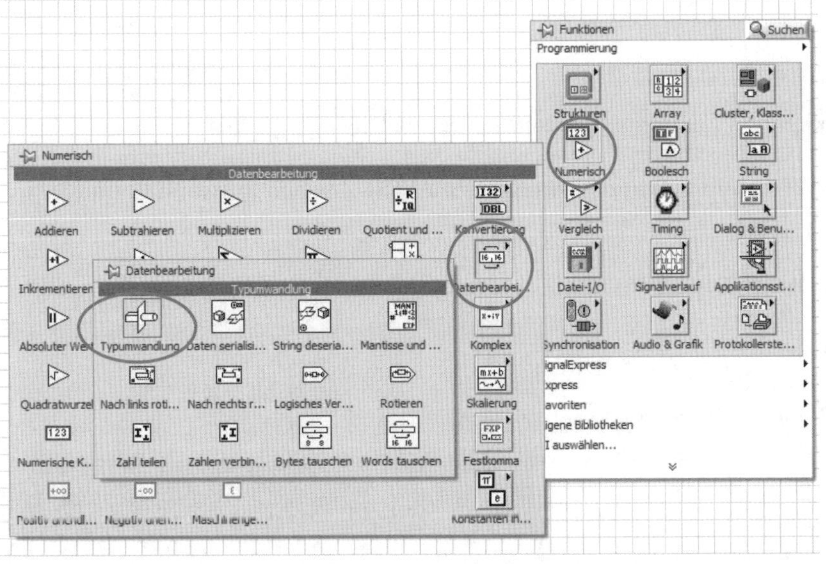

Abb. 7.70: *Der Weg zur ´Typumwandlung´.*

Diese Funktion ist in LabVIEW eine wichtige Kernfunktion, da sie häufig zum Einsatz kommt. Sie ist recht einfach zu verstehen und anzuwenden, Abb. 7.71:

Abb. 7.71:
Die Funktion ´Typumwandlung´.

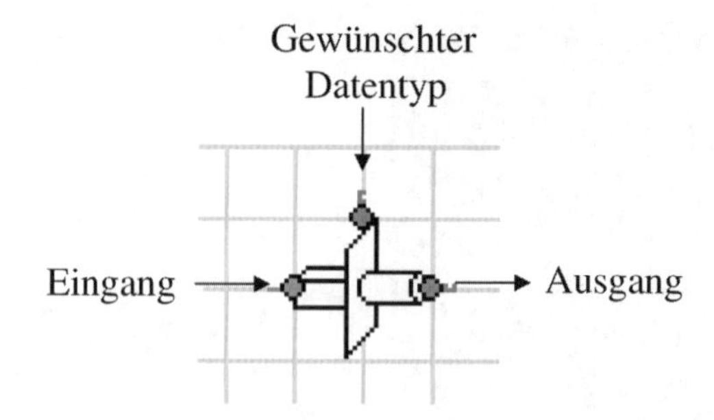

Am ´Eingang´ wird diejenige Größe angeschlossen, die im Typ umgewandelt werden soll, z.B. ein numerischer Wert.

Am Anschluss ´Gewünschter Datentyp´ wird der Datentyp festgelegt, in den die Eingangsgröße gewandelt werden soll. Dazu wird hier einfach eine Konstante des gewünschten Datentyps angeschlossen.
Will man z.B. eine numerische Zahl am Eingang in das zugehörige ASCII-Zeichen wandeln, so schließt man bei ´Gewünschter Datentyp´ einfach eine String-Konstante an.
Der aktuelle Wert dieser Konstanten wird dabei ignoriert (ist also egal), nur der Datentyp bestimmt die Umwandlungsarbeit dieser Funktion.

Am ´Ausgang´ erscheint dann der umgewandelte Datentyp.

Die hier benötigte Umwandlungsfunktion ´Zahl nach ASCII-String´ funktioniert natürlich auch, wenn Zahlen größer als 8 Bit am Eingang anliegen: bei der Umwandlung in ASCII-Zeichen werden dann immer Pakete von 8 Bit in das zugehörige ASCII-Zeichen umgewandelt.

Zwischenübung
Schreiben Sie ein kleines VI namens *´typ-umw - 1.vi´*, welches:

- einen 8-Bit-Wert (Typ U8) in das zugehörige ASCII-Zeichen umwandelt und anzeigt

- einen 16-Bit-Wert (Type U16) in die beiden zugehörigen ASCII-Zeichen umwandelt und anzeigt

Die Lösung ist schnell erstellt, Abb. 7.72:

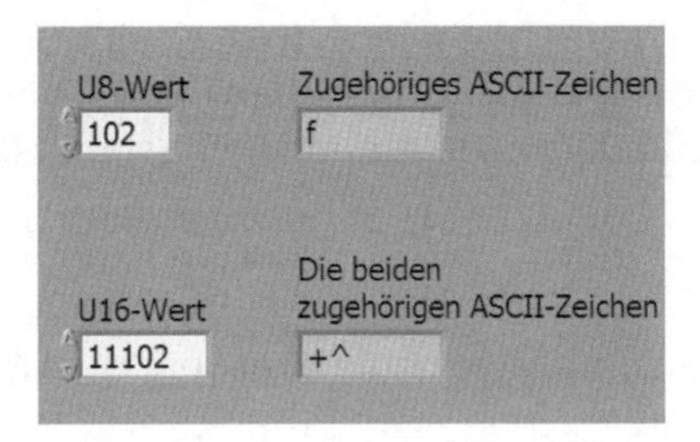

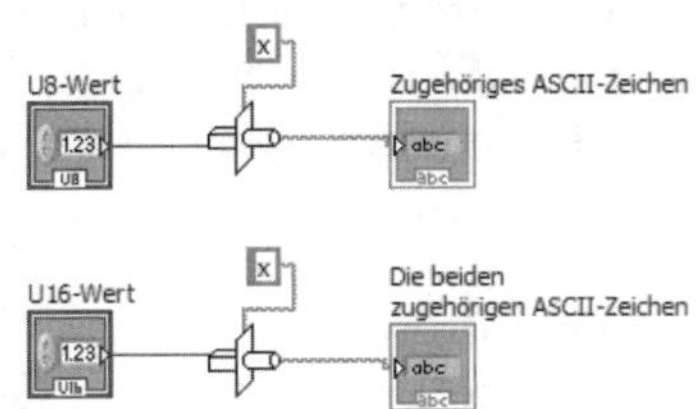

Abb. 7.72: *Die Verwendung der Typumwandlung (´typ-umw - 1.vi´).*

Prüfen Sie die korrekte Funktion der Umwandlung mit Hilfe unserer ASCII-Tabelle aus dem Anhang.
Beachten Sie dabei allerdings, dass bei einer normalen String-Anzeige nur die druckbaren ASCII-Zeichen angezeigt werden und z.B. nicht die ASCII-Steuerzeichen (Zeichencodes: 00h ... 1fh).

Und nun zurück zu unserer Kernübung:

Im zweiten Schritt sollen nun die eingegebenen Zahlenwerte aus der Abb. 7.69 in passende ASCII-Strings umgewandelt und die Ergebnisse angezeigt werden.
Danach werden die vier entstehenden Teilstrings zu einem Gesamtstring zusammengefasst, wobei die Reihenfolge der Festlegung aus Tab. 7.1 entspricht, also zuerst der 16-Bit-Messwert, dann der 8-Bit-Messwert. Dieser Gesamtstring soll zur Kontrolle ebenfalls angezeigt werden.
Erstellen Sie ein ansprechendes und aussagekräftiges Frontpanel für dieses VI.
Nennen Sie das so entstandene neue VI ´*mw - 2.vi*´.

Realisierung

Unsere Musterlösung dazu sieht so aus, Abb. 7.73:

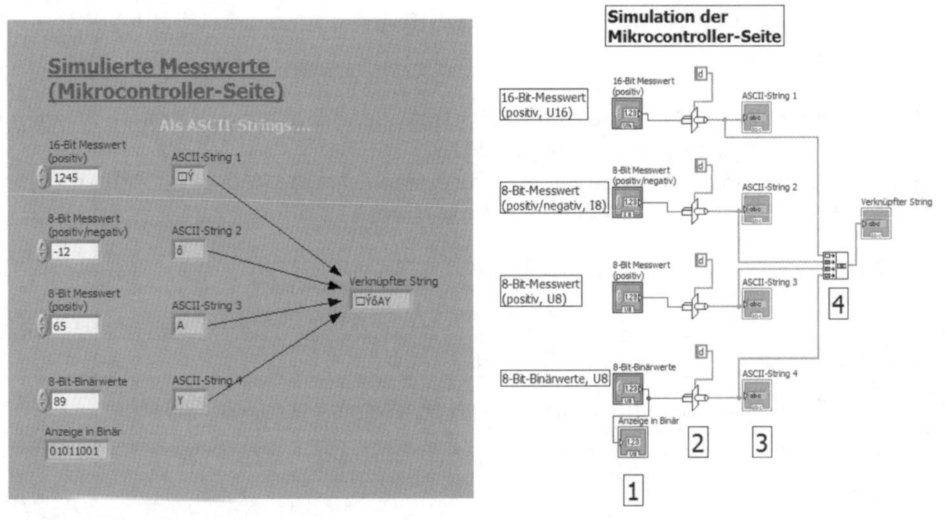

Abb. 7.73: *Die Realisierung des zweiten Schritts (´mw - 2.vi´).*

In der Spalte ❶ des Blockdiagramms erfolgt die Eingabe der Messwerte, in der Spalte ❷ erfolgt die Typumwandlung in ASCII-Zeichen, in der Spalte ❸ die Anzeige der Teilergebnisse und unter ❹ werden die vier Teilstrings zu einem Gesamtstring zusammengefasst und dargestellt.

Hinweis zur Frontpanel-Gestaltung
Die Hinweis-Pfeile im Frontpanel oder allgemeine Gestaltungselemente zum optischen Aufpeppen von Frontpanel-Darstellungen finden Sie unter:

FP\Modern\Gestaltung(selemente)

Diese Elemente haben keine eigentliche LabVIEW-Funktion, sie dienen nur zur unterstützenden Gestaltung von Frontpanelen und können natürlich auch beliebig verformt und angeordnet werden.

Damit ist jetzt die *Simulation der Mikrocontroller-Seite* abgeschlossen. Der gerade erzeugte Gesamtstring hat nun die gleiche Form wie der String, den die LabVIEW-Empfangsfunktion, im Empfangsfall als Ausgangsinformation, von der seriellen Schnittstelle zur weiteren Auswertung, an das VI liefern würde.

Daher können wir uns jetzt der eigentlichen Arbeitsaufgabe dieses VIs widmen:

> **Auswertung des empfangenen Strings, und zwar so, dass am Ende wieder die Original-Messwerte als reine Zahlenwerte vorliegen und angezeigt werden können.**

Kopieren Sie dazu das VI ´mw - 2.vi´ um in das neue VI *´mw - 3.vi´*.

Die Aufbereitung des empfangenen Strings geschieht nun in zwei Schritten:

1. Schritt **Aus dem empfangenen String wird zuerst ein vorzeichenloses Byte-Array gemacht.**

Ein Array ist ein weiterer Datentyp unter LabVIEW, den Sie allerdings erst im zweiten Band der Lehrbuchreihe näher kennen lernen werden.
Wir können uns hier solch ein Array aber ganz einfach als eine Reihe von Zahlen vorstellen, die den ASCII-Codes der ASCII-Zeichen entsprechen, Tab. 7.2:

String	0	9	^	<	?
Byte-Array (ASCII-Codes, dezimal)	48	57	94	60	63

Tab. 7.2: *Die Umwandlung eines Strings in ein Byte-Array (s. auch Tab.7.1).*

Nach der entsprechenden Umwandlung ´String nach Byte-Array´ haben wir also eine Reihe von echten Zahlen vorliegen, auf die wir dann einzeln zugreifen können.

Funktion: String nach Byte-Array
Die hierzu benötige Umwandlungsfunktion heißt ´String nach Byte-Array´ und ist zu finden unter:

BD\Programmierung\String\String-/Array-/Pfadkonvertierung\String nach Byte-Array

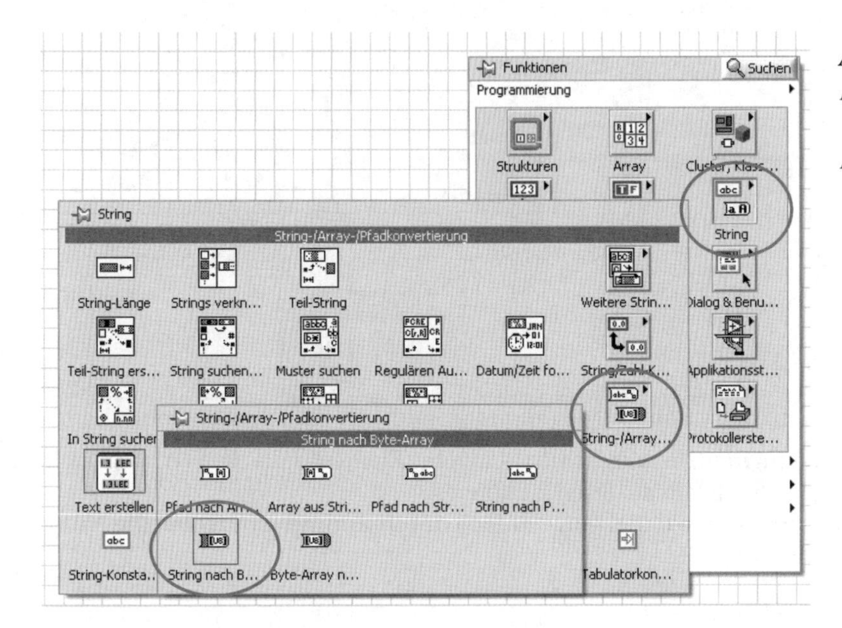

Abb. 7.74: *Der Weg zu ´String nach Byte-Array´.*

Diese Funktion ist recht einfach anzuwenden, Abb. 7.75:

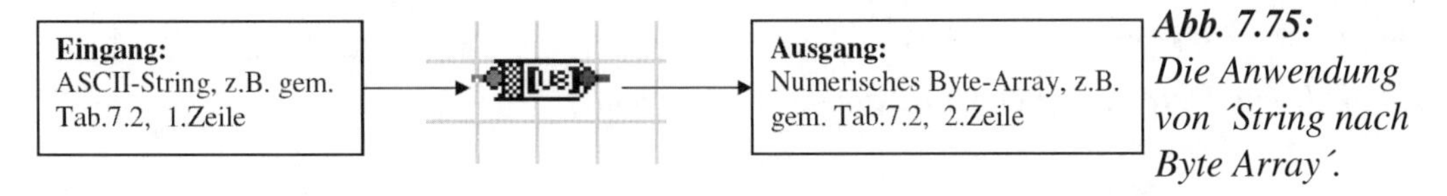

Abb. 7.75: *Die Anwendung von ´String nach Byte Array´.*

Am Eingang wird ein beliebiger ASCII-String angeschlossen und am Ausgang erscheint dann das Byte-Array mit den entsprechenden ASCII-Codes.
Dabei ist es völlig egal, wie lang der Eingangs-String ist, die Umwandlungsfunktion stellt selber die Länge fest und erzeugt auch ein passendes, entsprechend langes Ausgangs-Array.

2. Schritt: Zugriff auf die einzelnen Elemente des Arrays

Im nächsten Schritt muss man nun auf die einzelnen Elemente des Byte-Arrays zugreifen, um so die einzelnen Messwerte wieder zu separieren.

Auch hier bietet LabVIEW natürlich eine optimal passende Funktion an:

Funktion: Array indizieren

BD\Programmierung\Array\Array indizieren

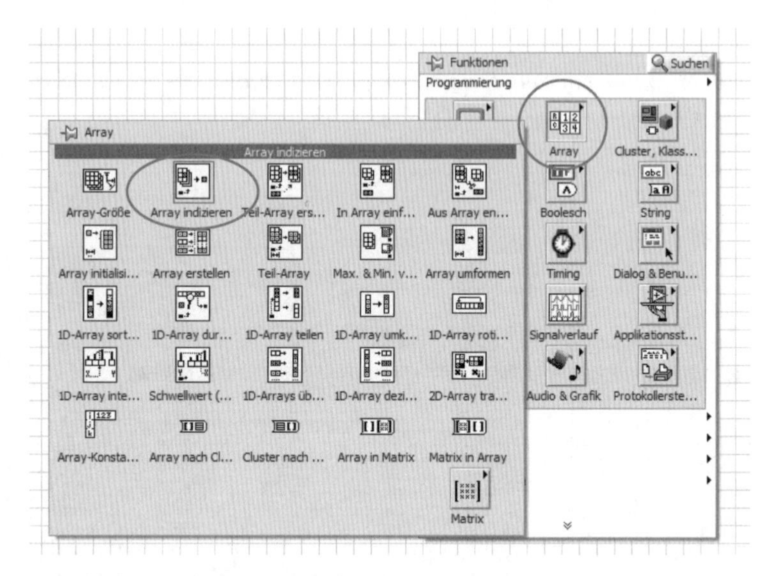

Abb. 7.76: *Der Weg zu ´Array indizieren´.*

Unter *´indizieren´* versteht man die Möglichkeit, einzelne Elemente aus dem Array gezielt ansprechen, d.h. hier gezielt einzeln auslesen zu können.
Die Elemente des Array werden dabei ganz einfach durchnummeriert, wobei die Nummerierung bei ´0´ beginnt, Tab. 7.3:

String	0	9	^	<	?
Byte-Array (ASCII-Codes, dezimal)	48	57	94	60	63
Nummer des Array-Elements	0	1	2	3	4

Tab. 7.3: *Die Durchnummerierung der Array-Elemente.*

Mit anderen Worten: der erste Messwert (16 Bit groß) besteht hier aus den Array-Elementen 0 und 1, der zweite Messwert aus dem Array-Element 2, usw.

Die Funktion ´Array indizieren´ erlaubt es nun, auf diese Elemente einzeln zuzugreifen, siehe Abb. 7.77.

Im *Grundzustand*, also direkt nach dem Einfügen ins Blockdiagramm, ist der Funktionsumfang noch recht gering, es wird jeweils nur ein Array-Element (das Element mit der Nummer ´0´) ausgegeben.

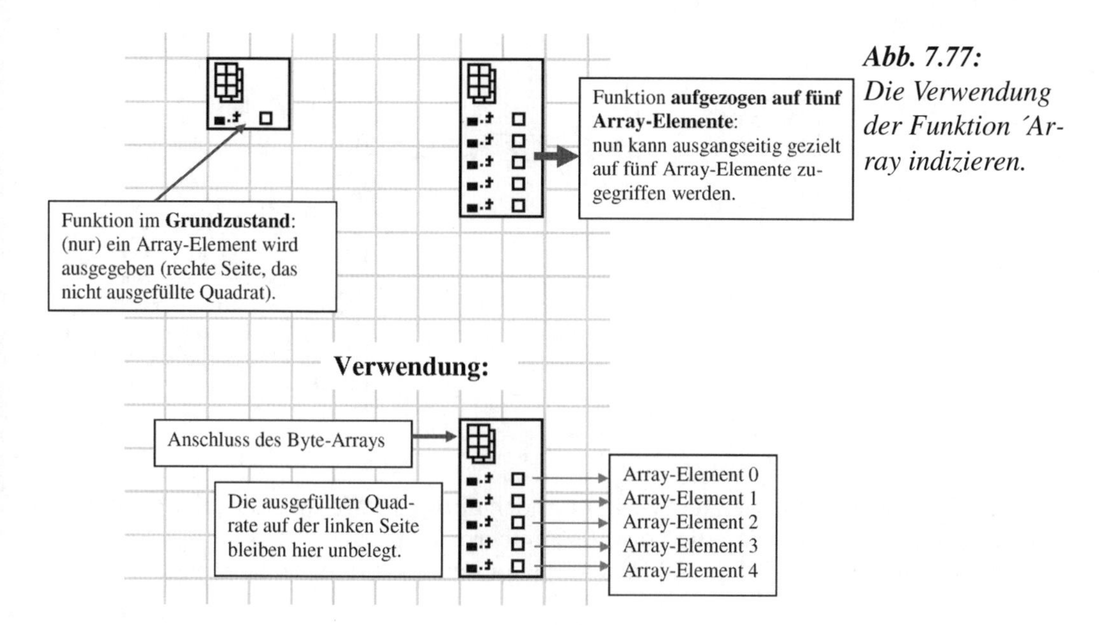
Funktion im Grundzustand: (nur) ein Array-Element wird ausgegeben (rechte Seite, das nicht ausgefüllte Quadrat).
Funktion aufgezogen auf fünf Array-Elemente: nun kann ausgangsseitig gezielt auf fünf Array-Elemente zugegriffen werden.
Verwendung:
Anschluss des Byte-Arrays
Die ausgefüllten Quadrate auf der linken Seite bleiben hier unbelegt.
Array-Element 0
Array-Element 1
Array-Element 2
Array-Element 3
Array-Element 4

Abb. 7.77: *Die Verwendung der Funktion ´Array indizieren.*

Hier sollten Sie sich an eine bereits bekannte Tatsache von LabVIEW-Funktionen erinnern: Reicht der Grundfunktionsumfang nicht aus, so kann man die Funktionen recht einfach auseinanderziehen und erhält so einen fast beliebigen Funktionsumfang, (siehe dazu auch Abb. 7.62).
Ziehen Sie also die Funktion auf mindestens fünf Ausgänge auf (es könnten auch mehr sein, ist hier aber nicht sinnvoll, da wir sowieso nur fünf unterschiedliche Array-Elemente haben).
Nun können Sie ganz gezielt jedes einzelne Array-Element an seinem Ausgang auf der rechten Seite der Funktion abgreifen und als ganz normalen Zahlenwert (Messwert) weiter verarbeiten.

Wichtig

Die Indizierung von Array-Elementen
Die Kombination der beiden Funktionen gemäß Abb.7.78:

- String nach Byte-Array
- Array indizieren

ist äußert leistungsfähig, wenn es darum geht, aus einem empfangenen Messwert-String die einzelnen Messwerte wieder zu separieren, oder ganz allgemein: um einen beliebigen ASCII-String in seine einzelnen Zahlenwerte (ASCII-Codes) zu zerlegen.
Dabei ist es am Eingang völlig egal, wie lang der String ist: LabVIEW passt sich dort problemlos an. Am Ausgang kann die Anzahl der zu Verfügung stehenden Array-Elemente einfach durch Auseinanderziehen bzw. Zusammenschieben der Funktion ´Array indizieren´ genau eingestellt werden.

Abb. 7.78:
Ein glorreiches Paar.

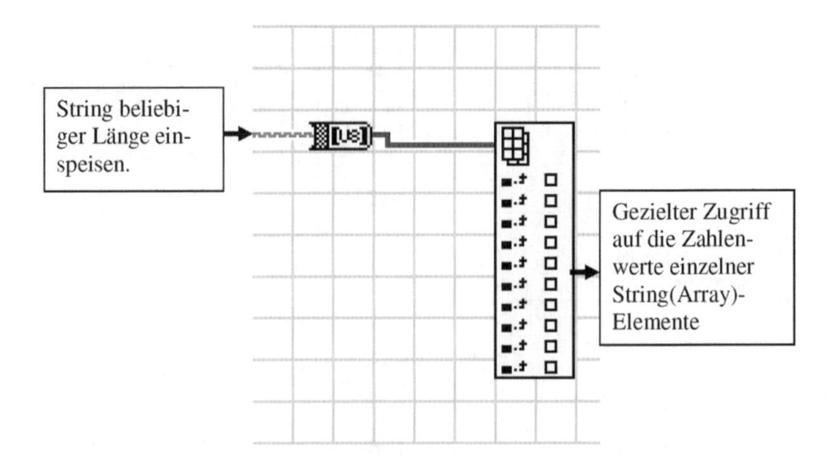

Somit bleibt hier für uns als letzter Schritt nur noch übrig, die Messwerte entsprechend darzustellen und die gesamte Funktion des VIs zu überprüfen.
Komplettieren Sie daher jetzt das VI ´mw - 3.vi´ zu seiner geforderten Leistung.

Das Gesamtergebnis könnte so aussehen, Abb. 7.79:

Abb. 7.79:
Das gesamte VI ´mw - 3.vi´.

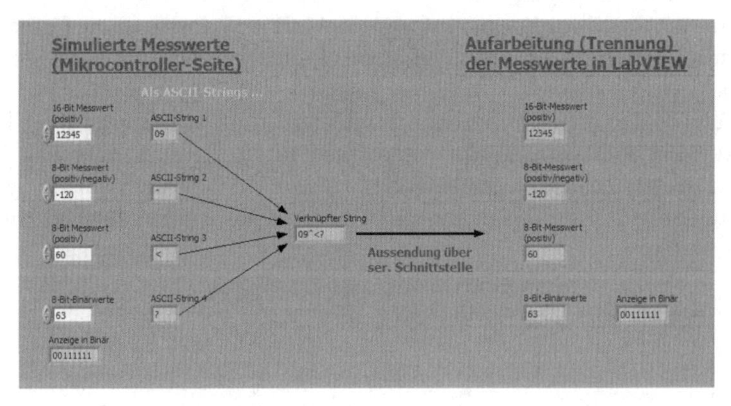

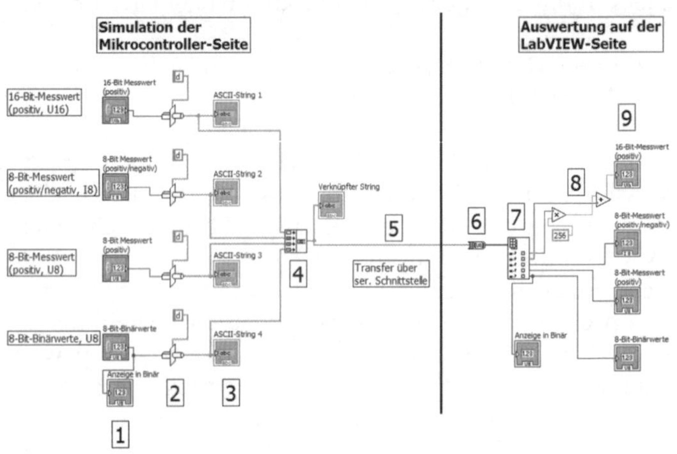

❺ simuliert nun den Transfer des Strings vom Mikrocontroller zu LabVIEW über die serielle COM-Schnittstelle.

Die Punkte ❻ und ❼ sind ja hinreichend bekannt. Im Segment ❽ wird der 16-Bit Gesamtmesswert wieder aus den zwei Einzelbytes zusammengesetzt. Dabei gilt: 16-Bit-Gesamtmesswert = (oberes Byte * 256) + unteres Byte. Unter ❾ werden die Messwerte entsprechend dargestellt.

Wenn Sie nun das VI starten und auf der linken Seite die Messwerte verändern, so müssen natürlich auf der rechten Seite immer die gleichen Werte wie links angezeigt werden.

Fazit

Zusammenfassend können wir hier festhalten:

Alle Funktionen links vom Block ❻ (links von der dicken schwarzen senkrechten Linie im Blockdiagramm) dienen zur Simulation des Mikrocontroller-Systems und der zugehörigen Datenübertragung über eine serielle COMx-Schnittstelle.
Dieser Teil wird daher im zweiten Band durch die realen Funktionen zum Betrieb einer COMx-Schnittstelle ersetzt.

Alle Funktionen rechts von der schwarzen Linie (Punkte ❻ bis ❾) dienen zur Rückgewinnung der Messwerte aus dem String und zu deren Anzeige.

Am Punkt ❾ schließt sich später in der Praxis, die konkrete weitere Auswertung und Verarbeitung dieser Messwerte an.

8. LabVIEW intern

8.1 Multitasking/Multithreading

Nachdem Sie nun einige wichtige Datentypen in LabVIEW kennen gelernt haben und bevor wir uns mit den absolut notwendigen Programmstrukturen von LabVIEW auseinander setzen, müssen Sie wissen (und verstehen) wie LabVIEW eigentlich ein VI abarbeitet, denn hier sind einige interessante Abweichungen zu den klassischen Programmiersprachen wie ´C´, zu beachten.
Fangen wir dazu ganz einfach an:

Die normale Abarbeitung eines Programm auf einem 8-Bit-Mikrocontroller

Wenn man einen „ganz normalen" 8-Bit-Mikroocontroller (z.B. einen 8051er, einen ATmega, einen PIC, ...) mit einer der bekannten klassischen Programmiersprachen (Basic, Pascal, ´C´, ...) programmiert, so sieht das im allgemeinen so aus, dass man einen Befehl nach dem anderen hinschreibt und diese Befehl werden dann auch vom Mikrocontroller einer nach dem anderen abgearbeitet.

Man spricht daher auch von einer sequentiellen (nacheinander) Abarbeitungsreihenfolge.

Ein sequentieller Programmablauf sieht wie folgt aus:

```
// Messwert 1 erfassen
    E1 = mw_erf(1);
// Messwert 2 erfassen
    E2 = mw_erf(2);
// Messwert 3 erfassen
    E3 = mw_erf(3);
// Messwert 4 erfassen
    E4 = mw_erf(4);
// Messwert 5 erfassen
    E5 = mw_erf(5);
// Messwert 6 erfassen
    E6 = mw_erf(6);
// Messwerte verarbeiten
    A1 = E1 + E2 + E3;
    A2 = E4 * E5 * E6;
```

Die Anweisungen werden nacheinander ausgeführt.
(mw_erf(...) ≡ selbst geschriebene Funktion zur Erfassung von Messwerten).

In diesem kleinen Beispiel werden sechs unterschiedliche Messwerte zunächst erfasst und dann entsprechend verarbeitet: alle einzelnen Schritte laufen direkt nacheinander ab.

Das darüber hinaus sehr häufig statt findende Arbeiten mit Unterprogrammen (≡ modulare Programmierung) verbessert für den Anwender zwar die Programmierung des Mikrocontrollers, ändert aber nichts an der grundsätzlichen sequentiellen Ablaufreihenfolge.

Machen wir nun einen großen Sprung in die Welt der (hoch-)leistungsfähigen modernen PCs und Laptops, die z.B. unter dem Betriebssystem Windows arbeiten:

Die (scheinbar) parallele Abarbeitung von Windows-Programmen

Jeder der heute mit einem modernen PC/Laptop arbeitet, kennt gegenüber einem kleinen Mikrocontroller-System, mindestens einen der großen Vorteile solcher Rechnersysteme:

> Eine bestimmte Anzahl unterschiedlicher Programme kann scheinbar parallel (gleichzeitig) auf dem Rechner ablaufen!

Beispiel

- Sie arbeiten gerade auf dem PC mit der Textverarbeitung,
- gleichzeitig hören Sie Musik über den PC,
- gleichzeitig druckt der Drucker am PC die 100 schönsten Urlaubsfotos in Farbe aus,
- gleichzeitig überprüft das Anti-Viren-Programm den Inhalt Ihrer Festplatte auf unbefugte Schädlinge.

Die ganz einfache Frage, die sich hier z.B. stellt, ist:

> Wie wird solch eine Gleichzeitigkeit in der Abarbeitung von unterschiedlichen Programmen, oder allgemeiner: von unterschiedlichen Prozessen, eigentlich erreicht?

Ohne nun allzu tief in die Grundlagen der Informatik einzusteigen, sei hier gesagt (und nachfolgend kurz erläutert), dass die wesentlichen Lösungsschlagworte hierzu lauten:

- Multitasking
- Multithreading.

Multitasking

Multitasking bedeutet zunächst einmal, dass sich mehrere verschiedene Anwendungen (Tasks, Prozesse) die Ressourcen des Rechners (CPU-Rechenzeit, Arbeitsspeicher, Festplattenspeicher, etc.) teilen und die Koordination aller Abläufe vom Betriebssystem (also z.B. von Windows) durchgeführt wird.

Man muss dabei auch noch unterscheiden, ob eine Single-Core-CPU (nur ein einziger Hauptprozessor in der CPU enthalten) oder eine ganz moderne Multi-Core-CPU (mehrere Hauptprozessoren in der CPU enthalten) im PC/Laptop eingebaut sind.
Um die Sache nicht zu verkomplizieren, gehen wir einmal davon aus, dass im PC/Laptop eine Single-Core-CPU enthalten ist.
Solch ein Prozessor kann natürlich immer nur ein Programm (nur eine Task) auf einmal bearbeiten und nicht mehrere Programme parallel.

Multitasking bedeutet jetzt aber, dass das Betriebssystem (Windows) selber extrem schnell zwischen den einzelnen verschiedenen Tasks hin und her schaltet, so dass für den „extrem lahmen Menschen", der Eindruck entsteht, dass verschiedene Anwendungen zur selben Zeit durchgeführt werden ≡ scheinbare Gleichzeitigkeit ≡ Quasi-Parallelität.

Die Abb. 8.1 verdeutlicht das zuvor angegebene Beispiel graphisch:

Abb. 8.1: *Multitasking auf einer Single-Core-CPU.*

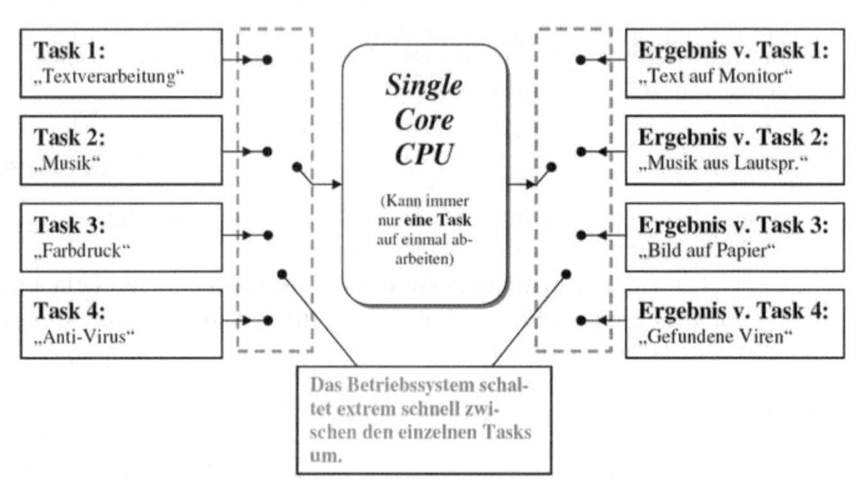

Im Detail bedeutet das z.B.: 10 ms Textverarbeitung, dann umschalten für 10 ms Bedienung des Media-Players, dann umschalten: 10 ms für die Aufbereitung der Farbfotos, dann umschalten für 10 ms auf den Virenscann und dann wieder von vorne anfangen.
Solch eine Ablaufsteuerung sorgt für eine erhebliche Verbesserung der Effizienz des gesamten Rechnersystems (PCs/Laptops).
Eine kleine beispielhafte Betrachtung soll diese Tatsache abschließend noch einmal verdeutlichen:

Beispiel

Auf dem Rechner sollen zwei Prozesse ablaufen – einmal die Textverarbeitung und einmal der Virenscanner.

Ohne Multitasking müsste z.B. erst die Textverarbeitung komplett beendet werden und dann könnte der Virenscanner gestartet werden (Tasks werden immer nur komplett nacheinander abgearbeitet).

Beim Multitasking-Betrieb ergibt sich aber eine erhebliche Verbesserung der Programmabläufe:

Gehen wir einmal davon aus, dass Sie bei der Textverarbeitung alle 100 ms eine neue Taste drücken (was für einen zwei Finger-Schreiber schon sehr schnell ist).
Was macht also die CPU während dieser 100 ms Wartezeit zwischen zwei Tastendrücken? Schlicht und ergreifend gar nichts! Sie wartet einfach nur auf die nächste gedrückte Taste.

Bei einem Multitasking-Betrieb kann das Betriebssystem die CPU während dieser Zeit umschalten auf eine andere Task, z.B. auf unseren Virenscanner, der dann die nächsten Dateien auf Viren hin untersucht.
Nach einer bestimmten Zeit, z.B. nach 80 ms wird wieder rechtzeitig auf die Textverarbeitung zurück geschaltet, dort der nächsten Tastendruck „abgefangen" und weiter verarbeitet.
Bis sich der Benutzer wieder für die nächste Taste entschieden hat, kann der Virenscanner zwischendurch weiterarbeiten.
So laufen beide Tasks für den Anwender parallel ab (≡ wesentlich erhöhte Gesamtsystemleistung), obwohl die Single-Core-CPU die beiden Programme, genau betrachtet, immer nur ganz schnell hintereinander umschaltet und abarbeitet.

Fazit

Das **Multitasking** (≡ Umschalten zwischen verschiedenen Tasks) wird hauptsächlich vom Betriebssystem organisiert und gesteuert und bezieht sich auf unterschiedliche Anwendungsprogramme auf dem Rechner.

Multithreading

(Thread ≡ Faden, Strang ≡ eindeutig abgeschlossener Ausführungs- bzw. Bearbeitungsstrang innerhalb einer einzelnen Task ≡ abgeschlossene (Teil-)Aufgabe einer Task)

Beim Multithreading wird das Prinzip des Multitaskings auf die Abarbeitung eines einzelnen Programms (eines einzelnen Prozesses, einer einzelnen Task) erweitert.

Beispiel

Nehmen wir einmal an, wir haben ein (einziges) Anwenderprogramm geschrieben, das zur „Messwerterfassung, -verarbeitung, -darstellung, und -speicherung" dient.
Somit besteht dieses Programm bei genauerer Betrachtung aus insgesamt fünf „Einzelteilen" (Teilaufgaben oder eben *Threads*), siehe Tab. 8.1.
Bei einer normalen klassischen Programmierung werden diese fünf Teilaufgaben ganz einfach hintereinander abgearbeitet und dann wird wieder von vorne begonnen.
Bei genauerer Betrachtung erkennt man aber, dass diese fünf Teilaufgaben eigentlich vollständig voneinander unabhängig sind und somit auch voneinander unabhängig abgearbeitet werden können. So stellt die Messwertdarstellung „einfach nur" Messwerte dar. Ob diese bereits richtig ver- bzw. bearbeitet worden sind, ist für die Funktion dieses Threads völlig egal.

Teilaufgabe	
Laufende **Erfassung der Messwerte** und Einschreiben dieser Werte in einen bestimmten Bereich des Arbeitsspeichers ⇒ Fertig!	1. Thread
Verarbeitung der Messwerte: Auslesen der Messwerte aus dem Arbeitsspeicher, Verarbeitung dieser Werte und Ablage der verarbeiteten Werte in einem anderen Teil des Arbeitsspeichers ⇒ Fertig!	2. Thread
Die **Messwertdarstellung** holt sich die verarbeiteten Messwerte aus dem Arbeitsspeicher und stellt diese in Form einer Graphik auf dem Monitor dar ⇒ Fertig!	3. Thread
Die **Messwertspeicherung** holt sich die verarbeiteten Messwerte aus dem Arbeitsspeicher und legt diese in einer Datei auf der Festplatte ab ⇒ Fertig!	4. Thread
Reaktionen des Programms auf **Tastendrücke** bzw. **Mausklicks** vom Benutzer ⇒ Fertig!	5. Thread

Tab. 8.1: *Das gesamte Anwendungsprogramm besteht aus insgesamt fünf voneinander unabhängigen Threads (Teilaufgaben).*

Ebenso speichert der Thread zur Messwertspeicherung bestimmte Datensätze aus dem Arbeitsspeicher auf der Festplatte ab. Ob diese Daten schon korrekt aufbereitet worden sind, ist für den Ablauf der Speicherfunktion erst einmal egal.
Der Anwender muss natürlich dafür sorgen, dass die einzelnen Threads aufeinander abgestimmt in einer bestimmten Reihenfolge ablaufen, aber dazu kommen wir später.

Zunächst einmal aber können alle fünf Threads voneinander unabhängig abgearbeitet werden.

Und an dieser Stelle setzt das **Multithreading** an:

Das Anwenderprogramm selber erkennt nun, dass es aus insgesamt fünf voneinander unabhängigen Threads besteht und verteilt die Abarbeitung dieser Threads, mit Hilfe des Betriebssystems, abwechselnd auf die CPU und auf die CPU-Hauptprozessoren, Abb. 8.2:

Abb.8.2: *Multithreading innerhalb einer einzelnen Anwendung (Task).*

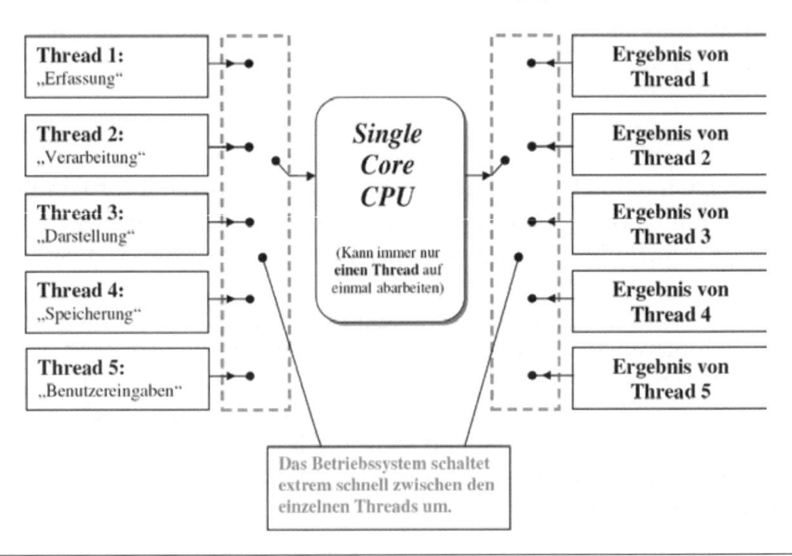

Es wird also, wie beim Multitasking auch, sehr schnell zwischen den einzelnen Threads hin und her geschaltet. So werden dann Warte- bzw. Pausenzeiten in einem Thread optimal für die Bearbeitung der anderen Threads ausgenutzt.
Man erhält also ein Multitasking mit einzelnen Threads **innerhalb** eines einzigen Anwendungsprogramms.

Fazit

Beim Multithreading teilt sich das *Anwendungsprogramm* selber in einzelne, voneinander unabhängige Threads auf, die dann vom Betriebssystem parallel bzw. quasi-parallel auf dem Hauptprozessor bzw. auf den Hauptprozessoren der CPU verteilt werden.

Auch das führt letztendlich zu einer erheblichen Verbesserung des Zeitverhaltens des Gesamtsystems, wie die nachfolgende abschließende Betrachtung zeigt:

Beispiel
In einem Messwerterfassungsprogramm müssen die Messwerte von verschiedenen Messgeräten erfasst werden.
Dabei treten in den Messgeräten selber unterschiedliche lange Wartezeiten auf, bis die jeweiligen Messwerte endgültig vorliegen und im Programm weiter verarbeitet werden können.

Wenn nun für die Abfrage jedes Messgerät einen eigenen Thread verwendet, kann zwischen den Threads umgeschaltet werden und in den Wartezeiten des einen Threads etwas anderes, nämlich ein weiterer Thread bearbeitet werden.
Diese Threads dürfen natürlich nicht voneinander abhängig sein, sonst funktioniert dieses Verfahren nicht.

Nachdem wir nun die beiden wichtigen Begriffe Multitasking und Multithreading grundsätzlich geklärt haben, stellt sich natürlich die Frage: Was hat das alles mit LabVIEW zu tun?

Und die Antwort darauf erhalten Sie sofort im nächsten Abschnitt.

8.2 Der Ablauf eines VIs

Der Kernsatz für alle weiteren Betrachtungen lautet ab jetzt:

LabVIEW ist eine Datenfluss-orientierte Programmiersprache.

Das bedeutet ganz konkret:

1. Die Funktionen (Funktionsblöcke) in einem VI werden immer (nur) dann bearbeitet, wenn für sie gültige Eingangsdaten bereit stehen. Nur dann entstehen die Ausgangsgrößen der Funktionen.

Solange dies nicht der Fall ist, werden die Funktionen nicht zu Ende bearbeitet, sie „warten“.

2. Besteht zwischen den einzelnen Funktionen **keine** Datenabhängigkeit (benötigt also eine Funktion für ihren Ablauf keine Daten von einer anderen Funktion), so werden die Funktionen (quasi) parallel, also gleichzeitig, abgearbeitet (*Multithreading*).

Diese beiden Punkte haben sehr wichtige Konsequenzen für die weitere Gestaltung (Entwicklung) von LabVIEW-VIs.

Die Lampe

Um diese Datenabhängigkeit weiter zu verdeutlichen, benötigen wir zuerst einmal ein Hilfsmittel, das uns zeigt, wie ein VI eigentlich abgearbeitet wird.
Dazu gibt es in LabVIEW „Die Lampe“ im Blockdiagramm, Abb. 8.3:

Abb. 8.3:
„Die Lampe“ im Blockdiagramm.

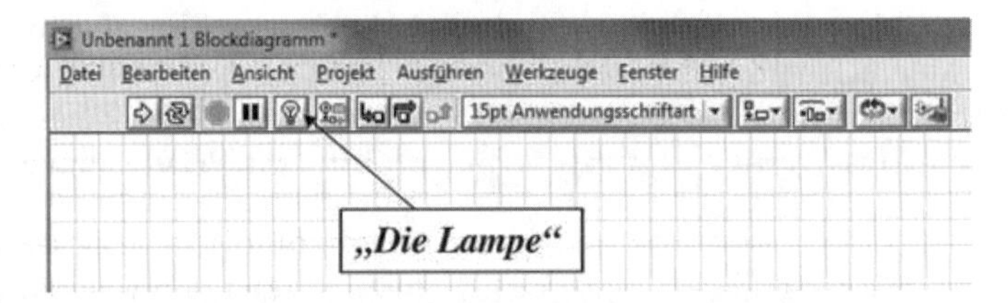

Wenn Sie auf dieses Ikon klicken, so „geht die Lampe an“, d.h. das Ikon wird gelb und strahlt.

Der offizielle LabVIEW-Name für die Lampe ist *„Highlight-Funktion“*. Dies bedeutet nichts anderes, als dass der Datenfluss zwischen den einzelnen Funktionen besonders sichtbar hervorgehoben wird.

Das heißt:
LabVIEW reduziert die Abarbeitungsgeschwindigkeit des VIs um ein Vielfaches und Sie können mit Hilfe von „kleinen, bunten, sausenden Kügelchen“ im Blockdiagramm den kompletten Datenfluss im VI nachvollziehen!

Übung 1

Öffnen Sie das das VI *´rechner – 4.vi´*, schalten Sie um auf das Blockdiagramm, aktivieren Sie die Highlight-Funktion und lassen Sie das VI ´Wiederholt ausführen´ (Abb. 8.4).

Sie können nun an Hand der orangen Kügelchen wunderbar das Fließen der Daten im VI verfolgen und auch die Ausgangswerte der Funktionen werden mit angezeigt.
(Bei anderen Datentypen haben die Kügelchen natürlich auch die entsprechend anderen Farben.)
Da die Eingangswerte für die Additions-Funktion immer bereits fertig anliegen, wird die Addition auch sofort ausgeführt und das Ergebnis sofort am Ausgang bereitgestellt.

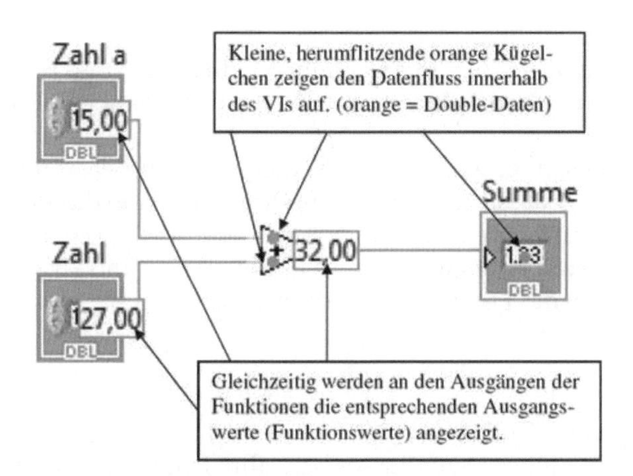

Abb. 8.4: *Der gesamte Datenfluss wird sichtbar gemacht (´rechner – 4.vi´).*

Lassen Sie sich nun (bei laufendem VI) das Frontpanel und das Blockdiagramm gleichzeitig anzeigen.
Das geht ganz einfach mit dem Short-Cut *´Strg+T´*. Oder Sie wählen in der oberen Menüleiste vom Frontpanel bzw. Blockdiagramm, den Menüpunkt *´Fenster´* aus und im erscheinenden Pull-Down-Menü den Punkt *´Nebeneinander´*, Abb. 8.5:

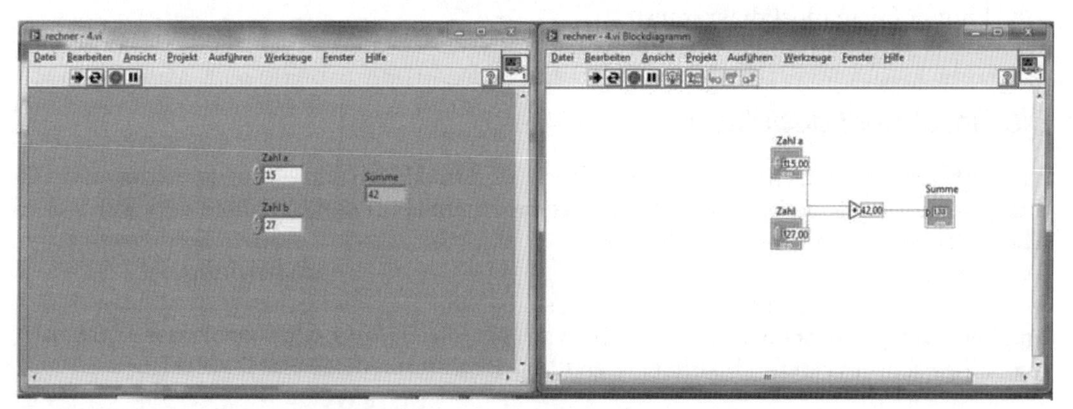

Abb. 8.5: *Frontpanel und Blockdiagramm nebeneinander angeordnet.*

Wenn Sie nun im Frontpanel die zu addierenden Zahlen ändern, so erkennen Sie sehr schön, wie die Änderungen jetzt „langsam" und, erst beim nächsten Durchlauf des VIs, übernommen werden. Sie sehen daraufhin, wie sich der Funktions-(ausgangs-)wert ändert.
Die kompletten Datenflüsse innerhalb des VIs werden also wunderbar transparent dargestellt.

Dies wird in der Zukunft auch ein sehr wichtiges Hilfsmittel für Sie sein, wenn es darum geht, in einem VI Fehler zu finden.

(Von diesen sind wir bisher ja glücklicherweise weitestgehend verschont geblieben.)

Übung 2

Führen Sie nun das andere VI *´rechner – 3.vi´* im Highlight-Modus durch und beobachten Sie ganz genau die Reihenfolge bei der Abarbeitung der einzelnen Rechenoperationen.

Sie erkennen hier als weitere Besonderheit, dass die Reihenfolge der Berechnungen im VI recht zufällig und nicht vorhersagbar ist: zuerst wird die Differenz, dann das Produkt, dann die Division und zuletzt die Summe berechnet.
Denn jede Funktion besitzt an ihren Eingängen jeweils gültige Werte und „irgendwie" legt LabVIEW jetzt selber fest, welche der Funktionen zuerst bearbeitet wird.

> **W**ichtig
>
> *Das Ausschalten der Highlight-Funktion*
> Haben Sie die Untersuchung des Datenflusses bzw. Ihre Fehlersuche beendet, so vergessen Sie bloß nicht, die Highlight-Funktion wieder zu deaktivieren (erneuter Klick auf die Lampe).
>
> Das vergisst man am Anfang sehr häufig. Wenn man dann auf das Frontpanel umschaltet, wundert man sich nach einiger Zeit, warum denn das VI so extrem langsam abläuft bzw. was denn jetzt schon wieder mit dem Rechner los ist (auf dem Frontpanel wird ja die aktivierte Highlight-Funktion nicht angezeigt, sondern nur auf dem Blockdiagramm).

Die Einzelschrittausführung

LabVIEW bietet dem Anwender aber noch weitere interessante Möglichkeiten, den Datenfluss innerhalb eines VIs zu verfolgen bzw. Fehler in einem VI aufzuspüren.
Wenn Ihnen die „Datenflusskügelchen" zu schnell hin und her laufen, so können Sie ein VI auch im so genannten „Einzelschrittmodus" ablaufen lassen (Abb. 8.6).

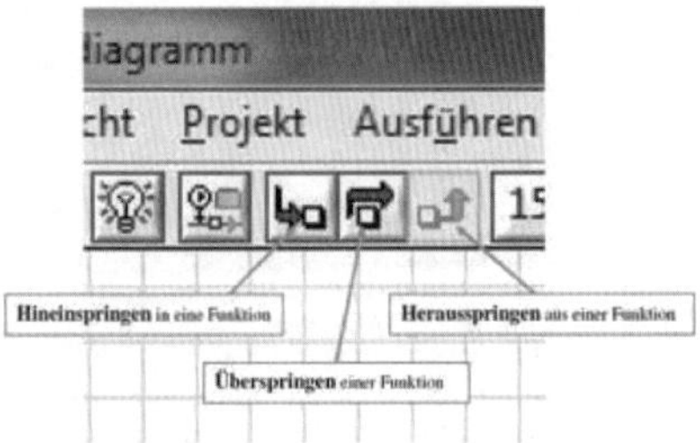

Abb. 8.6: *Die Möglichkeiten zur Einzelschrittausführung.*

Hinweis

In diesen (und auch in anderen) Zusammenhängen wird bei LabVIEW sehr oft von so genannten „Knoten im Blockdiagramm" gesprochen.

> **W**ichtig
>
> *Die Knoten im Blockdiagramm*
> Knoten sind ganz allgemein Objekte im Blockdiagramm, die Ein- und Ausgänge besitzen und im VI „irgendwelche Funktionen" erfüllen bzw. ausführen.
> Für unseren bisherigen Wissenstand, sind das unsere bekannten ganz normalen Funktionsblöcke, die ausgeführt werden.

Später werden Sie dann noch weitere Elemente eines Blockdiagramms kennen lernen, die ebenfalls ganz allgemein als Knoten bezeichnet werden: Sub-VIs, Express-VIs, Formelknoten, etc.
Wir bleiben daher der Einfachheit halber hier zunächst bei unseren Bezeichnungen „Funktion“ bzw. „Funktionsblock“ im Blockdiagramm.

Die drei Steuerschaltflächen aus Abb. 8.6 steuern nun die Einzelschrittausführung eines VIs, und haben folgende Bedeutung:

Hineinspringen in …

Durch Druck auf diese Schaltfläche wird in eine Funktion (in einen Knoten) hineingesprungen und dort angehalten.
Beim nächsten Klicken auf diese Schaltfläche wird der erste Programmablaufschritt in dieser Funktion ausgeführt und wieder gestoppt.
So wird die Funktion bzw. der gesamte Funktionsblock nach und nach in Einzelschritten ausgeführt. Man kann jetzt wirklich schrittweise und in Ruhe den Datenfluss in dieser Funktion verfolgen.

Überspringen …

Wird diese Schaltfläche angeklickt, so wird der Funktionsblock (der Knoten) komplett auf einmal ausgeführt und die Abarbeitung des VIs hält am nächsten Funktionsblock an.

Herausspringen …

Bei einem Klick auf diese Schaltfläche wird die gerade aktuelle Funktion (der gerade aktuell bearbeitete Knoten) komplett zu Ende bearbeitet und die Abarbeitung des VIs hält am nächsten Funktionsblock an.
Ist die Bearbeitung des VIs insgesamt beendet, so blinkt das Blockdiagramm einmal komplett schwarz auf (also keine Angst: der Rechner ist nicht abgestürzt). Der äußere Rand des Blockdiagramms blinkt nun permanent weiter und durch Klicken auf diese Schaltfläche wird der Einzelschrittmodus dann beendet.
Natürlich kann zwischendurch jederzeit durch Klicken auf den Abbruch-Knopf der Einzelschritt-Modus ebenfalls beendet werden.

Übung 1

Testen Sie den Ablauf des Einzelschrittmodus mit Hilfe des VIs *´rechner – 4.vi´*.

Hinweis

Da unsere bisher verwendeten Funktionen noch recht einfach sind (im Prinzip sind es ja noch die Grundfunktionen von LabVIEW) und wir bisher noch keine eigenen Unterfunktionen (≡ LabVIEW-Sub-VIs) verwenden, erkennt man keinen Unterschied, wenn man auf die Schaltflächen „Hineinspringen“ bzw. „Herausspringen“ klickt, denn: alle diese Funktionen werden ja „einschrittig“ (in einem einzigen Schritt) abgearbeitet, so dass es nicht viel zum Rein- bzw. Rausspringen gibt.

Erst bei der näheren Untersuchung von Sub-VIs werden wir den Unterschied zwischen beiden Einzelschrittvarianten erkennen.

> **Wichtig**
>
> *Highlight-Funktion und Einzelschrittbetrieb*
> Die Highlight-Funktion und die Einzelschrittfunktionen sind ganz wesentliche Hilfsmittel, wenn es darum geht, Datenflüsse in einem VI zu verfolgen und zwar das ganz besonders dann, wenn man auf der Fehlersuche ist.
> Bei komplexer aufgebauten VIs werden wir bei Bedarf noch einmal auf diese beiden Untersuchungsmechanismen zurückkommen.

Nachdem wir nun Datenflüsse innerhalb eines VIs sichtbar machen und diese somit ganz genau verfolgen können, kommen wir zurück zu unserer Anfangsfragestellung:

LabVIEW ist eine Datenfluss-orientierte Programmiersprache, die Multithreading verwendet. Welche Konsequenzen ergeben sich nun daraus?

Zur Beantwortung dieser Frage betrachten wir die nächste Übung.

Übung 2

Öffnen Sie dazu das VI *´string - 5.vi´* und erweitern Sie dieses VI zum VI *´string - 5 - V2.vi´*. Damit der Funktionsumfang der Datums- und Uhrzeitanzeige etwas größer wird, fassen wir den Datums- und den Uhrzeit-String zu einem neunen Gesamtstring zusammen und zeigen auch diesen auf dem Frontpanel mit an, Abb. 8.7:

Abb. 8.7: *Die Erweiterungen im VI ´string - 5 - V2.vi´.*

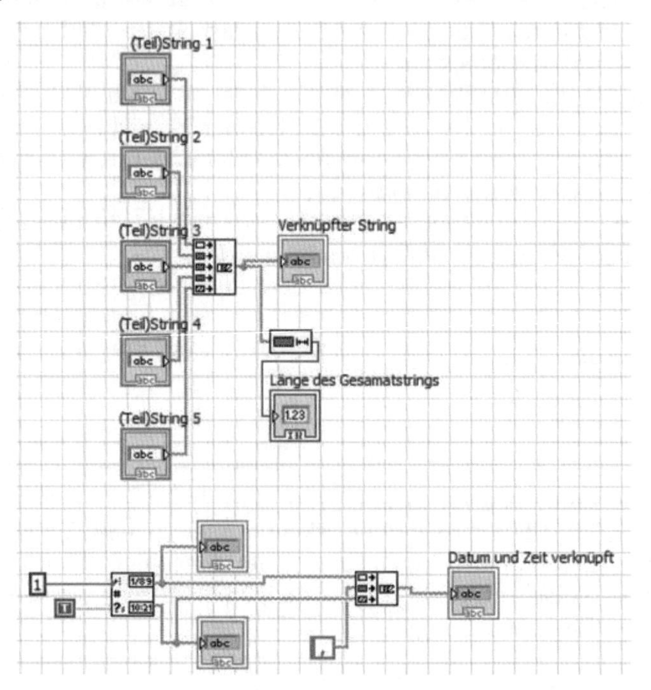

Schalten Sie nun auf das Blockdiagramm um, aktivieren Sie die Highlight-Funktion und starten Sie das VI (´Wiederholt ausführen´).

Wir haben hier die interessante Situation vorliegen, dass dieses VI aus zwei **voneinander unabhängigen Threads** (Funktionsblöcken) besteht:

- die Eingabe der fünf Einzelstrings und deren Verknüpfung zu einem Gesamtstring,

- die Aufbereitung der Zeitinformation zu aktueller Uhrzeit, aktuellem Datum und deren Anzeige auf dem Frontpanel

Die Highlight-Funktion zeigt uns nun ganz deutlich: bei den Funktionen in beiden Threads liegen die Eingangsinformationen schon korrekt an, so dass die Funktionsblöcke immer sofort ausgeführt werden können.
Noch detaillierter können Sie die Datenflüsse jetzt verfolgen, wenn Sie das VI im Einzelschritt-Betrieb ablaufen lassen.

Hierbei sind drei Punkte noch besonders zu beachten:

- Da beide Threads vollständig voneinander unabhängig sind, werden sie parallel (gleichzeitig) ausgeführt.

- Es kann NICHT vorhergesagt werden, welcher Funktionsblock zuerst bearbeitet wird und somit auch zuerst beendet wird.
  (Diese Tatsache ist bei diesem VI nicht von großer Tragweite, aber sie wird sich in den nachfolgenden Betrachtungen, bei anderen VIs, noch als sehr kritisch erweisen)

- Funktionsblöcke werden erst dann ausgeführt, wenn an allen Eingängen gültige Eingangsdaten anliegen. Erst dann erscheint am Ausgang ein gültiger Ausgangswert.
  Fehlt nur ein einziger Eingangswert, so stoppt die Funktionsabarbeitung, die Funktion „wartet", während die anderen Funktionsblöcke, mit komplett gültigen Eingangsdaten, weiterhin ausgeführt werden.
  Wartende Funktionsblöcke behindern also den Ablauf des VIs NICHT, da ja immer wieder umgeschaltet wird auf die anderen Funktionsteile des VIs (es sei denn, das VI besteht nur aus diesem auf Daten wartenden Funktionsblock).
  Hier ergibt sich daher ein weiterer Vorteil gegenüber der klassischen Programmierung (siehe Seite 130), wo immer auf jeden Fall das gesamte Programm wartet, wenn in einem Funktionsaufruf „auf irgend etwas" gewartet werden muss.

Das alles lässt sich sehr gut anhand der Datenflüsse nachvollziehen!

Hinweis

Die „exakte" Parallelität der Funktionsblockausführung lässt sich hier im Highlight-/Einzelschrittbetrieb nicht darstellen, denn um die Datenflüsse aufzuzeigen, muss ja im Hintergrund immer zwischen den einzelnen Threads umgeschaltet werden. So entsteht der Eindruck, beide Funktionsblöcke würden abwechselnd immer stückweise, Schritt für Schritt, abgearbeitet.

Das Alles hört sich bisher ja recht gut an: VIs werden aufgrund des Multithreading-Prinzips sehr schnell und optimal abgearbeitet.

Aber wie im Leben so üblich, birgt auch diese Art der Abarbeitungssteuerung in der Praxis an sehr vielen Stellen erhebliche Probleme:

Beispiel
Beschäftigen wir uns erneut mit der Kernanwendung, die wir im zweiten Band noch ausführlicher realisieren werden, Abb. 8.8:

Abb. 8.8:
Das VI kommuniziert mit einem Messgerät.

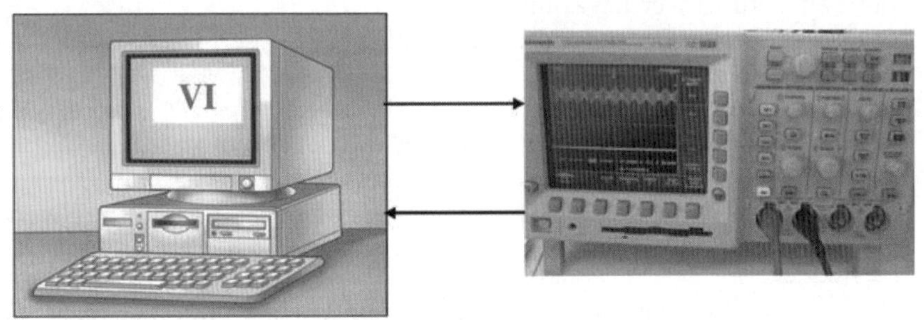

Das VI kommuniziert über eine serielle (COM-)Schnittstelle mit einem externen Messgerät, um Messdaten abzufragen und um diese zu verarbeiten.
Im VI selber benötigt man dazu im Allgemeinen mindestens die folgenden Funktionsblöcke:

1. Serielle (COM-)Schnittstelle *initialisieren*
2. Serielle Schnittstelle für die Kommunikation *öffnen*
3. Aufforderung an das Messgerät *senden*, die Messdaten zu übertragen
4. Bestimmte Zeit *warten*, damit das Messgerät reagieren und die Messwerte zurücksenden kann
5. Messwerte *empfangen* und *abspeichern*
6. Serielle Schnittstelle für die Kommunikation schließen (kann unter Umständen entfallen, wenn ein fortlaufender Datenaustausch zwischen VI und Messgerät stattfindet)
7. Messwerte *verarbeiten*
8. Am Ende: Serielle Schnittstelle *schließen*, bevor das VI komplett beendet wird

Diese acht Schritte können nun im VI durch acht voneinander unabhängige Funktionsblöcke realisiert werden und damit fangen die Probleme an:

> LabVIEW startet nun alle Funktionsblöcke gleichzeitig und **das darf unter gar keinen Umständen passieren!**

Denn z.B.:

- Gleichzeitiges Senden, Empfangen und Warten – funktioniert nicht!
- Gleichzeitiges Initialisieren der Schnittstelle und Verarbeitung der Messwerte – funktioniert nicht!
- usw.

Mit anderen Worten: Für ein funktionsfähiges VI **muss** die zuvor aufgestellte Ablaufreihenfolge der acht Aktionen zwingend und unveränderbar eingehalten werden!
Eine (beliebige) Abänderung der Reihenfolge führt zu einem nicht funktionsfähigen System!

Die Parallelität der Abarbeitung ist hier kein Segen, sondern eine „Fluch".

Hinweis
Beim Arbeiten mit traditionellen, klassischen Programmiersprachen, wie z.B. mit ´C´, tritt solch ein Problem erst gar nicht auf, denn dort wird ja in der Regel „alles schön nacheinander programmiert und somit auch alles „schön nacheinander abgearbeitet".

Wichtig

Parallelität ist nicht immer gut – Auf Strukturelemente kann nicht verzichtet werden!
LabVIEW darf also unter keinen Umständen immer nur die Funktionsblöcke parallel abarbeiten.
Vielmehr muss man LabVIEW sehr häufig gezielt dazu „zwingen", eine bestimmte und unveränderbare Ablaufreihenfolge der Funktionsblöcke einzuhalten!

Oder anderes formuliert: ein sequentielles Abarbeiten des VIs oder von Teilen des VIs muss oft erzwungen werden.
Dazu dienen die so genannten „Programmstrukturelemente (oder einfach: Strukturen)", die einen strukturierten Aufbau und somit einen strukturierten Ablauf eines VIs ermöglichen.

Die nachfolgenden Beispiele sollen abschließend die weitere Notwendigkeit von strukturiert aufgebauten VIs verdeutlichen:

Beispiele
1. Ein Funktionsblock soll mehrfach hintereinander ausgeführt werden, z.B.:
   100-malige Erfassung eines Messwertes, um einen Mittelwert daraus zu bilden.
   Wie wird so etwas realisiert? (Vorweg genommenes Stichwort: Strukturelement „For-Schleife").

2. Ein Funktionsblock wird solange kontinuierlich bearbeitet, bis eine bestimmte Bedingung vorliegt, z.B.:
   Messwerte werden solange erfasst und ausgewertet, bis ein bestimmter Grenzwert über- oder unterschritten wird. Dann wird der Funktionsblock verlassen und eine (andere) Alarm-Routine ausgeführt.

   Wie wird so etwas realisiert? (Vorweg genommenes Stichwort: Strukturelement „While-Schleife".)

Mit solchen unverzichtbaren Strukturelementen werden wir uns nun im nächsten Kapitel ausführlich beschäftigen.

9. Die Programmstrukturen in LabVIEW

In LabVIEW gibt es nun im Wesentlichen folgende Strukturelemente, um den parallelen Ablauf von VI-Elementen entscheidend zu beeinflussen bzw. abzuändern:

- Sequenz (flach oder gestapelt)
- While-Schleife
- Case-Struktur
- For-Schleife
- Schieberegister (wird in Band 2 behandelt)

Diejenigen unter den Lesern, die sich schon mit einer klassischen Programmiersprache, wie z.B. mit ´C´, auskennen, werden hier viele Gemeinsamkeiten, aber auch einige maßgebliche Unterschiede, feststellen.

9.1 Die Sequenz

Greifen wir nun eines der im Kapitel 8.2 zuletzt aufgezeigten Probleme etwas näher auf.
Wie erreicht man, dass bestimmte Funktionsblöcke zwangsweise nacheinander (also sequenziell) abgearbeitet werden?
Dazu dient unter LabVIEW die so genannte *„Sequenz"* (-Struktur), die es in zwei Darstellungsformen gibt:

- die flache Sequenz

- die gestapelte Sequenz

Die flache Sequenz

Die flache Sequenz ist zu finden unter:

BD\Programmierung\Strukturen\Flache Sequenz

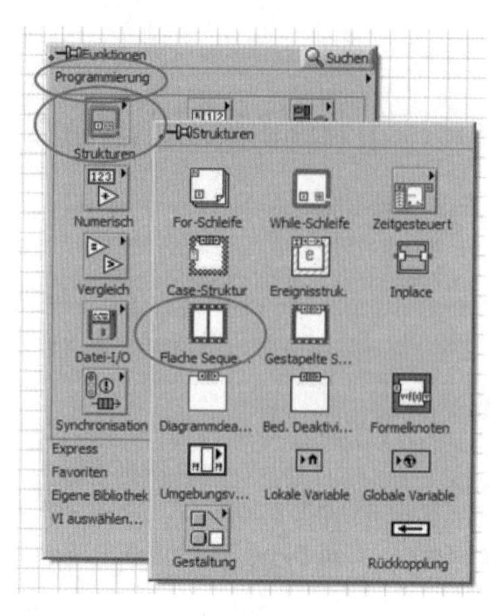

Abb. 9.1:
Der Weg zur flachen Sequenz.

Öffnen Sie nun ein leeres VI, schalten Sie auf das Blockdiagramm um, wählen Sie diese Struktur aus, platzieren Sie den Cursor auf eine leere Stelle im Blockdiagramm, klicken Sie auf die linke Maustaste und ziehen Sie den Rahmen auf, Abb. 9.2:

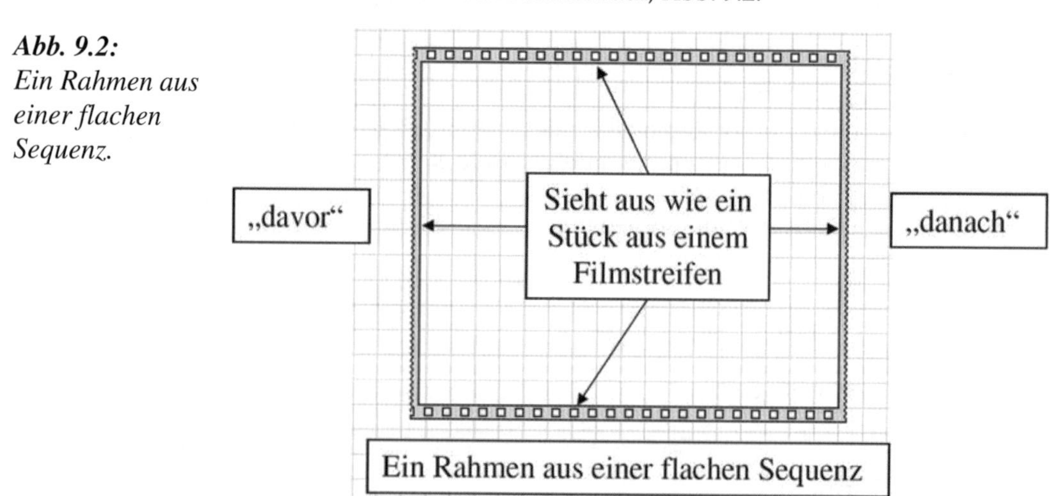

Abb. 9.2:
Ein Rahmen aus einer flachen Sequenz.

Zunächst erhält man einen Kasten mit einem perforierten Rand oben und unten. Das Ganze erinnert an ein Stück aus einem Filmstreifen, bei dem ja auch exakt ein einzelnes Bild nach dem anderen hintereinander (sequenziell) dargestellt wird. Man spricht bei LabVIEW in diesem Fall vom *Rahmen einer flachen Sequenz*.

Diesen Einzelrahmen müssen wir jetzt um weitere Rahmen (nach rechts und/oder nach links) erweitern. Das geschieht ganz einfach dadurch, dass man mit der rechten Maustaste auf die rechte beziehungsweise auf die linke Seite des Rahmens klickt und im erscheinenden Pull-Down-Menü (≡ Kontextmenü zum jeweiligen Rahmen) auswählt:

- Rahmen danach einfügen
- Rahmen davor einfügen (siehe Abb. 9.3)

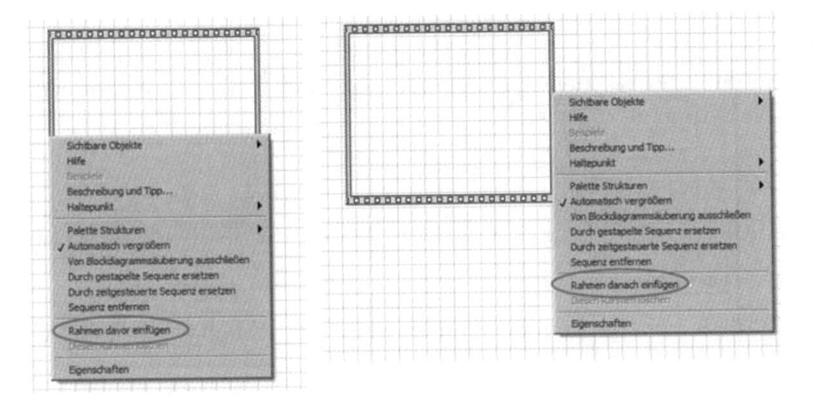

Abb. 9.3: *Das Einfügen von zusätzlichen Rahmen: einmal an der linken Seite und einmal an der rechten Seite.*

Erweitern Sie nun den Rahmen aus der Abb. 9.2 um jeweils einen Rahmen nach rechts und um einen Rahmen nach links.
Ziehen Sie die neuen Rahmen etwas breiter auf, so dass alle drei Rahmen ungefähr die gleiche Breite und die gleiche Höhe haben, Abb. 9.4 (oben).

Über die vier Seitenränder können die Rahmen beliebig vergrößert oder verkleinert werden.

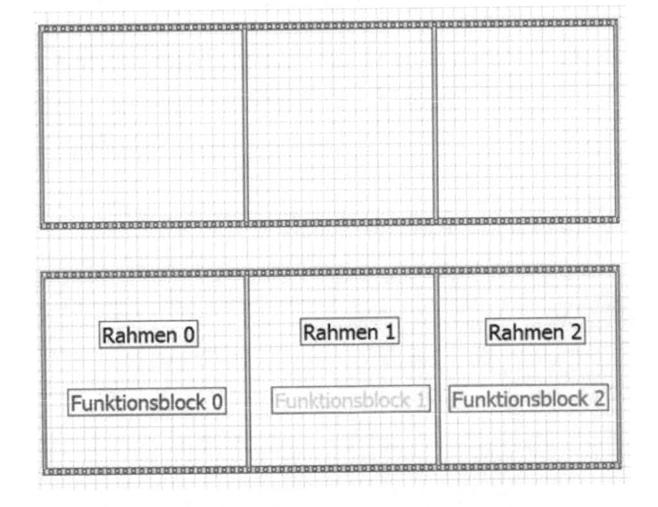

Abb. 9.4: *Eine flache Sequenz mit drei Rahmen.*

Bei der Abarbeitung solch einer Struktur in LabVIEW gilt (Abb. 9.4 (unten)):

- Die Rahmen werden (intern) von links nach rechts durchnummeriert, also: Rahmen 0, Rahmen 1, Rahmen 2, etc.

- Die Rahmen werden ganz konsequent von links nach rechts abgearbeitet und so erhält man sehr einfach einen sequentiellen Programmablauf im VI

> Zuerst wird also Funktionsblock 0 bearbeitet, dann Funktionsblock 1, dann Funktionsblock 2, usw., wobei in jedem Funktionsblock ganz normale LabVIEW-Blockdiagramm-Elemente enthalten sind.

Hier sieht man dann auch sehr schön die Analogie der flachen Sequenz zu einem Filmstreifen: die einzelnen Teilbilder werden nacheinander, in einer festen, unveränderlichen Reihenfolge, wie auf der Leinwand dargestellt.

Übung

In einer etwas größeren Übung wollen wir jetzt die Frage klären, die Sie sicherlich schon seit Längerem quält:

> Wie schnell ist eigentlich mein Rechner beziehungsweise wie schnell wird eigentlich ein VI abgearbeitet?

Dazu untersuchen wir jetzt ganz einfach den Zeitbedarf zur Berechnung einer bestimmten Funktion und zwar auf folgende Art und Weise:

- Startzeit festhalten (und darstellen)
- Gewünschte (beliebige) VI-Funktion ausführen (berechnen lassen)
- Endzeit festhalten (und darstellen)
- Zeitdifferenz (Endzeit – Startzeit) ermitteln und entsprechend schön darstellen

Bevor wir damit beginnen, müssen Sie noch einige LabVIEW-Funktionen kennenlernen, die mit dem Thema Zeitverarbeitung/Zeitmessung zu tun haben.

Sie finden diese unter:

BD\Programmierung\Timing

Abb. 9.5: *Wichtige Timing-Funktionen*
.

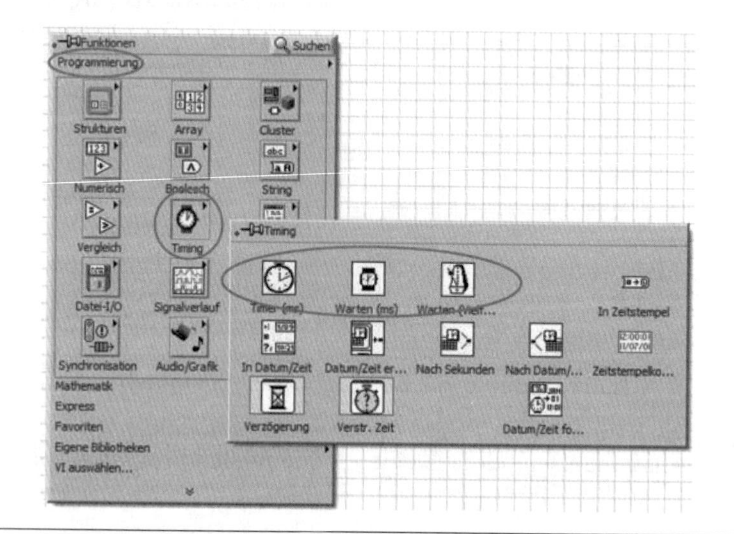

Grundlage für diese drei häufig eingesetzten Zeitfunktionen ist die Tatsache, dass in jedem (Windows-)Betriebssystem intern automatisch ein 1-Millisekunden-Zeittakt erzeugt wird und diese Zeitbasis von den unterschiedlichsten Anwendungsprogrammen, so auch von LabVIEW, für ihre eigenen Zwecke verwendet werden kann.

Es gilt nun:

Funktion: Timer-Wert (ms)

In Windows gibt es ferner einen 32-Bit breiten Timer, der die zuvor erwähnten 1 ms-Taktimpulse zählt, die seit dem Einschalten des Rechners vergangen sind.
Diesen Timer kann man also sehr gut zur Messung von Zeitdifferenzen benutzen: Startzeit festhalten, Endzeit festhalten und dann: Zeitdifferenz = Endzeit – Startzeit.
Man muss allerdings beachten, dass dieser Zähler nur 32 Bit breit ist und nach Erreichen des maximalen Zählstandes von (2^{32}-1) ms = 4.294.967.295 ms = 1193 Stunden = 49,7 Tagen überläuft und wieder bei Null anfängt zu zählen.

Das kann Probleme ergeben, wenn Start- und Endzeit einmal links und einmal rechts vom Überlaufpunkt liegen, was aber in unseren Anwendungen äußerst selten vorkommt.
Durch Aufruf der Funktion ´Timer-Wert (ms)´ wird nun der aktuelle Zählerstand dieses Timers ausgelesen und am Ausgang der Funktion ausgegeben. Dieser 1 ms-Zählwert kann also im VI weiter verarbeitet werden, im einfachsten Fall einfach angezeigt werden (Abb. 9.6).

(Denken Sie daran, mit *´Strg+´H´* können Sie die ausführliche Kontexthilfe zur jeweiligen Funktion erhalten.)

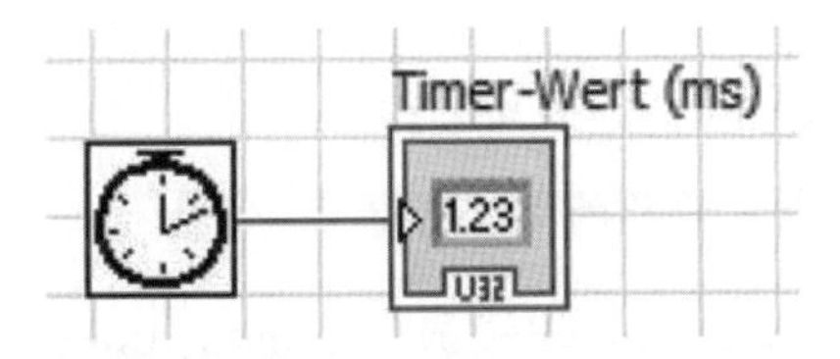

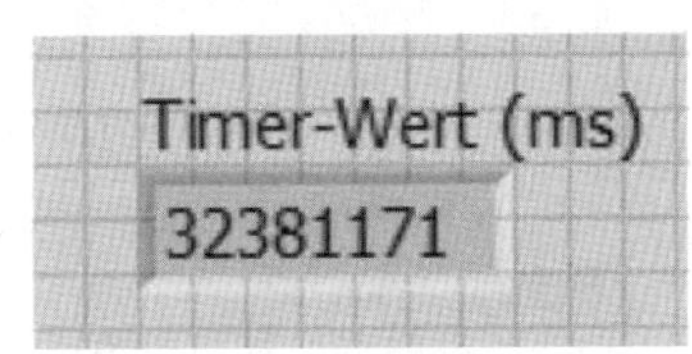

Abb. 9.6: *Seit dem Einschalten des Rechners sind 32.381.171 ms vergangen.*

Funktion: Warten (ms)

Durch den Aufruf dieser Funktion wird erreicht, dass das VI eine bestimmte Anzahl von ms wartet, also nichts tut (Abb. 9.7).

Am Eingang der Funktion wird die gewünschte Wartezeit in ms eingegeben, der Ausgang der Funktion zeigt den Zählerstand des Timers an, wenn die Wartezeit abgelaufen ist.

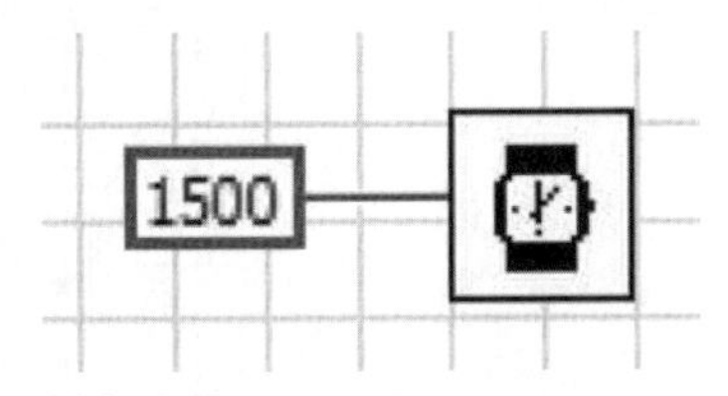

Abb. 9.7: *Das VI wartet 1.500 ms = 1,5 Sekunden (Wartezeit hier als Konstante festgelegt).*

Dieser Ausgangswert wird meistens nicht weiter benötigt (am Ausgang wird also nichts weiter angeschlossen), es kommt sehr oft nur auf die Erzeugung der reinen Wartezeit an.

Funktion: Bis zum nächsten Vielfachen von ms warten

Hierdurch wird erreicht, dass die Abarbeitung des VIs bis zum nächsten Vielfachen des am Eingang der Funktion angegeben ms-Wertes, wartet (Abb. 9.8).

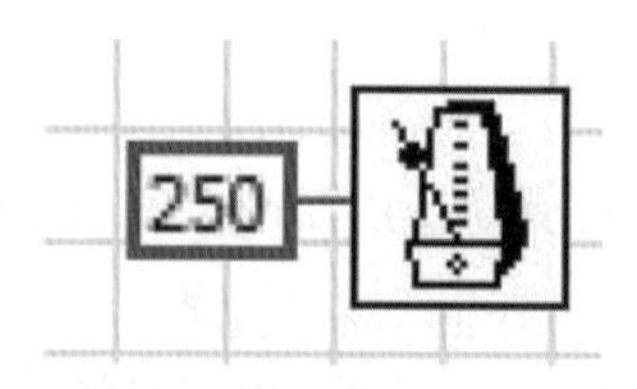

Abb. 9.8: *Warten bis zum nächsten Vielfachen von 250 ms.*

Mit dieser Funktion können sehr gut Vorgänge innerhalb eines VIs synchronisiert werden, zum Beispiel Erfassung eines Messwertes alle 250 ms.
Der Ausgang der Funktion zeigt den Zählerstand des Timers an, wenn die Wartezeit abgelaufen ist (wird oft nicht weiter verwendet).

Und nun zurück zu unserer Übung Zeitmessung:
Es soll die Zeit für die Ausführung einer Funktion bestimmt werden und der vier-schrittige Ablauf dafür wurde ja zuvor schon dargestellt.
Da diese Ablaufreihenfolge unbedingt eingehalten werden muss, entscheiden wir uns im Herz des VIs für den Einsatz einer flachen Sequenz mit vier Rahmen.
Erstellen Sie also ein neues VI namens *´zeitmess – 1.vi´*, öffnen Sie dieses und erstellen Sie eine flache Sequenz mit vier Rahmen (Abb. 9.9).

Abb. 9.9: *Der Kern unseres VIs ´zeitmess – 1.vi´.*

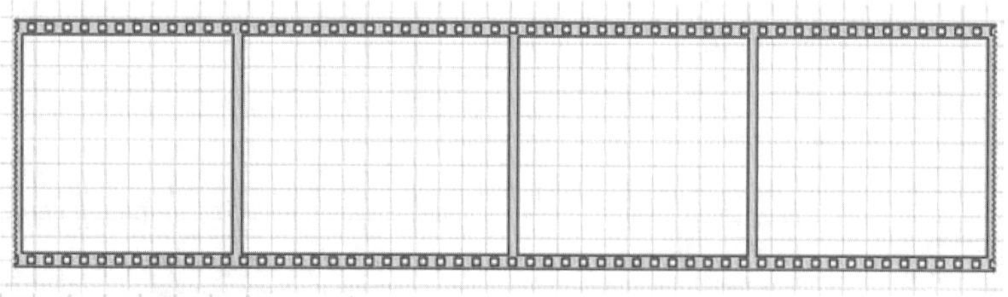

Abb. 9.10: *Ermittlung und Anzeige der Startzeit.*

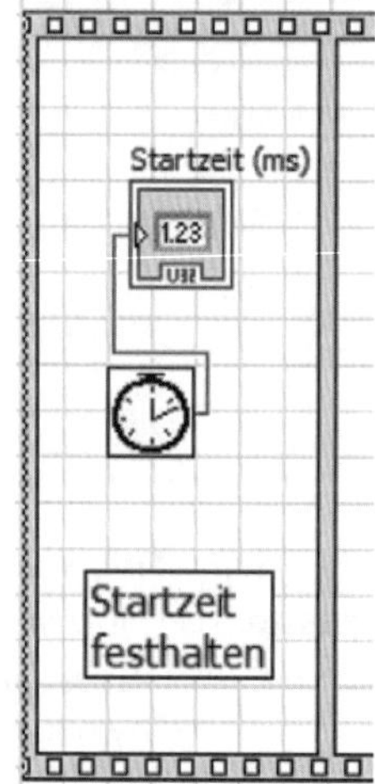

Als erstes müssen wir im äußerst linken Rahmen die Startzeit festhalten (ermitteln und anzeigen). Das machen wir mit der Funktion ´Timer-Wert (ms)´ (Abb. 9.10).

Im nächsten Rahmen wird nun die Funktion eingebaut, deren Laufzeit (Abarbeitungszeit) ermittelt werden soll.

Hier kann man sich natürlich eine ganz beliebige, mehr oder weniger komplizierte Funktion ausdenken. Wir entscheiden uns, warum auch immer, für die Berechnung einer mathematischen Funktion der Form:

$$f(x) = 4x^4 + 3x^3 + 2x^2 + x + 38$$

Die Frage lautet hier also:

> Wie lange braucht der PC beziehungsweise das LabVIEW-VI, um diese Funktion, bei unterschiedlichen x-Werten, zu berechnen?

In den zweiten Rahmen unserer flachen Sequenz programmieren wir daher diese Funktion, Abb. 9.11:

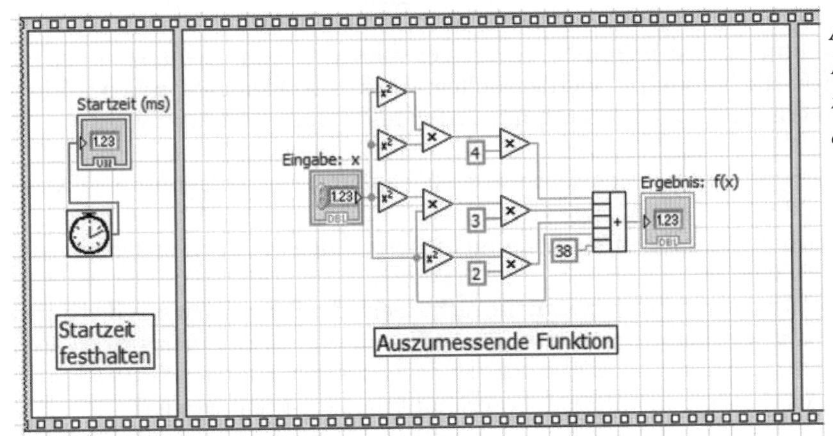

Abb. 9.11: *Der Einbau der zu untersuchenden Funktion.*

Hinweise

- Links wird der Wert für x über das Frontpanel eingegeben.
- Dann erfolgt damit die Berechnung der einzelnen Summanden der Funktion (denken Sie dabei an die Grundlagen der Mathematik, zum Beispiel $x^4 = x^2 \cdot x^2$).
- Die x^2-Funktion finden Sie unter: ***BD \ Numerisch \ Quadrat***.
- Die Programmierung solch einer Funktion von nur einer Unbekannten (´x´) geht in LabVIEW allerdings noch wesentlich einfacher.
  Darauf werden wir gegen Ende dieses Kapitels noch zurückkommen.
- Für die Addition der einzelnen Summanden verwenden wir hier nicht die bereits bekannte Funktion zur Addition von nur zwei Summanden, sondern die so genannte *´Mehrfacharithmetik´*, die sie unter ***BD \ Numerisch \ Mehrfacharitmetik*** finden (Abb 9.12).

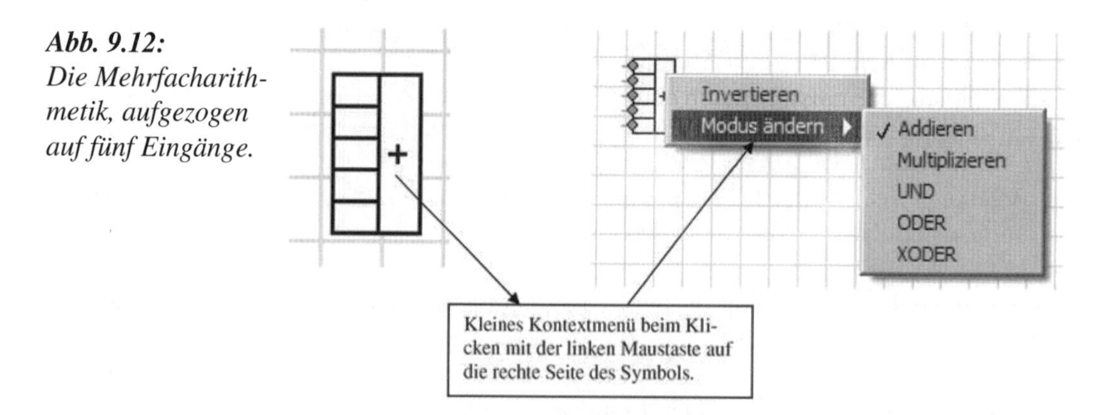

Abb. 9.12:
Die Mehrfacharithmetik, aufgezogen auf fünf Eingänge.

Diese Mehrfacharithmetik wird immer dann verwendet, wenn mehrere Elemente (Zahlenwerte) gleichartig verknüpft werden sollen. Hier: alle Elemente sollen addiert, multipliziert, Und-verknüpft, Oder-verknüpft oder Exklusiv-Oder-verknüpft werden.

Beim Einfügen des Symbols der Mehrfacharithmetik auf das Blockdiagramm wird die Funktion zunächst mit nur zwei Eingängen dargestellt.
Sie kann nun aber nach der bekannten Methode auf mehrere Eingänge, auf zum Beispiel fünf Eingänge, aufgezogen werden.
Klickt man dann mit der linken Maustaste auf die rechte Seite des Symbols (wenn der Cursor die Hand-Form hat), so erscheint ein kleines Kontextmenü, mit dem Unterpunkt *´Modus ändern´*.
Hier kann jetzt die Art der durchzuführenden Verknüpfung eingestellt werden.

Die Grundeinstellung ist allerdings bereits ´Addition´, so dass wir hier für unsere Zwecke nichts ändern müssen. Weitere Informationen zur Mehrfacharithmetik erhalten Sie natürlich über die Kontexthilfe zu dieser Funktion.

Nachdem wir nun die Funktion komplett eingegeben und am Ausgang der Mehrfacharithmetik eine Anzeige angeschlossen haben, müssen wir als Nächstes die Endzeit festhalten, die Differenz zwischen Endzeit und Startzeit bilden und uns das Ergebnis, also die Zeitdauer für die Berechnung der Funktion, schön anzeigen lassen.
Das alles geschieht im nächsten Rahmen (Abb. 9.13).

Die Endzeit wird nun mit Hilfe der Funktion ´Timer-Wert (ms)´ genau so bestimmt wie die Startzeit. Zur Berechnung der Zeitdifferenz (´Endzeit – Startzeit´) wird die Startzeit jetzt ganz einfach mit einem Verbindungsdraht über alle Rahmen hinweg von links nach rechts gezogen und an die Differenz-Funktion gelegt. Dort, wo die Datenleitung von einem Rahmen in den anderen übergeht, entsteht ein kleines Quadrat in der jeweiligen Datenfarbe des Drahtes.

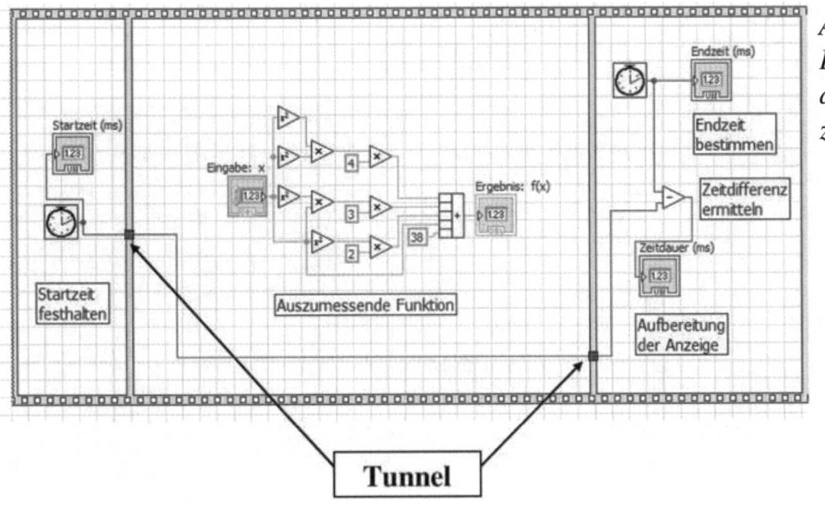

Abb. 9.13: *Die Bestimmung der Berechnungszeit.*

Merke

Der Tunnel
Der Punkt, an dem eine Datenverbindung (Datenleitung) ganz allgemein in eine (beliebige) Struktur rein- oder rausführt, wird in LabVIEW auch „Tunnel“ genannt: die Daten „durchtunneln“ die Ränder (Grenzen) der Struktur.
Oder allgemein: Ein Tunnel ist ein Datenein- beziehungsweise Datenausgang bei einer Struktur.
Solch ein Tunnel wird immer durch ein farbiges Quadrat dargestellt, wobei die Farbe dem jeweiligen Datentyp der Datenleitung entspricht.

Die so im dritten Rahmen berechnete Zeitdauer (Zeitdifferenz) wird nun in unserem VI ganz normal angezeigt. Im letzten Rahmen fügen wir noch eine kleine Zeitverzögerung von 500 ms ein, bis der nächste Durchlauf unserer Messung erfolgt (wir machen also permanente Zeitmessungen hintereinander und werten diese aus).
Das gesamte fertige Blockdiagramm sieht jetzt also wie folgt aus, Abb. 9.14:

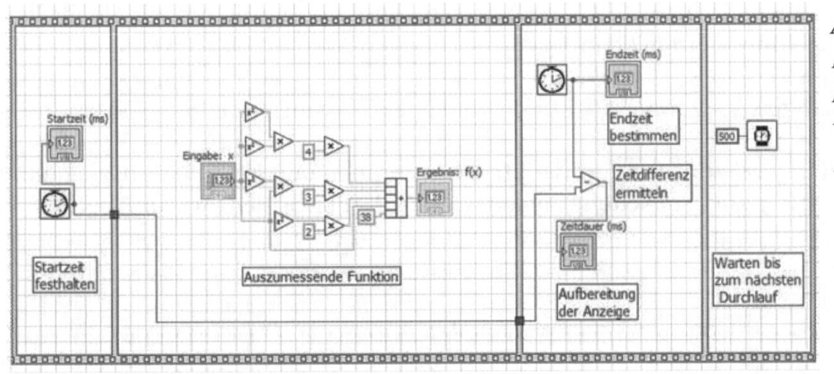

Abb. 9.14: *Das fertige Blockdiagramm von ´zeitmess – 1.vi´.*

Jetzt fehlt uns abschließend nur noch ein schön gestaltetes Frontpanel zur Anzeige aller wesentlichen Werte, aufgebaut wie zum Beispiel in Abb. 9.15:

Abb. 9.15:
Das passend gestaltete Frontpanel zu ´zeitmess – 1.vi´.

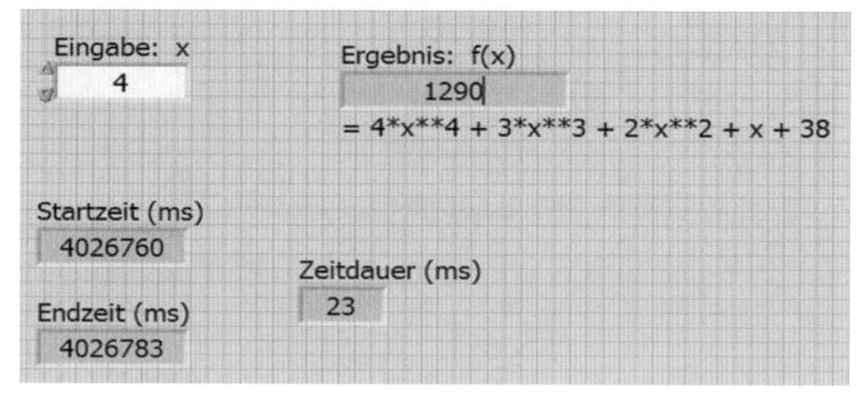

Erstellen Sie nun noch dieses Frontpanel.

Starten Sie das VI (´Wiederholt ausführen´), geben Sie verschiedene x-Werte ein, kontrollieren Sie die berechneten Funktionswerte und halten Sie die benötigten Zeiten für die jeweiligen Berechnungen fest. Das Ergebnis sollte Sie allerdings stark verblüffen, denn egal welchen Wert Sie für x eingeben:

> Der Funktionswert wird zwar immer richtig berechnet aber die dazu benötigte Zeit ist immer 0 ms!
> (Und NICHT so, wie in Abb. 9.15 dargestellt!)

Die Ursache dafür ist recht einfach erklärt: Die modernen PCs/Laptops sind mittlerweile so schnell geworden, dass eine Bearbeitungszeit von 1 ms schon sehr lang ist, oder mit anderen Worten: Für die Berechnung unserer Beispielsfunktion benötigt Ihr Rechner weit weniger als 1/1000stel Millisekunden! Daher müssen wir die Berechnung unserer Funktion um ein Vielfaches hintereinander durchführen und die dazu benötigte Zeit entsprechend runterteilen.

Im Vorgriff auf Kap. 9.3 führen wir daher schon einmal die sogenannte For-Schleife ein (ein weiteres Strukturelement in LabVIEW), mit der ein Funktionsblock um ein Vielfaches hintereinander ausgeführt werden kann.

Kopieren Sie deshalb das VI ´zeitmess – 1.vi´ in ein neues VI namens *´zeitmess – 2.vi´* um.

Für uns wesentlich ist jetzt zunächst nur der Struktur-Rahmen mit der Funktionsgleichung (Abb. 9.11). Um diese Funktionsgleichung ziehen wir nun die For-Schleife wie in Abb. 9.16.

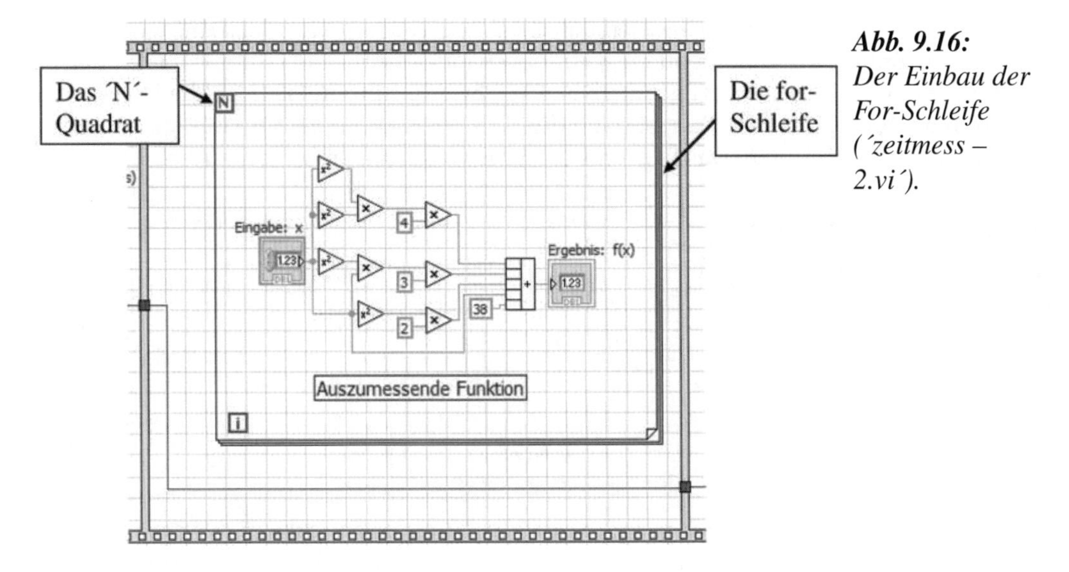

Abb. 9.16: *Der Einbau der For-Schleife (´zeitmess – 2.vi´).*

Sie finden die For-Schleife unter:

BD\Programmierung\Strukturen\For-Schleife

Wählen Sie die For-Schleife aus, platzieren Sie den Cursor in der Nähe unserer Funktionsgleichung, drücken Sie die linke Maustaste und ziehen Sie die For-Schleife um die Funktionsgleichung herum. Bei Platzproblemen im Rahmen: vergrößern Sie den Rahmen nach oben beziehungsweise nach unten und verschieben Sie die, den Rahmen durchquerende, Datenleitung von der Startzeit. Verschieben Sie aber auch das Tunnelquadrat, damit die (optische) Zuordnung zur Datenleitung erhalten bleibt.

In beziehungsweise an der For-Schleife befinden sich nun noch zwei kleine Quadrate, das ´N´- und das ´i´-Quadrat. Für uns wesentlich ist hier zunächst nur das *´N´-Quadrat*.

An dieses (Anschluss-)Quadrat wird eine konstante Zahl (oder ein Bedienelement auf dem Frontpanel) angeschlossen. Diese Zahl gibt dann an, wie oft der Inhalt der For-Schleife hintereinander abgearbeitet werden soll, bevor die For-Schleife verlassen und mit dem Rest aus dem Rahmen weiter fortgefahren wird.

Beispiel

Wir schließen an ´N´ die Zahl 1000 an.

Dann wird der Inhalt der For-Schleife, also unsere Funktionsgleichung, 1000 Mal direkt unmittelbar hintereinander berechnet. Es wird also die 1000-fache Zeit im Vergleich zu einer einzelnen Berechnung benötigt. Um dann die Zeit für eine einzige Berechnung zu erhalten, müssen wir die ermittelte Zeitdifferenz hinterher also nur noch durch 1000 teilen.

Wenn wir an ´N´ nun ein Bedienelement anschließen (das wir *´Anzahl der Durchläufe´* nennen), so können wir ganz bequem vom Frontpanel aus, die Anzahl der hintereinander durchzuführenden Berechnungen eingeben. Gleichzeitig führen wir noch die Division der Zeitdifferenz durch. Das Ergebnis ist dann die *´Zeit pro Berechnung´* und das lassen wir uns natürlich geeignet anzeigen. Das Ergebnis dieser Erweiterungen zeigt die Abb. 9.17:

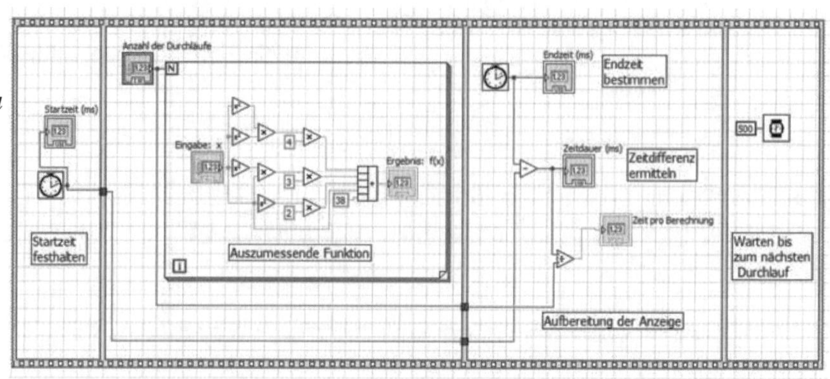

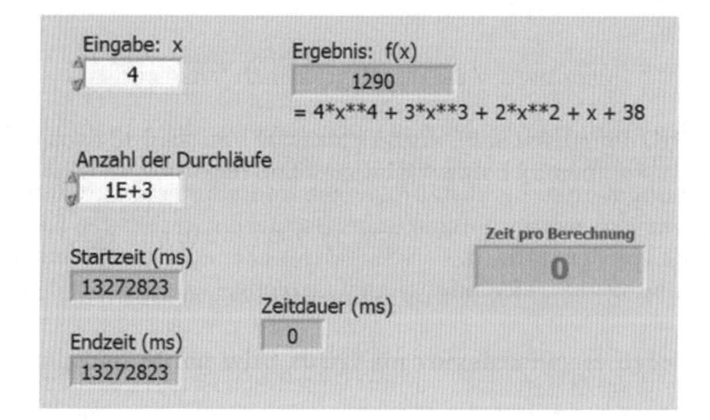

Abb. 9.17: *Blockdiagramm und Frontpanel zu ´zeitmess – 2.vi´ bei 1000 Berechnungen.*

Lassen Sie nun das VI laufen und geben Sie bei der ´Anzahl der Durchläufe´ 1000 ein (≡ 1E+3). Als Ergebnis sehen Sie immer noch eine Zeitdauer von 0 ms für die 1000-malige Berechnung der Funktionsgleichung. Unser Rechner ist also ganz schön schnell, wenn er das alles noch unter einer Millisekunde schafft!

Also lassen wir ihn die Gleichung 10.000 Mal (≡ 1E+4) hintereinander berechnen.

Nun zeigt sich endlich eine Reaktion: jetzt braucht der Rechner dafür ca. 1 ms (wenn bei Ihrem Rechner immer noch ´0´ angezeigt wird, erhöhen Sie einfach die Anzahl der Berechnungen auf 100.000). Mit anderen Worten, für eine Berechnung werden nun (nur) 1 ms / 10.000 = **100 ns** benötigt!

Damit nun die Anzeige der eigentlichen Berechnungszeit etwas klarer zu lesen ist, multiplizieren wir das Ergebnis einfach mit 1.000.000 und erhalten so die Zeit für die einmalige Berechung der Funktionsgleichung direkt in ns (Abb. 9.18).

Als Fazit können wir also festhalten:
Lassen wir auf unserem Rechner die Funktionsgleichung 1 Millionen Mal hintereinander berechnen, so benötigt der Rechner ca. 126 ns ($\equiv$ $126 \cdot 10^{-9}$ Sekunden) pro Berechnung.

Und noch ein weiteres Ergebnis ist interessant: Die Berechnungszeit bleibt immer die gleiche, egal welchen Wert man für x eingibt! (LabVIEW-intern wird hier mit dem Datentyp ´Double´ gerechnet und damit bleiben die Zeiten für jede Double-Zahl beziehungsweise für jede Double-Berechnung gleich).

Notieren Sie sich hier die Rechenzeit bei Ihrem Rechner:

____________ ns / Berechnung.

Wir halten also abschließend erst einmal fest:

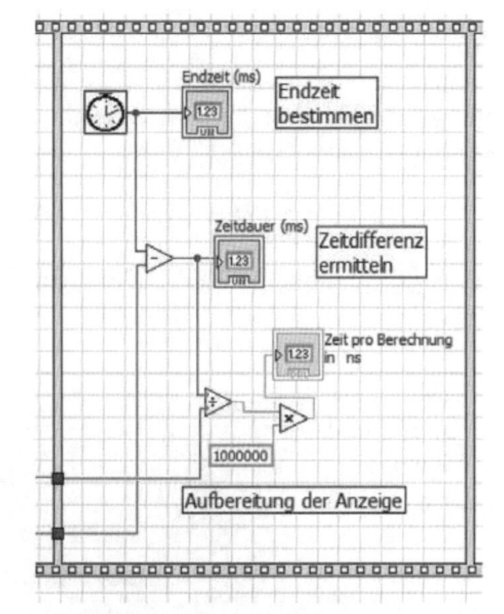

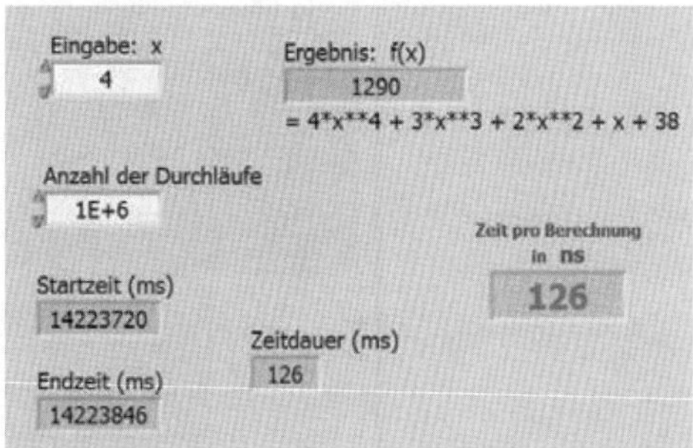

Abb. 9.18: *Der letzte Schliff beim VI ´zeitmess – 2.vi´ (hier: 1 Millionen-malige Berechnung der Funktionsgleichung).*

Merke

Die flache Sequenzstruktur
Mit der flachen Sequenzstruktur können Abläufe in einem VI so beeinflusst werden, dass sie nicht mehr parallel sondern sequentiell ausgeführt werden.

Trotz dieser interessanten Eigenschaften sollten (aus bestimmten Gründen) flache Sequenzen nicht allzu häufig in einem VI eingesetzt werden, denn es gibt noch eine andere (oft bessere) Methode, einen sequentiellen Ablauf zu erzwingen.

Übung

Wir hatten zuvor erwähnt, dass es in LabVIEW auch noch eine andere, einfachere Möglichkeit gibt, eine Funktionsgleichung von einer Variablen zu berechnen, den so genannten *„Ausdrucksknoten"* unter:

BD\Programmierung\Numerisch\Ausdrucksknoten

(Weitere Informationen zu diesem Element finden Sie in der Kontexthilfe dazu.)

Abb. 9.19: *Einfache Eingabe einer Funktionsgleichung.*

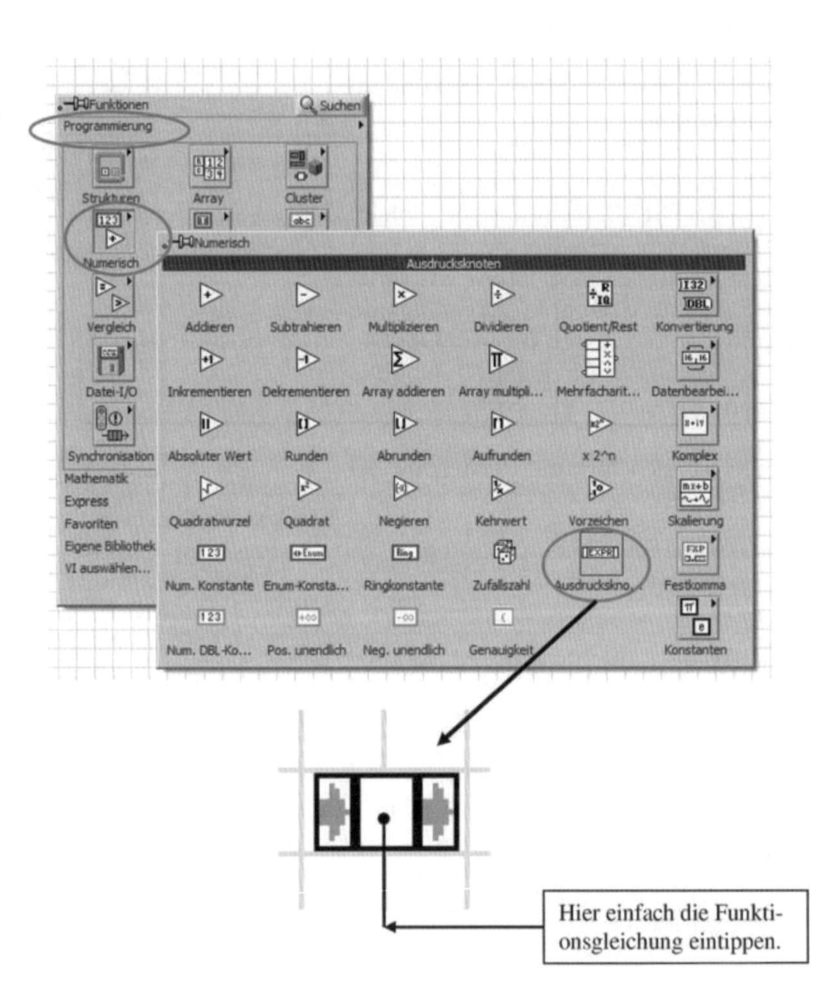

Nach dem Einfügen des Ausdrucksknotens in das Blockdiagramm, können Sie in das mittlere Feld einfach die Funktionsgleichung „im Klartext" eintippen. Sinnvollerweise vergrößert man sich dazu die Schriftart des Symbols, zum Beispiel auf die Größe 18 Punkt (pt), damit man die Gleichung auch gut lesen kann.

Hinweis

Eine Potenz wird mit ´**´ realisiert, also: $x^4 \equiv x**4$.

Kopieren Sie nun das VI *´zeitmess - 2.vi´* in ein neues VI namens *´zeitmess - 3.vi´* und ersetzen Sie dort unsere programmierte Funktionsgleichung durch einen Ausdrucksknoten gleicher Funktion. Nach einigen Mausklicks sollte das Ergebnis so aussehen, Abb. 9.20:

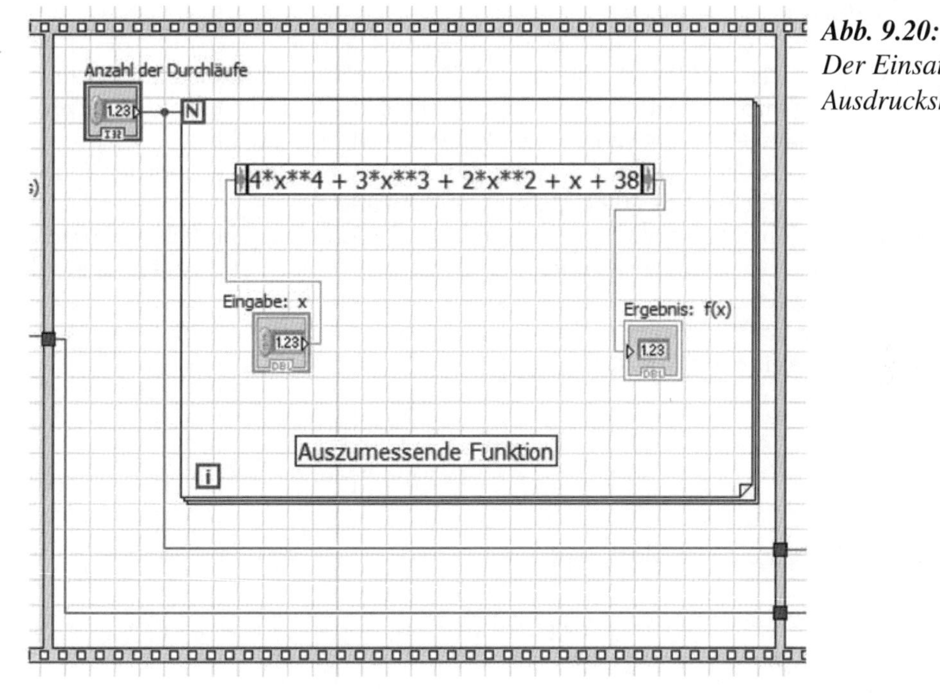

Abb. 9.20: *Der Einsatz eines Ausdrucksknotens.*

Lassen Sie das VI ablaufen und bestimmen Sie die Ausführungszeit zur Berechnung der Funktionsgleichung. Ausführungszeit bei Ihrem Rechner:

____________________ ns / Berechnung.

Das Verblüffende hierbei ist, dass die Rechenzeit des Ausdrucksknotens um einiges größer ist, als bei der direkt programmierten Funktionsgleichung. (Bei unserem Rechner liegt die Zeit bei ca. 480 ns, also rund 3,75-mal höher als zuvor.)

Merke

Der Ausdrucksknoten
Der Ausdrucksknoten dient zur Berechnung von Funktionsgleichungen die (nur) eine Unbekannte enthalten. Der große Vorteil von Ausdrucksknoten liegt in der Tatsache, dass komplexe Funktionsgleichungen, die zum Beispiel höherwertige mathematische Funktionen enthalten, wie zum Beispiel sin, cos, log, Wurzel, etc., einfach und schnell berechnet werden können. Einfachere Funktionsgleichungen,

wie zum Beispiel in unseren vorherigen Anwendungen, können zwar auch berechnet werden, ergeben aber einen (erheblichen) Geschwindigkeitsnachteil. Hier ist dann abzuwägen, zwischen Aufwand bei der Eingabe der Funktionsgleichung und entstehender Rechenzeit.

Lokale Variablen

Werfen Sie noch einmal einen Blick auf die Abb. 9.17. In den beiden Rahmen auf der linken Seite werden zwei Frontpanel-Bedienelemente (´Startzeit (ms)´ und ´Anzahl der Durchläufe´) angelegt, die dann ebenfalls im nächsten Rahmen benötigt werden.
Und das bedeutet, dass quer durch alle Rahmen Datenleitungen gezogen werden müssen und damit die Übersichtlichkeit des Blockdiagramms etwas leidet.
Hier ist der Effekt noch nicht so stark, aber bei größeren VIs kann es sicherlich vorkommen, das Datenleitungen von und zu Frontpanel-Elementen kreuz und quer über das Blockdiagramm verlaufen.
Hier bietet sich unter LabVIEW die Verwendung von sogenannten Variablen an, die eine gewisse Übersichtlichkeit in das Blockdiagramm bringen können.

Merke

Variablen unter LabVIEW
Variablen sind Objekte im Blockdiagramm

- in die Daten eingeschrieben (abgespeichert)
- aus denen Daten wieder ausgelesen

werden können. Oder noch allgemeiner formuliert: Mit Hilfe von Variablen können Daten ausgetauscht werden. Dabei gibt es grundsätzlich zwei verschiedene Arten von Variablen:

Lokale Variablen: mit denen Daten innerhalb eines VIs ausgetauscht werden können

Globale Varibلen: mit denen Daten zwischen mehreren unabhängigen VIs ausgetauscht werden können

Wir untersuchen hier zunächst den Gebrauch von lokalen Variablen.

Mit lokalen Variablen werden Daten innerhalb eines VIs, von einer Stelle zu einer anderen, ausgetauscht, OHNE dass eine direkte Datenverbindung (Datenleitung) zwischen den Übertragungspunkten besteht.

Hierbei gilt allerdings, dass nur bereits zuvor definierte (angelegte) Frontpanel-Elemente (Anzeige- und/oder Bedienelemente) als lokale Variablen verwendet werden können.

Somit lässt sich auch sagen:
Mit Hilfe von lokalen Variablen kann von mehreren Stellen des VIs sehr einfach auf Frontpanel-Objekte zugegriffen werden, d.h. der Wert von Frontpanel-Elementen kann an beliebigen Orten ausgelesen (*´Lesen einer lokalen Variablen´*) oder beliebig neu beschrieben werden (*´Schreiben in eine lokale Variable´*).

Die Erzeugung von lokalen Variablen
kann auf zwei Arten erfolgen:

a) Über das Kontextmenü eines Frontpanel-Elementes, Abb. 9.21:

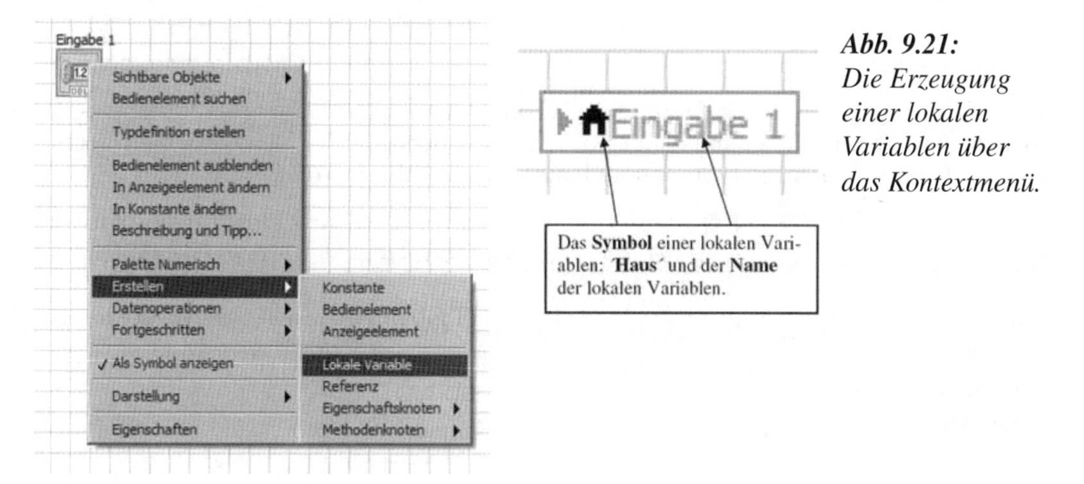

Abb. 9.21: *Die Erzeugung einer lokalen Variablen über das Kontextmenü.*

Sie rufen dazu das Kontextmenü zu einem bereits existierenden Frontpanel-Objekt auf (rechte Maustaste) und wählen dann unter dem Punkt *´Erstellen´* den Unterpunkt *´Lokale Variable´* (Abb. 9.21, linke Seite). Mit der Maus können Sie dann das Feld der lokalen Variablen beliebig im Blockdiagramm platzieren, Abb. 9.2.1, rechte Seite. Eine lokale Variable beziehungsweise das Feld einer solchen Variablen besteht nun aus zwei wichtigen Elementen:

- Dem **Symbol für eine lokale Variable**: ein kleines Haus, das anzeigt, dass diese Variable eben nur im ´Haus´, im aktuellen VI, also nur lokal, gilt.
  (Bei den globalen Variablen, die Sie später noch kennenlernen werden, ist das Symbol dementsprechend eine kleine Weltkugel.)

- Dem **Namen der lokalen Variablen**, der dem Namen des Frontpanel-Elementes entspricht.

b) Über BD\Progammierung\Strukturen\Lokale Variable, Abb. 9.22:

Abb. 9.22: Alternative Erzeugung einer lokalen Variablen.

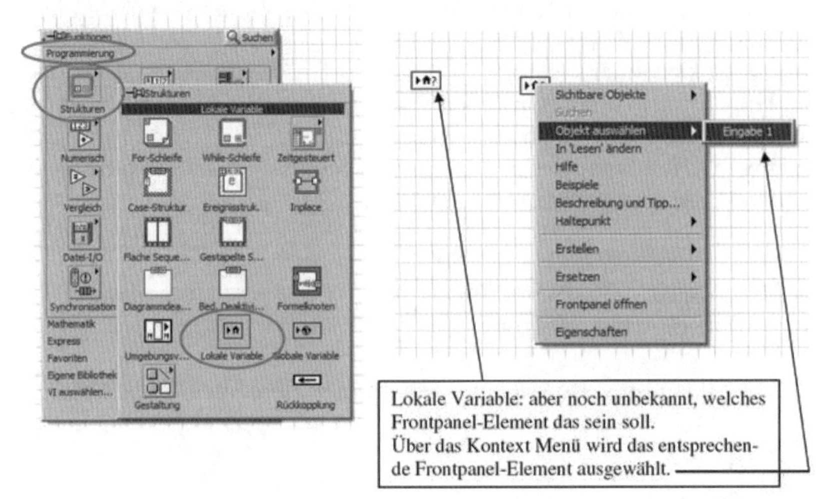

Die auf diese Art erzeugte lokale Variable ist zunächst noch unbekannt (der Variablen-Name ist hier ein ´?´) und daher muss über das Kontextmenü der lokalen Variablen noch das entsprechende zugehörige Frontpanel-Element ausgewählt werden.

Der Austausch von Daten mit Hilfe von lokalen Variablen

Abb. 9.23: Der Austausch von Daten über lokale Variablen.

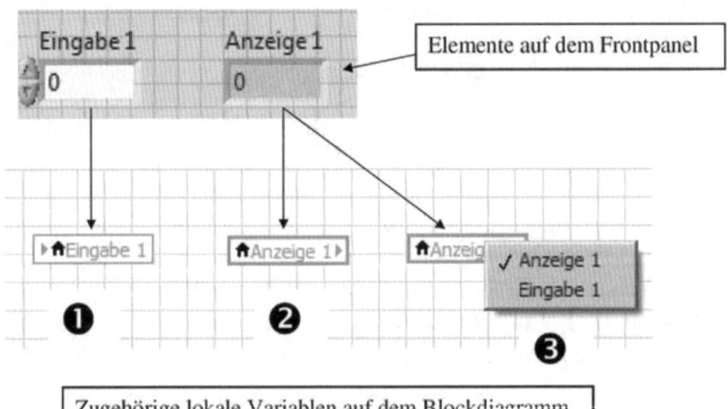

Zunächst einmal kann in lokale Variablen etwas eingeschrieben werden: eine lokale Variable empfängt Daten, ist also eine **Datensenke**, Abb. 9.23 - ❶: Der Pfeil auf der linken Seite des Variablen-Symbols zeigt in den Kasten hinein und die Umrandung des Kastens wird durch eine dünne Linie dargestellt. Das ´Einschreiben in die lokale Variable´ ist die Grundeinstellung nach der Platzierung der Variablen auf dem Blockdiagramm. Natürlich können jetzt auch Daten aus der lokalen Variablen ausgelesen werden (Variable ist daher eine **Datenquelle**), Abb. 9.23 - ❷: Nun weist der Pfeil auf der rechten Seite des Symbols aus dem Kasten heraus und der gesamte Kasten ist von einer dicken Linie umrandet.

Fährt man nun mit dem Cursor auf die lokale Variable (Cursor ändert seine Form in die Hand-Form) und klickt man dann auf die linke Maustaste, so erscheint ein Pull-Down-Menü, in dem alle Frontpanel-Elemente aufgeführt sind, die man als lokale Variablen verwenden kann, Abb. 9.23 - ❸. So lässt sich jeder Zeit eine lokale Variable umändern.

Das Umschalten der „Datentransport-Richtung" erfolgt über das Kontextmenü zur lokalen Variablen, Abb. 9.24:

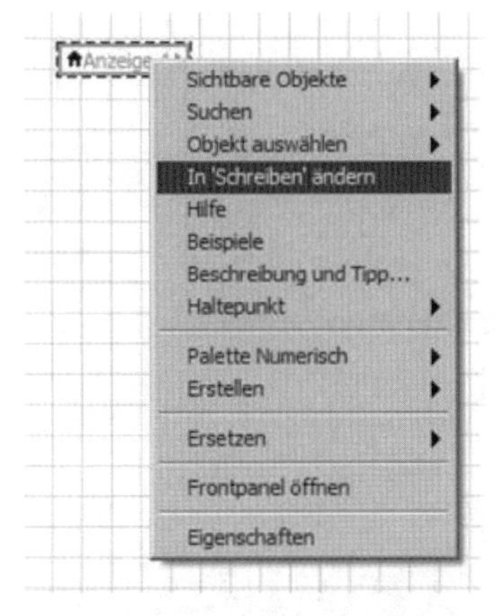

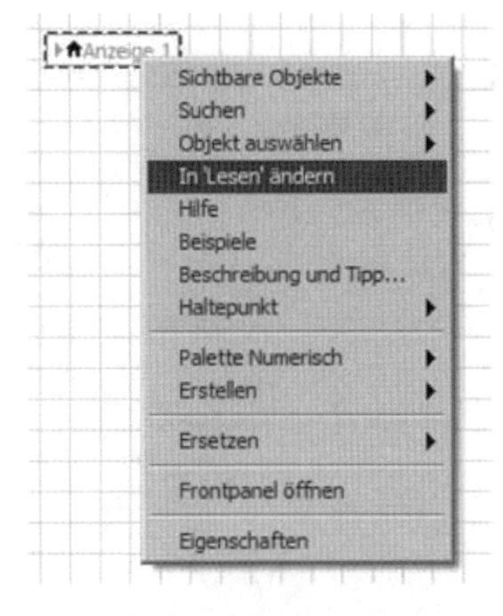

Abb. 9.24:
Die Änderung der Datentransfer-Richtung.

Eine lesbare lokale Variable kann so in eine beschreibbare lokale Variable geändert werden und umgekehrt. Und daraus ergeben sich zwei Besonderheiten, an die man sich zunächst gewöhnen muss:

- In ein Frontpanel-**Bedienelement** (≡ Eingabe-Element!) kann ein Wert zurückgeschrieben werden.

- Aus einem Frontpanel-**Anzeigeelement** (≡ Ausgabe-Element!) kann ein Wert ausgelesen werden.

Das nachfolgende Beispiel soll den Gebrauch von lokalen Variablen noch einmal verdeutlichen (siehe Abb. 9.25):

Beispiel: ´Lokale Vars – 1.vi´

- Bei ❶ wird die Summe zweier Zahlen berechnet, die an einer ganz anderen Stelle, nämlich bei ❶❶, angezeigt werden soll. Dazu platzieren wir auf dem Frontpanel ein Drehspulinstrument namens ´Summe: x + y´ (FP\Numerisch\Drehspulinstrument) und erstellen für dieses Element eine lokale Variable, die den gleichen Namen hat. Diese Variable verbinden wir dann mit dem Ausgang der Summenfunktion bei ❶. Ab jetzt wird das Ergebnis der Addition immer auf dem Drehspulinstrument angezeigt.

- Bei ❷ wird eine Eingabe gemacht, die bei ❷❷ angezeigt werden soll. Dazu bekommt das Bedienelement bei ❷ eine entsprechende lokale Variable zugeordnet, die dann bei ❷❷ an ein Anzeigeelement angeschlossen wird.

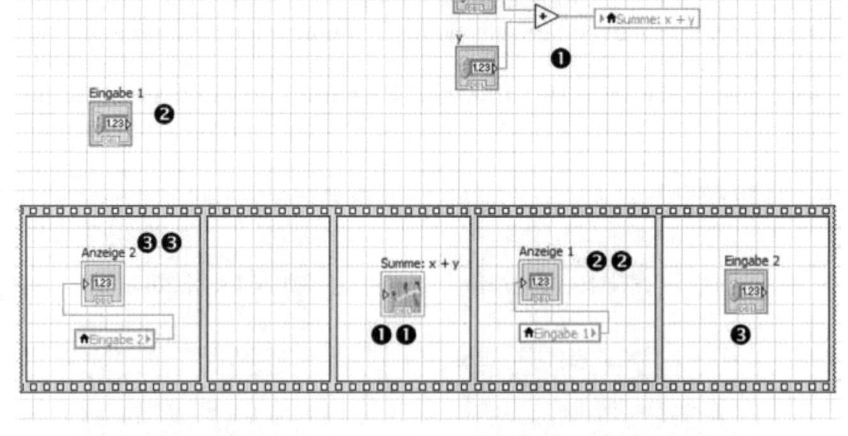

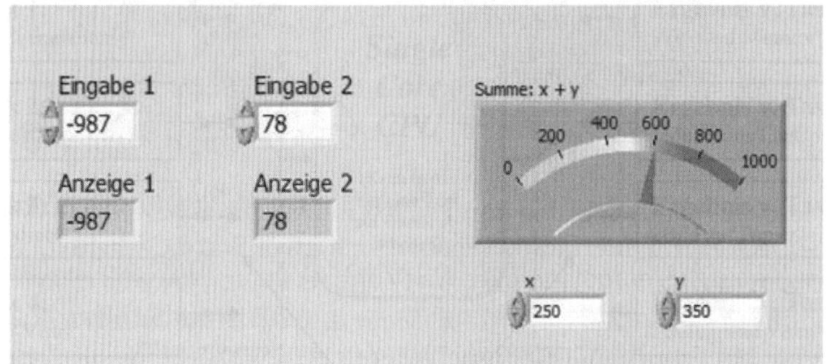

Abb. 9.25: Die Demonstration von lokalen Variablen (´Lokale Vars – 1.vi´).

- Bei ❸ wird eine Eingabe gemacht, die bei ❸❸ angezeigt werden soll. Dazu bekommt das Bedienelement bei ❸ eine entsprechende lokale Variable zugeordnet, die dann bei ❸❸ an ein Anzeigeelement angeschlossen wird.

Sie erkennen hier sehr gut, wie der Datentransfer über lokale Variablen funktioniert, ohne dass explizit Datenverbindungen kreuz und quer im Blockdiagramm verlegt werden müssen.

Übung 1

Kopieren Sie nun das VI *´zeitmess - 2.vi´* aus der Abb. 9.17 in ein neues VI namens *´zeitmess - 4.vi´* um und realisieren Sie dort die Funktion des VIs durch Einführung der lokalen Variablen ´Startzeit (ms)´ und ´Anzahl der Durchläufe´.

Nach einigen Überlegungen sollte die Lösung wie in Abb. 9.26 aussehen.

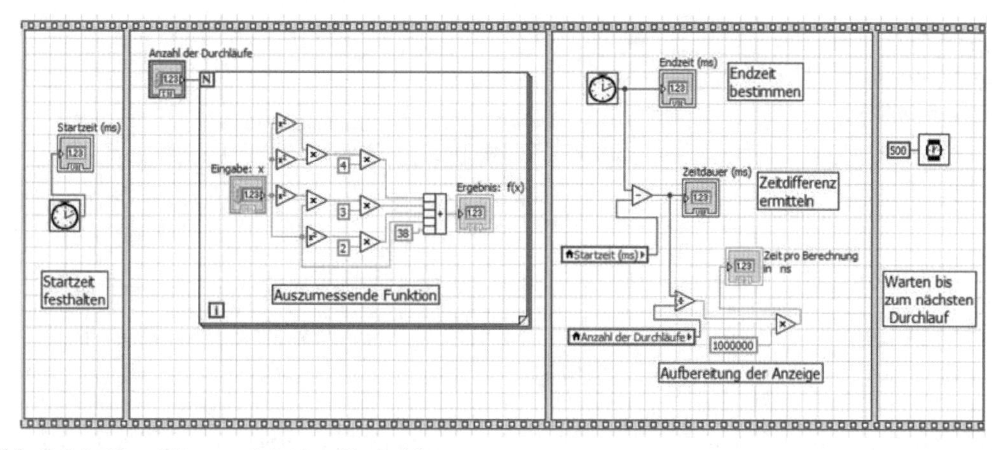

Abb. 9.26: *Der Einsatz lokaler Variablen.*

Ein anderes interessantes Einsatzgebiet für lokale Variablen ergibt sich aus der folgenden Situation:

Übung 2

In Ihrem VI zur Prozesssteuerung haben Sie ein zentrales Meldungsfenster eingebaut, in dem von verschiedenen Stellen des Prozesses aus, bestimmte Zustands-, Hinweis- und/oder Alarmmeldungen ausgegeben werden sollen. Simulieren Sie den Prozess ganz einfach durch eine flache Sequenz mit insgesamt fünf Rahmen. In den ersten vier Rahmen wird jeweils pro Rahmen einfach nur eine (beliebige) Textmeldung in das zentrale Meldungsfenster ausgegeben und nach jeweils 1,5 Sekunden wird von einem Rahmen zum nächsten umgeschaltet.

Im fünften Rahmen (ganz rechts außen) kommt jetzt etwas Neues hinzu: wir wollen nun unsere Ausgaben auch „akustisch untermalen“ und geben daher (Warn-)Töne mit aus.

Dazu dient die

Funktion: Signalton

BD\Programmierung\Audio/Grafik\Signalton

Mit dieser Funktion können Sie ganz einfach Töne ausgeben und das auf zwei verschiedene Arten und Weisen (Abb. 9.28).

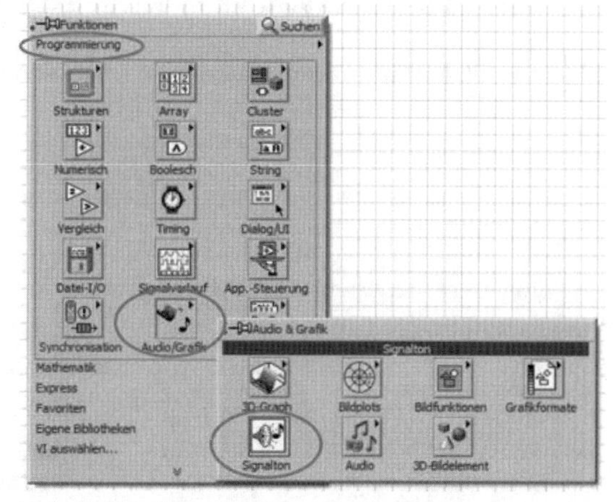

Abb. 9.27: *Jetzt wird's musikalisch.*

Abb. 9.28: Die Funktion ´Signalton´.

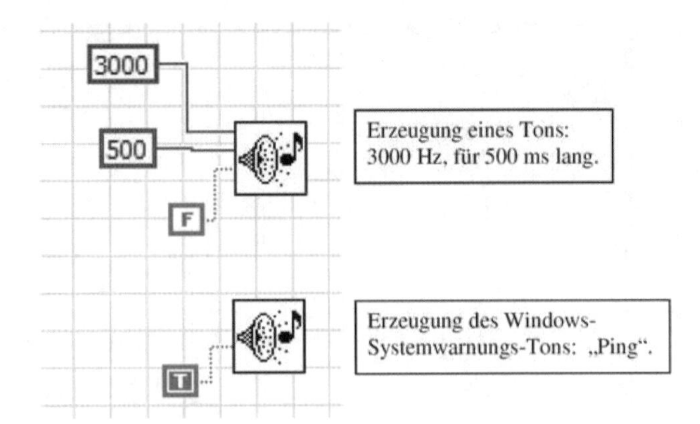

Diese Funktion besitzt drei Eingangsanschlüsse (s. auch Kontexthilfe dazu: ´Strg+H´):

- Steueranschluss *´Systemwarnung?´*: Liegt dieser (boolesche) Eingang auf TRUE, so werden die beiden anderen Eingänge ignoriert und es wird der **Windows-Systemwarnungs-Ton** *´Ping´* einmalig ausgegeben.
  Liegt dieser Eingang auf FALSE, so werden die Werte an den anderen beiden Eingangsanschlüssen ausgewertet.

- Eingang *´Frequenz (Hz)´*: Hier wird die Frequenz des zu erzeugenden Tons in Hertz angegeben.

- Eingang *´Dauer (ms)´*: Hier wird die Dauer der Tonausgabe in ms festgelegt.

So lassen sich sehr einfach (Warn-)Töne der unterschiedlichsten Frequenz und Dauer ausgeben. Im fünften Rahmen unserer Prozesssimulation soll nun ein Ton von 500 Hz für 1 Sekunde lang ausgegeben werden. Danach soll die Simulation beendet sein.

Entwickeln Sie nun das VI namens *´Lokale Vars – 2.vi´*, welches die geforderte Prozesssimulation mit den lokalen Variablen und der Tonausgabe erfüllt.

Nach ca. 20 Minuten intensiven Nachdenkens könnte die Lösung so aussehen, Abb. 9.29:

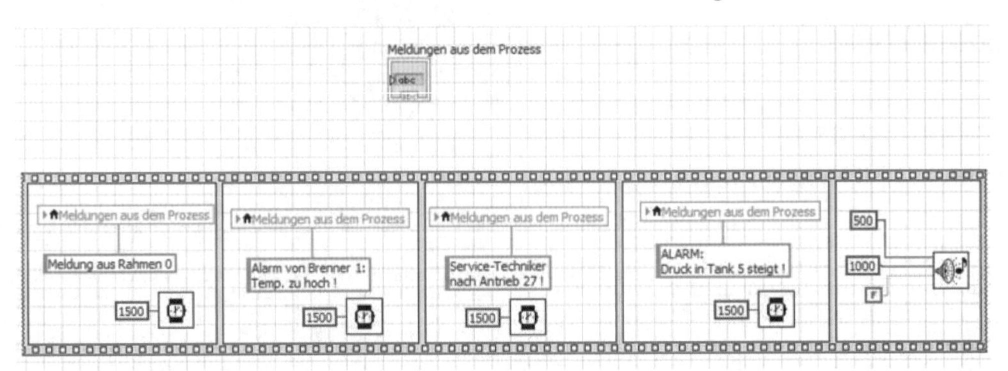

***Abb. 9.29:** Eine weitere wichtige Anwendung von lokalen Variablen (´Lokale Vars – 2.vi´).*

Außerhalb der flachen Sequenz wird das zentrale Anzeigefenster *´Meldungen aus dem Prozess´* angelegt und in jedem Rahmen wird über die entsprechende lokale Variable auf dieses Fenster zugegriffen, d.h. in diesem Fenster eine entsprechende Meldung ausgegeben.

Sie sehen: Solch eine Aufgabenstellung ist mit lokalen Variablen ganz einfach zu lösen. Ohne solche Elemente wäre diese Realisierung sehr umständlich, fast sogar unmöglich!

Übung

Ändern Sie das VI ´Lokale Vars – 2.vi´ so zum VI *´Lokale Vars – 3.vi´* ab, dass auch noch die Umschaltzeit zwischen den einzelnen Rahmen, von außen über das Frontpanel mit Hilfe einer lokalen Variablen, eingegeben werden kann.

> **Wichtig**
>
> *Die Verwendung von lokalen Variablen*
> Die Verwendung von lokalen Variablen führt zu einer verbesserten Übersichtlichkeit im Blockdiagramm und es gibt einige Anwendungsfälle, die ohne solche lokalen Variablen nicht lösbar sind.
> Dennoch sollte man diese Art der Variablen recht umsichtig verwenden, denn es sind auch einige Nachteile damit verbunden. So läuft u.a. das VI etwas langsamer ab, wenn solche Objekte vorhanden sind. Bei der Datenquelle muss das Datum ja in eine beziehungsweise in mehrere Speicherstellen abgespeichert werden und bei der Datensenke muss das Datum aus einer beziehungsweise aus mehreren Speicherstellen wieder ausgelesen werden. Alles das kostet Zeit.
>
> Dennoch werden wir weiterhin lokale Variablen sinnvoll verwenden.

Die gestapelte Sequenz und lokale Sequenzvariablen

Schauen wir uns erneut die Abb. 9.17 etwas genauer an. Bei diesem kleinen VI haben wir in unserer flachen Sequenz insgesamt nur vier Rahmen verwendet und somit bleibt das ganze Blockdiagramm auf dem PC-Monitor noch recht übersichtlich, das heißt, man kann sich das gesamte Blockdiagramm gut anschauen, ohne großartig hin und her scrollen zu müssen.

Bei größeren VIs können durchaus mehr Rahmen im Einsatz sein, so dass man das Blockdiagramm immer mit der Maus hin und her schieben muss, um alles zu sehen.
Hier bietet LabVIEW eine andere Möglichkeit an, eine Sequenz darzustellen, die so genannte (platzsparende) **gestapelte Sequenz**.

Merke

Die gestapelte Sequenz I
Bei der gestapelten Sequenz liegen die Rahmen der Sequenz nicht räumlich rechts und links nebeneinander ausgebreitet, sondern sie sind vielmehr übereinandergestapelt angeordnet und man sieht immer nur den Rahmen, der gerade oben liegt. Das bringt natürlich eine erhebliche Platzersparnis mit sich. Dies ist allerdings verbunden mit dem Effekt, dass man nun zwischen den Rahmen hin und her blättern muss, wie bei einem Stapel Papier, bei dem alle Blätter übereinander auf einem Haufen liegen.

LabVIEW-seitig besteht zwischen einer flachen und einer gestapelten Sequenz kein Unterschied: Beide Strukturen erfüllen die identischen Funktionen.

Der einzige Unterschied besteht in der räumlich/optischen Darstellung der Sequenz im Blockdiagramm auf dem PC-Monitor!

Beispiel
In der Abb. 9.30 ist eine einfache flache Sequenz mit 5 Rahmen dargestellt:

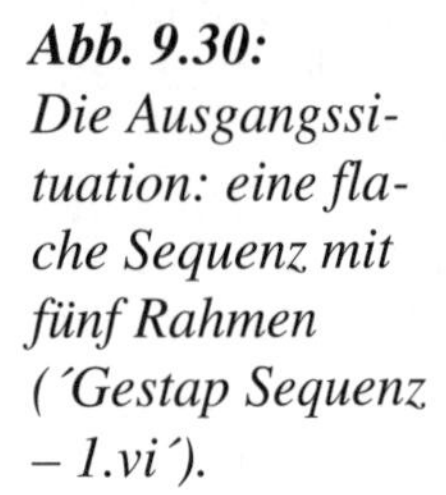

Abb. 9.30: *Die Ausgangssituation: eine flache Sequenz mit fünf Rahmen ('Gestap Sequenz – 1.vi').*

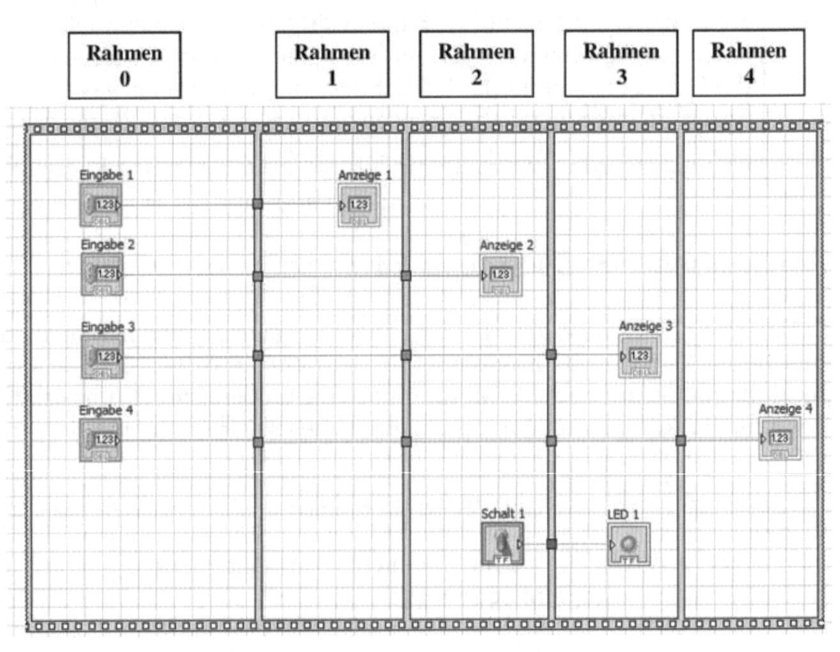

Im Rahmen 0 werden ganz einfach vier Eingaben gemacht, die dann anzeigemäßig auf die nachfolgenden vier Rahmen verteilt werden. Zusätzlich wird im Rahmen 2 über einen Schalter eine LED angesteuert, die sich im Rahmen 3 befindet. Erstellen Sie sich zur Übung ein VI mit dem Namen *´Gestap Sequenz – 1.vi´*, speichern Sie dieses VI ab und kopieren Sie es um in ein zweites VI namens *´Gestap Sequenz – 2.vi´* mit dem wir ab jetzt arbeiten werden.

Aus der bisher flachen Sequenz soll jetzt eine gestapelte Sequenz gemacht werden und das ist ganz einfach, Abb. 9.31:

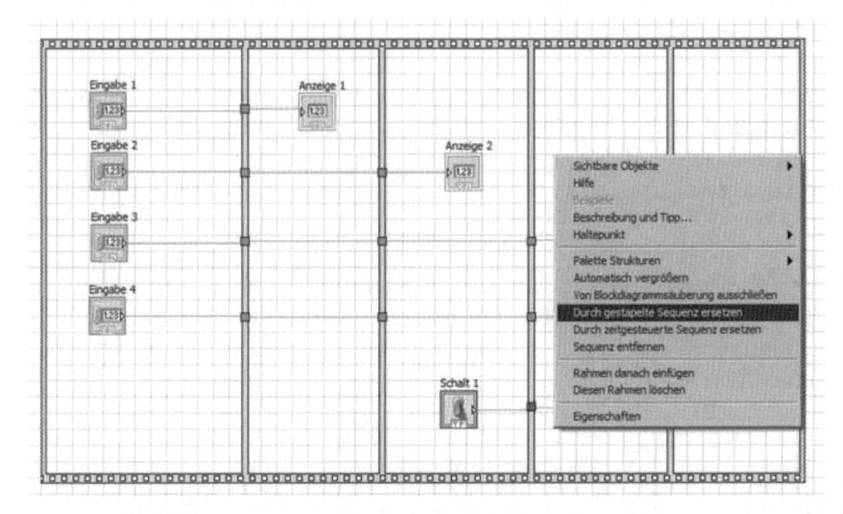

Abb. 9.31: *Der Weg zur gestapelten Sequenz führt über das Kontextmenü der flachen Sequenz.*

Mit der linken Maustaste klicken Sie irgendwo auf den Rahmen der flachen Sequenz und erhalten dadurch das zugehörige Kontextmenü.

Dort wählen Sie dann ganz einfach den Punkt *´Durch gestapelte Sequenz ersetzen´*, und das war´s schon. Das Ergebnis sehen Sie in Abb. 9.32 - ❶:

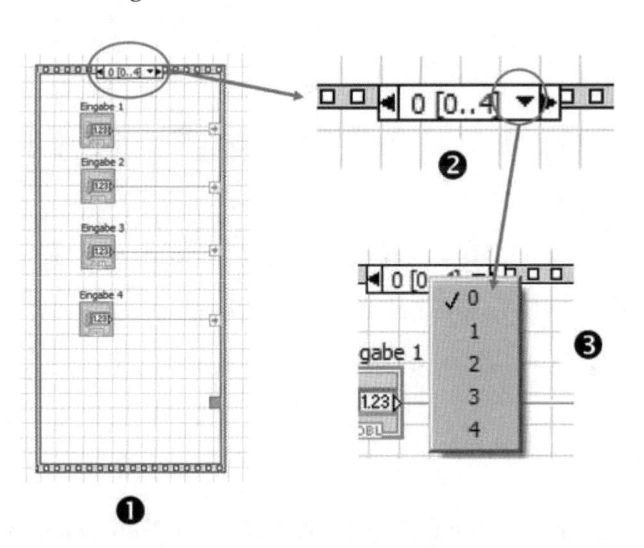

Abb. 9.32: *Die gestapelte Sequenz (´Gestap Sequenz – 2.vi´).*

Alle Rahmen der Sequenz liegen nun übereinander und der erste Rahmen, der Rahmen 0, wird zuoberst angezeigt. Die erste jetzt auffallende Besonderheit ist das sogenannte Selektorfeld, Abb. 9.32 - ❷. In diesem Feld erkennen Sie die wesentlichen Strukturmerkmale der gestapelten Sequenz:

0 [0...4] Dies bedeutet: Die gestapelte Sequenz besteht aus insgesamt fünf Rahmen, die von 0 ... 4 durchnummeriert sind.
Die Zahl vor der ´[´-Klammer (hier also die 0), zeigt an, dass gerade der Rahmen mit der Nummer 0 dargestellt wird.

Die kleinen *horizontalen Pfeile* an den Außenseiten des Feldes, die nach rechts und links zeigen, dienen zum Durchblättern der Rahmen, das heißt, damit kann man immer um einen Rahmen vor oder zurückblättern. Bei gestapelten Sequenzen, die aus vielen einzelnen Rahmen bestehen, kann das etwas umständlich sein, bis man zum gewünschten Rahmen vorgedrungen ist.

Daher gibt es noch den ´*Pfeil nach unten*´ neben der ´]´-Klammer. Bewegt man den Mauscursor dorthin, so ändert er seine Form in die ´Hand-Finger-Form´ und beim Klick mit der linken Maustaste erscheint ein Pull-Down-Menü (Rahmen-Auswahlliste), in dem man schnell und gezielt denjenigen Rahmen auswählen kann, der dargestellt werden soll, Abb. 9.32 - ❸.

Alle fünf Rahmen liegen nun übereinandergestapelt auf dem Blockdiagramm. Der Übersichtlichkeit halber haben wir sie einmal getrennt nebeneinander dargestellt, Abb. 9.33:

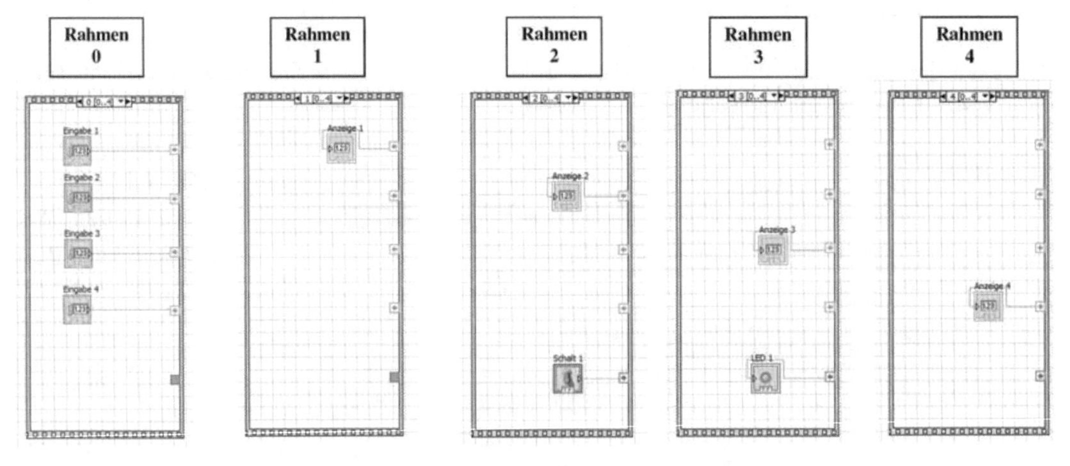

***Abb. 9.33:** Die fünf Rahmen der gestapelten Sequenz, nebeneinander gelegt.*

Hinweis

Diese ´Nebeneinander-Darstellung´ können Sie in LabVIEW NICHT einstellen, wir haben die Rahmen hier nur einzeln ´fotografiert´ und nebeneinandergelegt. Was hier interessant ist und auf jeden Fall näher untersucht werden soll, ist die Frage, wie nun die Daten von einem

Rahmen zum anderen übergeben werden. Dazu benutzt LabVIEW einen neuen Variablen-Typ, die sogenannten lokalen Sequenzvariablen.

Merke

Lokale Sequenzvariablen
Lokale Sequenzvariablen dienen in LabVIEW zur lokalen Übergabe von Variablen- bzw. Datenwerten zwischen den Rahmen einer gestapelten Sequenz. Dabei werden nicht nur die Werte von Frontpanel-Elementen übertragen, sondern auch ganz normale Zwischenergebnisse, die zwischen den Rahmen ausgetauscht werden können. Solche lokalen Sequenzvariablen sind nur sehr eng lokal begrenzt verfügbar, nämlich nur in den Rahmen der Sequenz selber, und nicht außerhalb.

Lokale Sequenzvariablen haben immer nur **genau eine** Datenquelle, nämlich dort (in dem Rahmen), wo sie erzeugt werden. Sie haben eine Vielzahl von Datensenken, nämlich dort (in allen anderen Rahmen), wo sie weiter verarbeitet werden können.

Diese Erzeugung und Weiterverarbeitung von lokalen Sequenzvariablen müssen wir uns nun etwas näher ansehen, denn hierbei ist einiges, vielleicht anfänglich Ungewohntes, zu beachten.

Die Erzeugung und Verwendung von lokalen Sequenzvariablen
Die Erzeugung von lokalen Sequenzvariablen findet in unserem Beispiel, Abb. 9.33, an zwei verschiedenen Stellen statt:

- im Rahmen 0: die vier Eingabe-Elemente
- im Rahmen 2: der (boolesche) Schalter

Diese insgesamt fünf lokalen Sequenzvariablen stehen nun allen **nachfolgenden** Rahmen zur Verfügung. Sehr wichtig ist hierbei das Wort ´nachfolgenden´, wie Sie gleich sehen werden, Abb. 9.34:

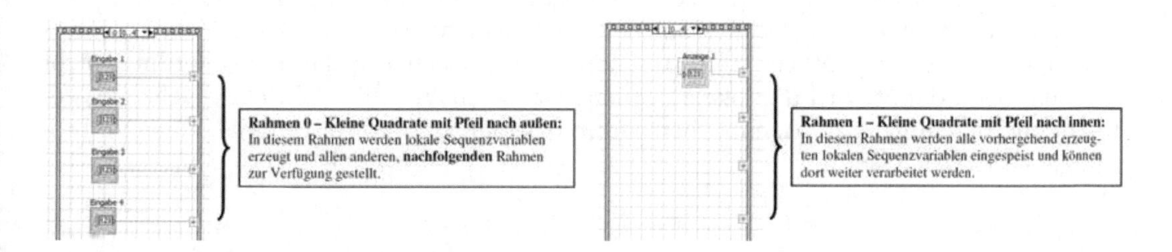

Abb. 9.34: *Lokale Sequenzvariablen im Detail, I.*

Abb. 9.34, linker Teil: Sofern in einem Rahmen eine lokale Sequenzvariable erzeugt wurde, so wird dies durch ein kleines Quadrat, mit einem nach außen gerichteten Pfeil, am Rande des Rahmens angezeigt. In allen nachfolgenden Rahmen kann nun auf diese lokalen Sequenzvariablen zugegriffen werden, das heißt, in den nachfolgenden Rahmen kann mit diesen Variablen gearbeitet werden. Die kleinen Quadrate haben nun nach innen gerichtete Pfeile, die lokalen Sequenzvariablen werden in den Rahmen eingespeist und können daher am Rand des Rahmens abgegriffen werden, **Abb. 9.34, rechter Teil**.

Ob diese lokalen Sequenzvariablen im jeweiligen Rahmen auch wirklich verwendet werden, ist dabei völlig nebensächlich: Am Rande des Rahmens stehen diese Variablen auf jeden Fall jederzeit für weitere Anwendungen zur Verfügung.

Was aber passiert nun mit der lokalen Sequenzvariablen, die im Rahmen 2 (Abb. 9.33, (boolescher) Schalter) erzeugt wird. Wo überall ist diese verfügbar bzw. wo und in welchem Rahmen, kann mit dieser Variablen gearbeitet werden?

Die Antwort finden Sie in Abb. 9.35 (in Verbindung mit Abb. 9.33):

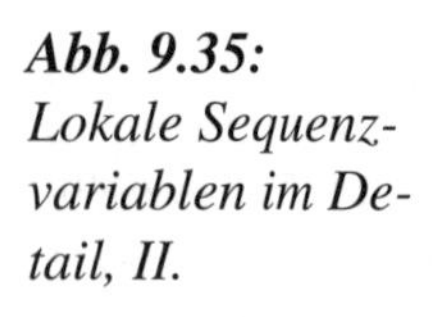

Abb. 9.35: Lokale Sequenzvariablen im Detail, II.

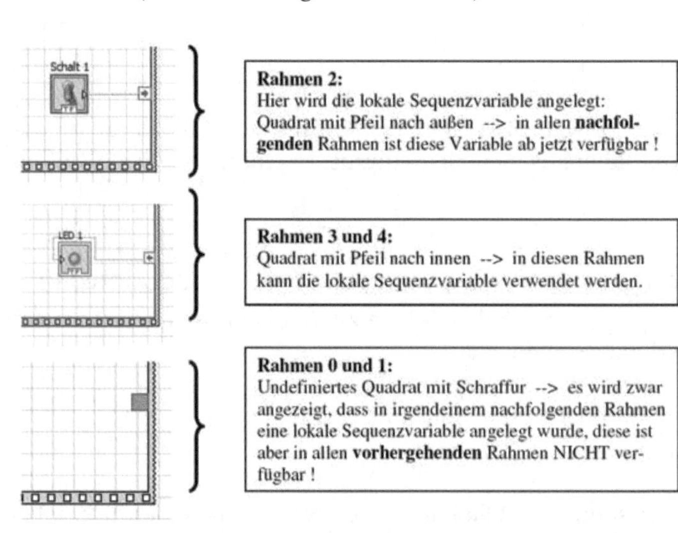

Schalt 1
Rahmen 2:
Hier wird die lokale Sequenzvariable angelegt: Quadrat mit Pfeil nach außen --> in allen nachfolgenden Rahmen ist diese Variable ab jetzt verfügbar !
LED 1
Rahmen 3 und 4:
Quadrat mit Pfeil nach innen --> in diesen Rahmen kann die lokale Sequenzvariable verwendet werden.
Rahmen 0 und 1:
Undefiniertes Quadrat mit Schraffur --> es wird zwar angezeigt, dass in irgendeinem nachfolgenden Rahmen eine lokale Sequenzvariable angelegt wurde, diese ist aber in allen vorhergehenden Rahmen NICHT verfügbar !

Im Rahmen 2 wird eine lokale Sequenzvariable angelegt und diese ist damit in allen nachfolgenden Rahmen auch verfügbar. In den vorhergehenden Rahmen wird zwar angezeigt, dass eine lokale Sequenzvariable nachfolgend erzeugt wird, aber der Zugriff darauf ist in diesen Rahmen nicht möglich. Jetzt könnte man natürlich meinen: in Rahmen 0 und 1 ist das schraffierte Quadrat doch eigentlich unnütz und könnte es löschen. Das darf man allerdings nicht machen, denn damit wird die lokale Sequenzvariable in ALLEN Rahmen gleichzeitig gelöscht und in Rahmen 2 und 3 entstehen dadurch Fehler, weil jetzt auf einmal offene Verbindungen vorhanden sind!

Übung

Erstellen Sie aus dem VI ´zeitmess -2.vi´ ein neues VI namens *´zeitmess – 5.vi´* in dem Sie die flache Sequenz durch eine gestapelte Sequenz ersetzen.
Prüfen Sie auch die (identische) Funktion dieses VIs.

Merke

Lokale Variablen und lokale Sequenzvariablen
Alternativ zur Verwendung von lokalen Sequenzvariablen kann der Datenaustausch zwischen den einzelnen gestapelten Rahmen auch mit Hilfe von lokalen Variablen durchgeführt werden. Es gelten dabei die gleichen Regeln und Methoden, wie in Kap.9.1 (Abschnitt *Lokale Variablen*) erläutert.

Merke

Die gestapelte Sequenz II
Die *gestapelte Sequenz* bringt dem Anwender zwar Platzvorteile auf dem Blockdiagramm, hat aber bei großen Sequenzen den Nachteil, dass man immer zwischen den einzelnen Rahmen hin und her blättern muss und man den gesamten VI-Code nicht unmittelbar vor Augen hat. Weiterhin muss man sich an den Gebrauch von lokalen Sequenzvariablen gewöhnen, die das Verständnis der gestapelten Struktur manchmal etwas erschweren.
Bei einer großen *flachen Sequenz* muss man im Blockdiagramm zwar öfters mit der Maus hin und her scrollen, erhält aber trotzdem einen (subjektiv) besseren Überblick über den Gesamtcode des VIs.
Hier entfällt dann auch das Arbeiten mit lokalen Sequenzvariablen und die Datenflüsse sind einfacher zu verfolgen. Auch bringt die Verwendung von lokalen Variablen eine Verbesserung der Übersichtlichkeit.
Welche Darstellungsart einer Sequenz man bevorzugt, bleibt letztendlich dem Anwender selbst überlassen, denn die Funktionen beider Darstellungsarten unter LabVIEW sind immer die Gleichen. Wir werden nachfolgend die flache Sequenz bevorzugt einsetzen.

9.2 Die While-Schleife

Im normalen Sprachgebrauch lässt sich die Funktion einer While-Schleife recht einfach formulieren:

„Führe ein gesamtes VI oder einen Teil eines VIs solange aus,

- wie eine bestimmte Bedingung erfüllt
- oder wie eine bestimmte Bedingung nicht erfüllt

ist.“

Als so genannte *Abbruchbedingungen* für solch eine Schleife können dabei gelten:

- eine gedrückte Taste
- ein Messwert, der einen Grenzwert über- oder unterschritten hat
- ein bestimmtes Zeichen, das über die serielle Schnittstelle empfangen wurde
- etc.

Somit ließe sich dann etwas konkreter formulieren:

- „Führe den Teil des VIs solange aus, bis der Anwender den Stopp-Knopf drückt.“
- „Erfasse solange fortlaufend den Messwert, bis dieser den Wert 25 V überschreitet.“
- „Warte solange, bis über die serielle Schnittstelle das ASCII-Zeichen ´A´ empfangen wird.“
- etc.

Realisiert wird solch eine While-Schleife in LabVIEW mit einer besonderen Struktur, die findet man unter:

BD\Programmierung\Strukturen\While-Schleife

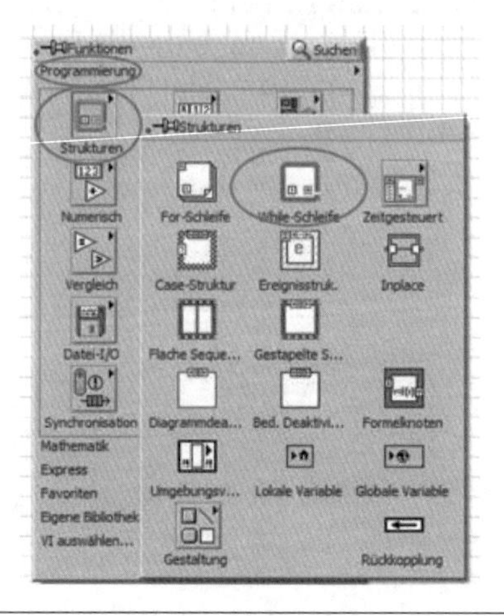

Abb. 9.36:
Der Weg zur While-Schleife.

Beispiel

Wir erschaffen uns ein neues VI namens *´while – 1.vi´* und platzieren auf dem Blockdiagramm eine While-Schleife, Abb.9.37:

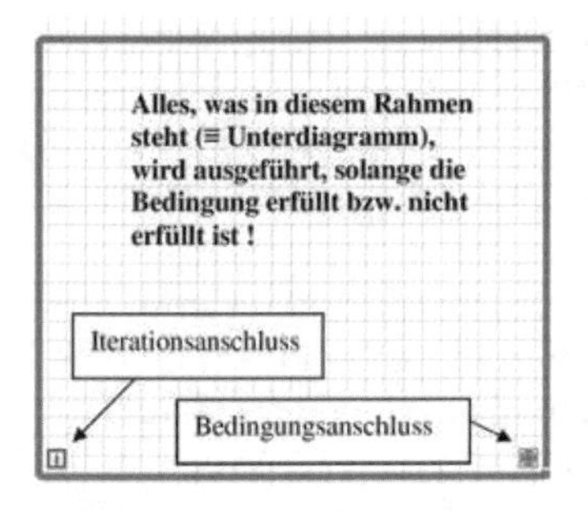

Abb. 9.37:
Die While-Schleife, I.

Merke

Die While-Schleife I
Der gesamte LabVIEW-Code, der sich innerhalb des aufgezogenen Rahmens befindet (≡ Unterdiagramm), wird permanent ausgeführt, solange die Bedingung, die am Bedingungsanschluss anliegt, erfüllt beziehungsweise nicht erfüllt ist.
Dieser Bedingungsanschluss muss dabei immer mit einer booleschen Datenquelle (Taster, Schalter, etc.) oder mit dem Ausgang einer Vergleichsfunktion (größer, kleiner, gleich, etc.) verbunden sein.
Ohne einen entsprechenden Abschluss ist das VI nicht lauffähig und ein Fehler beziehungsweise eine entsprechende Fehlermeldung wird angezeigt!

Der Bedingungsanschluss

Ruft man sich das Kontextmenü zum *´Roten Bedingungsanschluss-Knopf´* auf, so erkennt man, dass zwei Möglichkeiten bestehen, die While-Schleife zu beenden beziehungsweise zu verlassen, Abb. 9.38:

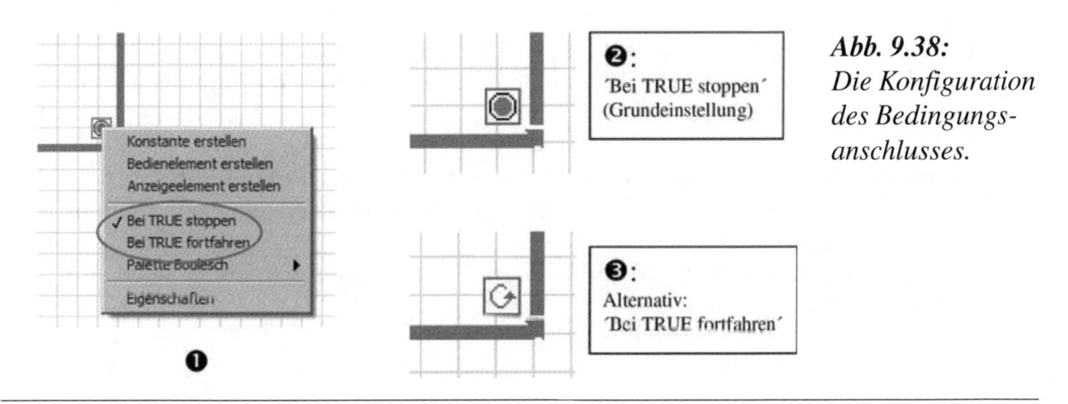

Abb. 9.38:
Die Konfiguration des Bedingungsanschlusses.

Abb. 9.38 - ❶ zeigt das Kontextmenü des Bedingungsanschlusses mit den zwei Abbruchmöglichkeiten:

Abb. 9.38 - ❷: **´Bei TRUE stoppen´**
Dies bedeutet: Sobald an diesem Anschluss ein log. TRUE-Wert (TRUE-Zustand) anliegt, stoppt die While-Schleife, das heißt, die While-Schleife wird verlassen und der Rest des VIs, außerhalb des While-Rahmens, wird weiter abgearbeitet. Oder anders formuliert, solange am Bedingungsanschluss ein FALSE-Zustand anliegt, wird die While-Schleife permanent weiter abgearbeitet.
Diese Festlegung der Abbruchbedingung wird im Blockdiagramm durch den roten Knopf im grünen Quadrat dargestellt: Denken Sie hierbei ganz einfach an eine Maschinensteuerung mit einem roten ´Not-Aus-Taster´. Sobald man auf den Taster haut (≡ log · TRUE), stoppt die Maschine! Diese Festlegung ´Bei TRUE stoppen´ ist die Grundeinstellung der While-Schleife nach der Platzierung auf dem Blockdiagramm. Der abbrechende TRUE-Zustand kann jetzt im LabVIEW-VI ganz einfach durch einen Taster oder einen Schalter auf dem Frontpanel erzeugt werden.

Abb. 9.38 - ❸: **´Bei TRUE fortfahren´**
Hier verhält sich der Abbruch der While-Schleife genau umgekehrt: Solange am Bedingungsanschluss ein logisches TRUE anliegt, wird die While-Schleife weiter abgearbeitet, erst bei einem logischen FALSE wird die Bearbeitung abgebrochen. Bei der so eingestellten Abbruchbedingung hat der Abbruchknopf im Blockdiagramm auch eine andere Darstellungsform: ein grüner Kreis mit einem Pfeil im grünen Quadrat.
Auch bei dieser Festlegung kann der Abbruch der Schleife durch einen Taster (Schalter) oder durch eine logische Vergleichsfunktion erfolgen.

Wichtig ist hier noch die folgende Festlegung:

> **Wichtig**
>
> *Die Abarbeitung der While-Schleife*
> Die While-Schleife wird immer mindestens einmal abgearbeitet. Danach wird die Abbruchbedingung überprüft und die Schleife gegebenenfalls abgebrochen.
>
> Daher entspricht diese LabVIEW-Struktur eigentlich einer *´do…while´*-Konstruktion (≡ flussgesteuerte Schleife) in einer klassischen Programmiersprache, wie zum Beispiel in ´C´.
>
> Eine Struktur, die in einer klassischen Programmiersprache einer typischen *´while´*-Konstruktion entspricht (≡ kopfgesteuerte Schleife), gibt es dagegen in LabVIEW nicht.
> So etwas muss dann mithilfe der anderen Strukturen softwaremäßig nachempfunden werden.

Der Iterationsanschluss ´i´

In dieser Variablen wird von LabVIEW automatisch gezählt, wie oft die While-Schleife bisher schon durchlaufen wurde, wobei die Zählung immer bei 0 beginnt, das heißt, beim Start der While-Schleife wird i=0 gesetzt, der Inhalt der While-Schleife wird abgearbeitet, danach wird i=1 gesetzt, der Inhalt der While-Schliefe wird abgearbeitet, i wird auf 2 gesetzt, usw.

Insgesamt können (2^{31}-1) Durchläufe gezählt werden, da die Variable i vom Typ U32 ist (32-Bit unsigned Integer-Zahl).

Beachten

Wenn dieser maximale Zählwert für i erreicht ist, zählt der Zähler **nicht** mehr weiter er beginnt also nicht mehr bei 0 und ist also kein sogenannter Ringzähler.

Übung 1

Vervollständigen Sie das VI *´while - 1.vi´* nun so, dass in der While-Schleife selber einfach die mathematische 3er-Reihe aus dem ´kleinen 1x1´ hoch gezählt und angezeigt wird.
Dabei soll die 3er-Reihe allerdings nicht bei 30 aufhören, sondern „immer weiter gehen ...“.
Die Wartezeit zwischen den einzelnen Zählschritten soll parametrierbar sein und der Abbruch der Schleife soll auf Tastendruck hin erfolgen.

Unter

FP\Modern\Boolesch\ ...

finden Sie zum Beispiel drei schöne Taster für die Auslösung eines Schleifen-Abbruchs, siehe Abb. 9.39:

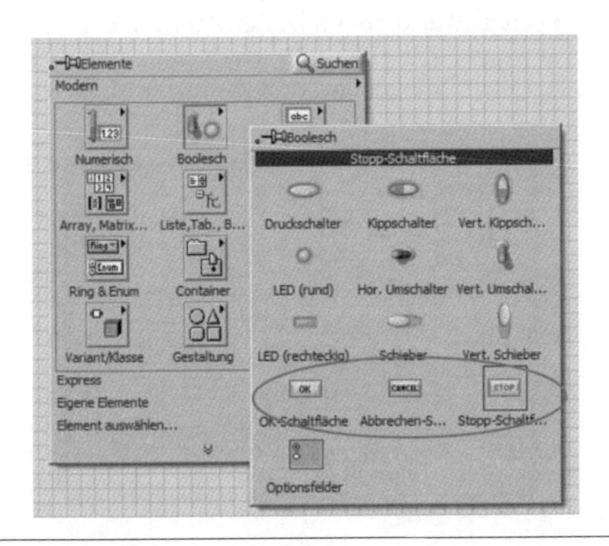

Abb. 9.39: *Drei schöne Taster für den Abbruch einer Schleife gemäß ´Bei TRUE stoppen´.*

Nur die Taster-Beschriftung muss (bei Bedarf) dem entsprechenden Anwendungsfall noch angepasst werden. Auch sollte man hier unter Umständen das Schaltverhalten des eingesetzten Tasters ändern auf: *´Latch beim Drücken´*, damit sofort bei Betätigung des Tasters auch die Schleife beendet wird.
Alternativ kann ein (einfacher) Stopp-Taster/Schalter auch über das Kontextmenü zum Bedingungsanschluss hinzugefügt werden: Menüpunkt *´Bedienelement erstellen´*. Erstellen Sie nun das VI mit den geforderten Eigenschaften.

Beachten

Dieses VI müssen Sie jetzt einfach durch Klicken auf „Ausführen" starten und nicht mehr durch Klicken auf „Wiederholt ausführen" (damit das VI auch wirklich komplett stoppt, wenn auf ´Stoppen´ geklickt wird. Ansonsten würde es kurz stoppen und dann erneut von vorne ausgeführt).
Die Abb. 9.40 zeigt eine mögliche Lösung für das VI:

Abb. 9.40:
Die Erzeugung der 3er-Reihe (´while – 1.vi´).

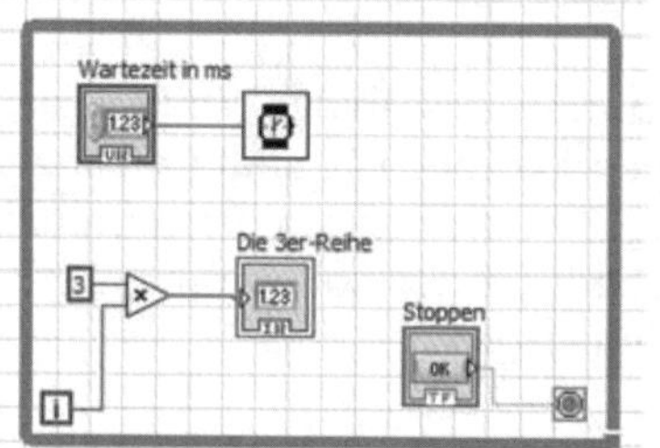

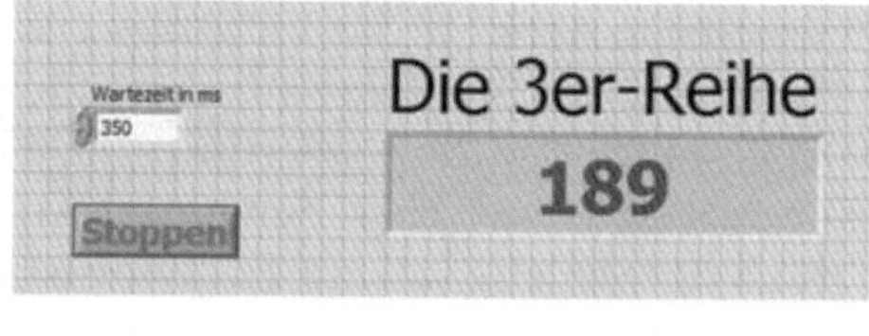

Zum Hochzählen der Reihe wird hier ganz geschickt die Iterationsvariable benutzt und der Abbruch der Schleife erfolgt durch Tastendruck ´Bei TRUE stoppen´.

Übung 2

Erweitern Sie nun das VI ´while – 1.vi´ so zum VI *´while – 2.vi´*, dass die Erzeugung der 3er-Reihe stoppt, sobald auf Stoppen gedrückt oder aber der Zählwert 333 erreicht wird.

Unsere Musterlösung in Abb. 9.41 sollten Sie eigentlich problemlos nachvollziehen können:

Abb. 9.41:
Das Stoppen der While-Schleife durch jeweils eine von zwei möglichen Bedingungen (´while – 2.vi´).

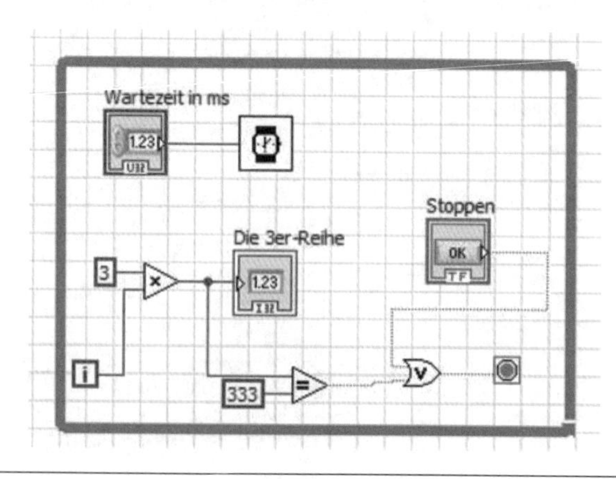

Und nun wird es sehr interessant und auch wichtig: Es sollen jetzt Daten von außen in die While-Schleife eingespeist werden beziehungsweise aus der Schleife heraus nach außen gesendet werden.

Der Austausch von Daten: While-Schleife ⇔ Außenwelt

Grundlage ist hierbei das VI ´while – 1.vi´, das in das VI *´while – 3.vi´* umkopiert wird. Die erste Aufgabe besteht darin, die While-Schleife von außerhalb zu beenden, d.h. wir ordnen den Stopp-Taster einfach außerhalb der While-Schleife an. Wir speisen also Daten (die Stopp-Anweisung) von außen in die While-Schleife ein, Abb. 9.42:

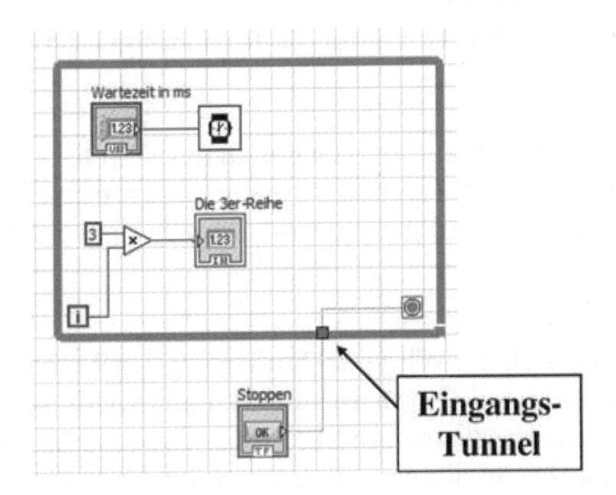

Abb. 9.42:
Daten werden von außen in die While-Schleife eingespeist (´while – 3.vi´).

Wir haben den Stopp-Taster nach außen gelegt und ihn ganz normal mit dem Bedingungsanschluss innerhalb der While-Schleife verbunden. Das, was Sie schon in Kap. 9.1 kennengelernt haben, tritt nun auch hier ein: Die Daten des Schalters werden (ganz einfach) **durch einen Tunnel** in die While-Schleife eingespeist. Da das VI ohne Fehlermeldung erstellt wird, starten Sie es und versuchen wie gewohnt, es durch Tastendruck zu beenden.

Hier erleben Sie allerdings eine böse Überraschung:

> So oft und so fest Sie auch auf den Stopp-Taster drücken, das VI stoppt nicht, sondern läuft munter weiter!

Ein Anhalten des VIs erreichen Sie nur durch Klicken auf den zentralen LabVIEW-*´Ausführung abbrechen–Knopf´*, also so, wie bisher immer durchgeführt.

Und damit haben Sie eine der kleinen Gemeinheiten bei der LabVIEW-While-Schleife kennengelernt, die gerade dem Anfänger manchmal zum Verhängnis wird:

Wichtig

While-Regel 1: Das Einspeisen von Daten in eine While-Schleife
Werden einer While-Schleife von außen – über einen oder mehrere Tunnel – Daten zugeführt, so gilt für deren Verarbeitung innerhalb der While-Schleife die folgende unveränderliche Regel:

Beim Start der While-Schleife, oder exakter, nur *nach* dem ersten Durchlauf der While-Schleife werden die Daten von den Tunneln übernommen und danach für alle weiteren Durchläufe als konstant angesehen. Das heißt, die Daten der Tunnel werden nur einmalig eingelesen und mit den so ermittelten Werten, wird die Schleife bis zum Abbruch abgearbeitet.
Ein erneutes Einlesen der Tunnelwerte während der nachfolgenden Schleifendurchläufe findet NICHT statt!

Das darf man bei der Übergabe von äußeren Daten an eine While-Schleife nicht vergessen. Oft meint man intuitiv, die an den Tunneln anliegenden Daten würden bei jedem Schleifendurchlauf erneut abgefragt und aktuell in der Schleife weiter verarbeitet.

Und nun ist auch erklärbar, warum sich die While-Schleife im VI ´while -3.vi´ nicht auf Tastendruck beenden lässt: Nach dem ersten Durchlauf der While-Schleife speist der Tunnel noch den Zustand ´FALSE´ vom Stopp-Taster ein, dieser Zustand wird als konstant abgespeichert und die Schleife damit fortwährend abgearbeitet. Wird dann später der Stopp-Taster betätigt, so liegt zwar ein gültiger TRUE-Zustand am Tunnel an, der die Schleife beenden könnte. Dieser Zustand wird aber nicht mehr von den Schleifendurchläufen erfasst, kann also niemals zum Abbruch führen.

Natürlich lässt sich eine While-Schleife dennoch von außen abbrechen (oder anders gesagt: Daten von außen in eine While-Schleife einspeisen), aber wir stellen die Lösung dieses Problems vorerst ein Stück beiseite und schauen uns erst noch ein anderes Problem bei der While-Schleife an:
Wir möchten nun Daten aus der Schleife nach außen rausgeben, in unserem Fall ganz einfach: Die Anzeige der 3er-Reihenwerte soll außerhalb der While-Schleife erfolgen. Wir kopieren dazu das VI ´while – 1.vi´ in das VI ´*while – 4.vi*´ um und verlegen die Anzeige nach draußen, Abb. 9.43:

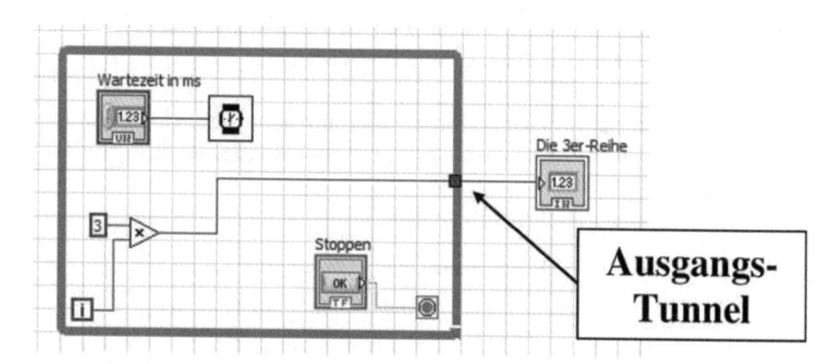

Abb. 9.43: *Daten werden aus der While-Schleife heraus nach außen transportiert (´while – 4.vi´).*

Beim Start des (fehlerfreien) VIs werden Sie auch hier wieder eine Überraschung erleben:

Obwohl das VI läuft, ändert sich die Anzeige überhaupt nicht!

Erst wenn Sie auf den Stopp-Taster drücken, die While-Schleife also beenden, ergibt sich eine (neue) Anzeige! Auch bei der Ausgabe von Daten aus einer While-Schleife gilt eine wichtige Regel in LabVIEW, die gerade bei Anfängern oft nicht beachtet wird und somit zu (Verständnis-)Problemen beim Ablauf eines VIs führt:

Wichtig

While-Regel 2: Die Ausgabe von Daten aus einer While-Schleife heraus
Werden aus einer While-Schleife über einen oder mehrere Tunnel Daten nach außen heraus gegeben, so gilt für diese Ausgabe die folgende Regel:
Die Ausgangswerte für die Tunnel werden erst nach Beendigung der Schleife an die Tunnel übergeben und von dort nach außen weitergeleitet. Die einzelnen Schleifendurchläufe erzeugen KEINE gültigen Daten für die Ausgangstunnel, nach jedem Schleifendurchlauf wird also NICHTS über die Ausgangstunnel ausgegeben. Erst wenn die Schleife beendet wird, werden die letzten gültigen Werte des letzten Schleifendurchlaufes über die Ausgangstunnel nach außen ausgegeben!

Das darf man bei der Übergabe von inneren Schleifen-Daten nach außen nicht vergessen, denn oft meint man intuitiv, die von innen an den Tunneln anliegenden Daten würden bei jedem Schleifendurchlauf erneut aktualisiert und nach außen weiter gegeben.

Und nun ist auch erklärbar, warum sich beim VI ´while – 4.vi´ die äußeren Anzeigewerte nicht ändern. Erst wenn die While-Schleife durch Druck auf die Stoppen-Taste beendet wird, wird der letzte gültige Zählwert nach außen abgegeben und angezeigt. Natürlich lassen sich bei einer While-Schleife bei jedem Durchlauf auch Daten nach außen transportieren, aber wir stellen auch diese Lösung dieses Problems vorerst ein Stück beiseite und schauen uns erst einmal noch ein letztes und ähnliches Problem bei der While-Schleife an:

Übung 1

Kopieren Sie das VI ´while – 1.vi´ in das VI ´*while -5.vi*´ um und ergänzen Sie dort eine weitere While-Schleife zur Berechnung der mathematischen 4er-Reihe.

Das Ergebnis könnte so aussehen, wie in Abb. 9.44 zu sehen.

Wenn Sie das VI starten, werden beide While-Schleifen gleichzeitig (d. h. parallel) abgearbeitet. Es sind also zwei verschiedene Threads im VI enthalten und hier sollten Sie sich an unsere Ausführungen aus den Kapiteln 8.1 und 8.2 erinnern! Beide While-Schleifen können Sie nun getrennt über die jeweiligen Stopp-Taster beenden.

Abb. 9.44:
Zwei parallel ablaufende While-Schleifen ('while – 5.vi').

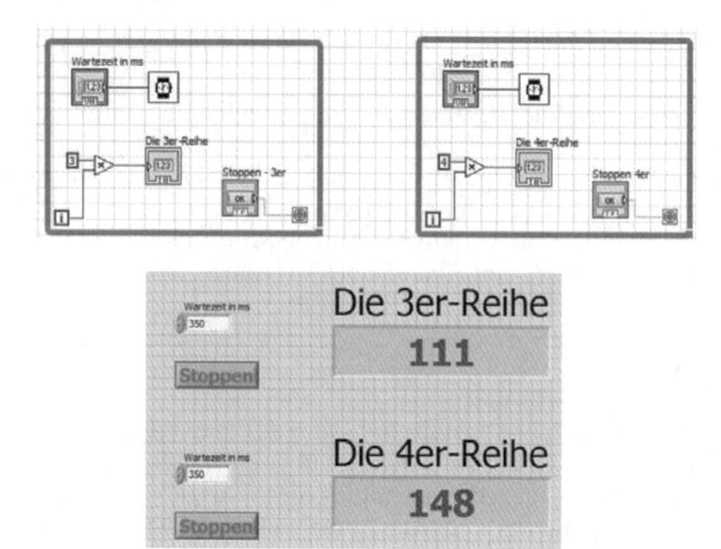

Aber: Nun sollen Sie das VI so abändern, dass beide Schleifen gemeinsam über nur einen Taster beendet werden können.
Man könnte meinen, ein VI mit nachfolgendem Aufbau könnte die Lösung sein ('while – 6.vi'), Abb. 9.45:

Abb. 9.45:
Eine mögliche Lösung – aber leider falsch ('while – 6.vi').

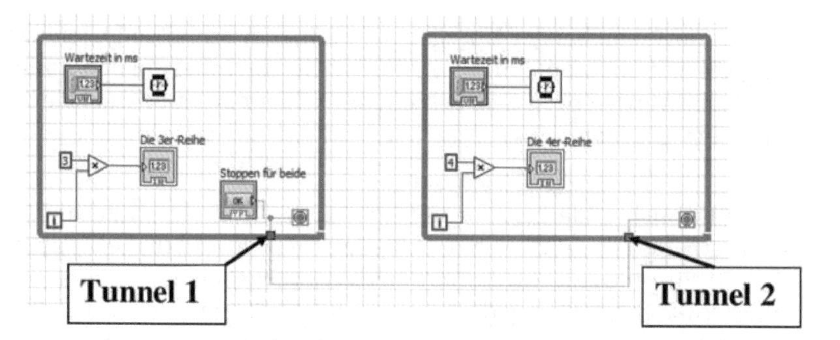

Die Stopp-Bedingung wird in der 3er-Schleife erzeugt und über zwei Tunnel in die 4er-Schleife übertragen. Das VI ist zwar fehlerfrei aufgebaut, funktioniert aber recht seltsam:

Nach dem Start wird nur die 3er-Reihe hoch gezählt, die 4er-Reihe bleibt inaktiv.

Wenn die 3er-Reihe durch Druck auf den gemeinsamen Stopp-Taster beendet wird, so wird die 4er-Reihe genau einmal durchlaufen und dann angehalten. (Dass die 4er-Reihe genau nur einmal bearbeitet wird, können Sie wie folgt erkennen: Schreiben Sie vor dem Start des VIs eine Zahl ungleich 0 in das Ausgangsfenster der 4er-Reihe. Nach dem Stoppen der 3er-Reihe erscheint im Fenster der 4er-Reihe die Zahl 0. Die 4er-Reihe wurde also genau einmal abgearbeitet und dann beendet).

Wie ist nun dieses Verhalten zu erklären? Denken Sie dazu einmal kurz nach!

Hier ist nämlich nun die dritte Regel der While-Schleife zu beachten:

Wichtig

While-Regel 3: Die Beachtung des Datenflussprinzips
Auch für eine While-Schleife gilt das bekannte grundlegende LabVIEW-Datenflussprinzip:
Erst wenn an einem LabVIEW-Objekt (an einer LabVIEW-Funktion) alle Eingangsdaten anliegen, wird das Objekt (die Funktion) abgearbeitet und das Ausgangsergebnis erzeugt! Das gilt auch im Speziellen für While-Schleifen, an die Eingangsdaten über entsprechende Tunnel übermittelt werden.

Erst wenn an allen Eingangstunneln gültige Daten anliegen, wird die While-Schleife gestartet. Andernfalls wird sie gar nicht aktiviert und es wird gewartet, bis überall gültige Daten vorhanden sind!

Schauen wir uns daraufhin einmal das VI ´while – 6.vi´ an, Abb. 9.45:
Die 4er-Schleife bekommt über den Eingangstunnel zwei Daten von der 3er-Schleife übermittelt, d. h. die 4er-Schleife kann überhaupt erst dann starten, wenn an Tunnel 2 gültige Daten anliegen. Nach dem Start des VI startet sofort die 3er-Schleife (es wird hoch gezählt), denn hier sind keine Eingangsdaten zu beachten.

Wann aber erzeugt die 3er-Schleife am Ausgangstunnel 1 gültige Daten für die 4er-Schleife, also für den Eingangstunnel 2?
Gemäß der While-Regel 2 ist das erst dann der Fall, wenn die 3er-Schleife beendet wird. Mit anderen Worten: Erst nach Druck auf ´Stoppen für beide´-Taster in der 3er-Schleife wird am Tunnel 1 ein gültiges Ausgangsdatum bereitgestellt, welches so zum Eingangstunnel 2 für die 4er-Schleife gelangt.
Resultat: die 3er-Schleife hält an und am Eingangstunnel 2 liegt ein log. TRUE (da der Taster beim Betätigen TRUE ausgibt und die Abbruchbedingung bei beiden Schleifen auf ´Bei TRUE stoppen´ eingestellt ist)!
Nun liegen also an der 4er-Schleife gültige Daten an und die 4er-Schleife startet: Der erste Schleifendurchlauf wird durchgeführt und das erste Ergebnis, die Zahl 0 wird angezeigt. Danach wird (einmalig) der Zustand am Eingangstunnel eingelesen (s. While-Regel 1) und das ist ein log. TRUE-Zustand. Dieser Wert wird also sofort ausgewertet und da die Abbruchbedingung der 4er-Schleife auf ´Bei TRUE stoppen´ eingestellt ist, stoppt die 4er-Schleife demnach sofort, also nach dem allerersten Durchlauf!
Sie sehen, das Verhalten dieses VIs ist mithilfe der drei While-Schleifen-Regeln durchaus logisch zu erklären.

Merke

Die While-Regeln
Beim Arbeiten mit While-Schleifen, insbesondere wenn Sie Daten in die While-Schleifen einspeisen und/oder ausgeben, sollten Sie diese Regeln NIE außer Acht lassen!

Übung 2

Sie können jetzt noch zu Verständniszwecken die Abbruch-Bedingung der 4er-Schleife ändern in ´Bei TRUE fortfahren´ und dann das Verhalten des VIs untersuchen. Wenn jetzt die 3er-Schleife durch Druck auf den ´Stoppen für beide´-Taster beendet wird, startet auf einmal (überraschenderweise?) die 4er-Schleife!

Wie ist das zu erklären?

Also versuchen wir eine andere Lösung, um beide Schleifen auf Tastendruck gleichzeitig zu stoppen, Abb. 9.46:

Abb. 9.46:
Eine weitere mögliche Lösung – aber leider auch falsch (´while – 7.vi´).

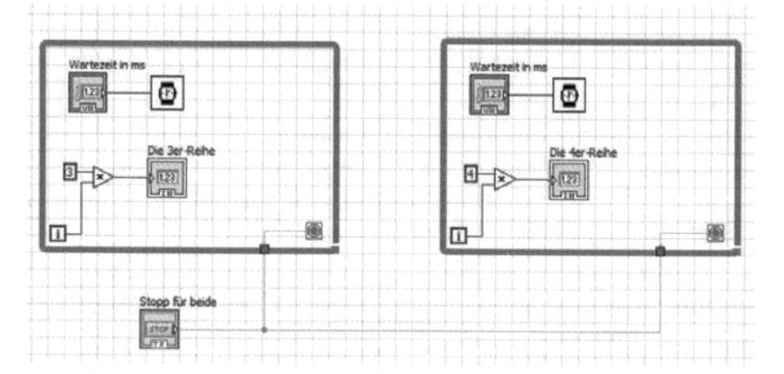

Und hier funktioniert rein gar nichts!
Beide Schleifen laufen zwar gleichzeitig los, aber stoppen lassen Sie sich überhaupt nicht!
Ihre Erklärungen für dieses Verhalten:

Bevor wir Ihnen nun endlich Lösungen für all diese Probleme präsentieren, noch eine abschließende Aufgabenstellung.

Übung 3

Aus der 3er- und aus der 4er-Reihe soll eine neue Reihe gebildet werden, nämlich die 7er-Reihe. Nehmen Sie als Grundlage dafür das VI ´while – 5.vi´ und ändern Sie es um zum VI *´while – 8.vi´*, welches die 7er-Reihe enthält.

Eine Lösung könnte so aussehen, Abb. 9.47:

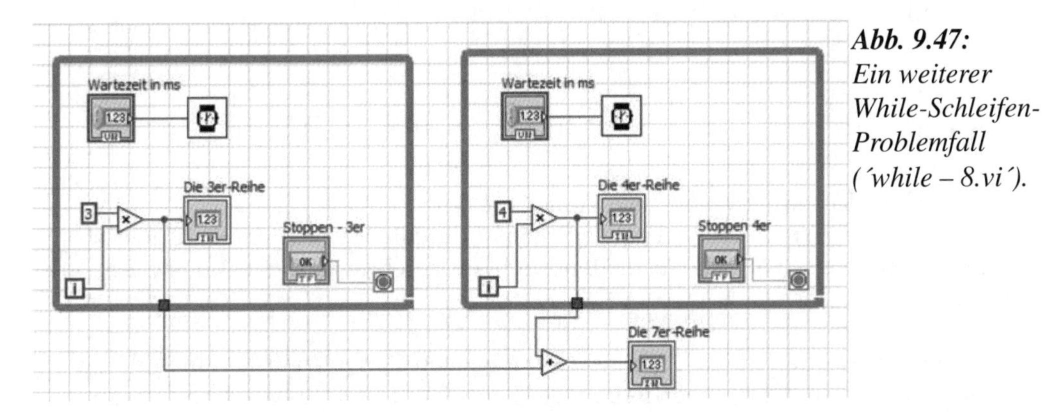

Abb. 9.47: *Ein weiterer While-Schleifen-Problemfall (´while – 8.vi´).*

Dieses VI funktioniert (natürlich) auch nicht so, wie es soll! Was passiert, wenn erst die eine und dann die andere Schleife gestoppt werden? Ihre Erklärungen für dieses Verhalten? (Und denken Sie daran: Auch die einfache Additionsfunktion wird erst dann ausgeführt, wenn an all ihren Eingängen gültige Daten anliegen).

Die Lösung

Die Lösung für unsere zwei großen Probleme:

- Daten wie gewünscht während des Ablaufs in eine While-Schleife einspeisen
- Daten wie gewünscht während des Ablaufs aus einer While-Schleife heraus holen

haben Sie schon in Kapitel 9.1 kennengelernt:

➜ Solch ein bidirektionaler Datenaustausch funktioniert zum Beispiel sehr einfach mithilfe des Einsatzes von lokalen Variablen!

Merke

Lokale Variablen in Verbindung mit While-Schleifen
Lokale Variablen werden bei jedem Schleifendurchlauf gelesen und ausgewertet beziehungsweise bei jedem Schleifendurchlauf beschrieben beziehungsweise ausgegeben.

Allerdings werden durch den Einsatz von lokalen Variablen in Verbindung mit While-Schleifen die strengen Regeln der LabVIEW-Datenflussprogrammierung durchbrochen. Daher sollte man solche Lösungen nur sparsam anwenden.

Im Detail:

Die Ausgabe von Daten aus einer While-Schleife
Für die aus einer While-Schleife auszugebenden Variablen beziehungsweise Daten werden in der Schleife lokale Variablen definiert (angelegt). Auf diese kann dann außerhalb der While-Schleife zu jeder Zeit zugegriffen werden.

Die Eingabe von Daten in eine While-Schleife
Für die in eine While-Schleife einzuspeisenden Variablen beziehungsweise Daten werden außerhalb der Schleife lokale Variablen definiert (angelegt). Auf diese kann dann innerhalb der While-Schleife jederzeit zugegriffen werden.

Übung 1
Und nun verbessern wir alle zuvor erstellten VIs von ´while – 3.vi´ bis ´while – 8.vi´, so dass die VIs jetzt endlich wie gewünscht und gefordert funktionieren. Wir kopieren dazu die VIs um und geben ihnen neue Namen, die alle auf ´a´ enden, also: ´while – 3a.vi´, ´while – 4a.vi´, etc.

Nach einer knappen halben Stunde konzentrierter Arbeit könnte das Ergebnis so aussehen:

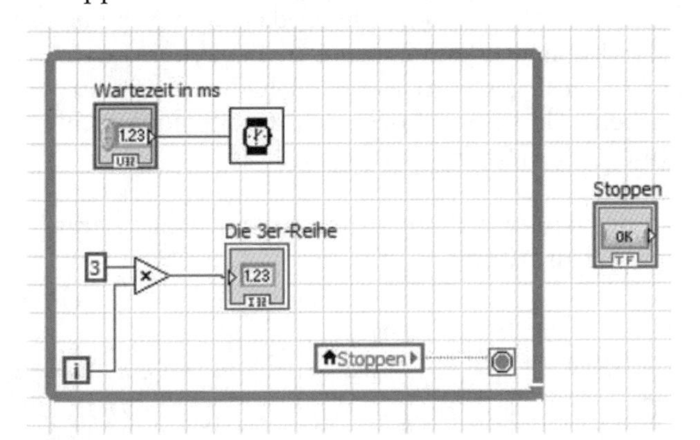

Abb. 9.48: *Abbruch ist nun von außen möglich: Eingabe von Daten in die While-Schleife (´while – 3a.vi´).*

Der Abbruchtaster ist zwar immer noch außerhalb der While-Schleife angeordnet, wirkt nun aber auch sofort über seine zugehörige lokale Variable im Inneren der Schleife!

Zwei Punkte sind allerdings zu beachten:
In den vorhergehenden Betrachtungen hatten wir das Schaltverhalten des Abbruchtasters auf ´Latch beim Drücken´ festgelegt. Das ist jetzt bei LabVIEW nicht zulässig, wenn man zum Taster zusätzlich eine lokale Variable definiert. Sie erhalten daher eine entsprechende Fehlermeldung. Der ´Ausführen´-Pfeil ist unterbrochen und beim Klicken darauf erhalten Sie eine entsprechende Beschreibung des Fehlers, Abb. 9.49:

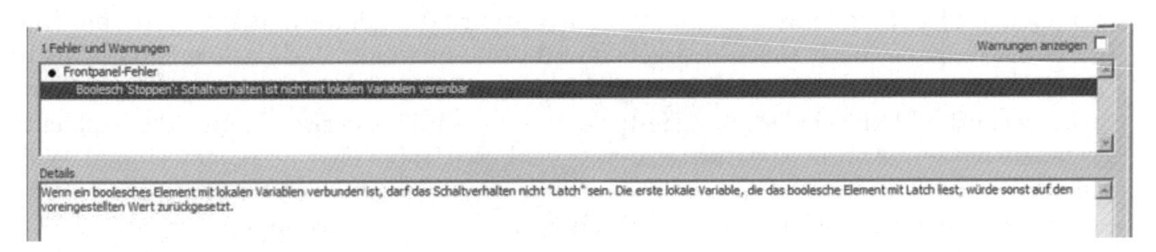

Abb. 9.49: *Fehlermeldung aufgrund eines unzulässigen Schaltverhaltens bei einer lokalen (Taster-)Variablen.*

Wir ändern daher das Schaltverhalten des Tasters auf *´Bis zum Loslassen schalten´* und dann funktioniert das VI tadellos.

Der zweite zu beachtende Punkt ist ebenfalls ganz logisch zu erklären:
Wir haben in der Schleife eine Zeitverzögerung von 350 ms eingebaut. Wenn sich der Programmablauf gerade in dieser Verzögerung befindet, kann NICHT auf den Tastendruck reagiert werden. Die lokale Variable kann erst dann wieder gelesen werden, wenn die Zeitverzögerung beendet ist. Und das bedeutet, dass man im schlimmsten Fall den Taster 350 ms lange gedrückt halten muss, bevor der Tastendruck erkannt und die Schleife beendet wird.

Oder anders formuliert – drückt man nur ganz kurz auf den Taster (kleiner als 350 ms lang), so wird nur kurz ein log. TRUE erzeugt und dann wieder das log. FALSE beim Loslassen. Dieser kurze log. TRUE-Impuls wird nicht erkannt, wenn sich das Programm in der Verzögerungszeitroutine befindet (der Tastendruck wird ja auch nicht zwischengespeichert, da wir kein Latch-Verhalten mehr haben). Und somit bricht die Schleife auch nicht ab, weil das TRUE schon wieder weg ist und ein FALSE vorhanden ist.

Alternativ zur Notwendigkeit des längeren Tastendrückens, kann man natürlich auch die Wartezeit verringern, zum Beispiel auf 100 ms.

Abb. 9.50:
Werteübergabe AUS der Schleife nach draußen, fast perfekt (´while – 4a.vi´).

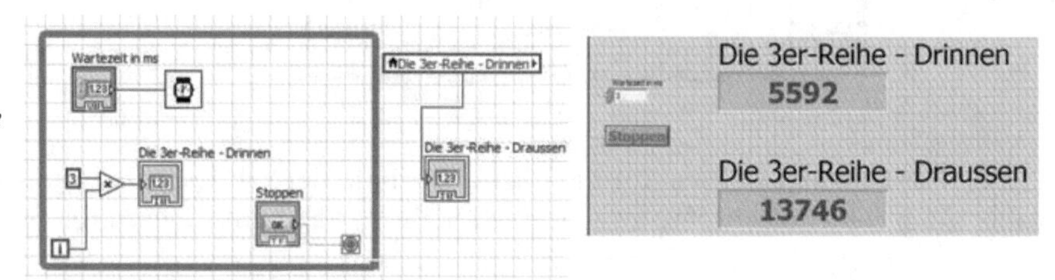

Über die lokale Variable ´Die 3er-Reihe – Drinnen´ wird der jeweils aktuelle 3er-Wert bei jedem Schleifendurchlauf nach draußen übertragen und dort angezeigt. Allerdings funktioniert das VI noch nicht ganz so, wie wir uns das vorgestellt haben: Draußen wird nämlich beim Start des VIs immer nur ein einziger Wert angezeigt: der Drinnen-Wert zum Zeitpunkt des Starts des VIs.

Aber auch das ist völlig logisch. Beim Start das VIs wird der gerade aktuelle Wert von ´Die 3er-Reihe – Drinnen´ nach außen übergeben und dort angezeigt. Und das war´s dann auch schon für den Außenbereich! Der äußere Teil ist ja so erstellt, dass er nur einmal ausgeführt wird, es ist dort KEINE Wiederholung festgelegt! Somit wird im VI also nur die While-Schleife permanent bis zum Abbruch bearbeitet, der Außenbereich aber eben nur genau einmal. Will man nun auch außen den 3er-Wert permanent angezeigt bekommen, so legt man um den entsprechenden Außenbereich ebenso eine While-Schleife mit einem Stopp-Taster, Abb. 9.51:

Abb. 9.51:
Jetzt läuft´s richtig rund (´while – 4b.vi´).

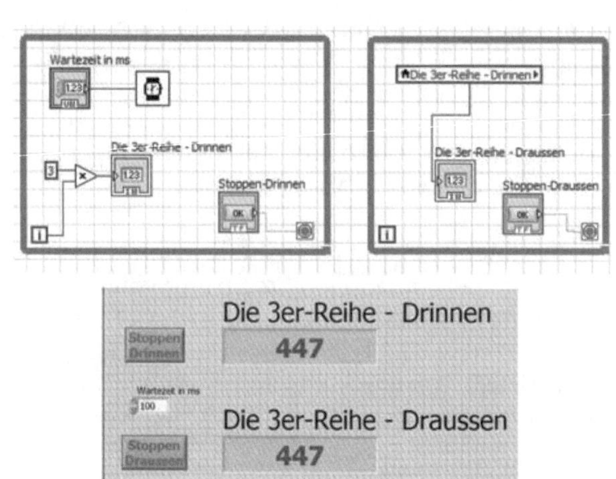

Will man nun das VI insgesamt stoppen, so muss man beide Stopp-Taster betätigen oder man benutzt die Lösung, wie wir Sie ihnen gleich unter ´while – 7a.vi´ zeigen werden.

Nun sollen zwei While-Schleifen gleichzeitig mit nur einem einzigen Tastendruck beendet werden:

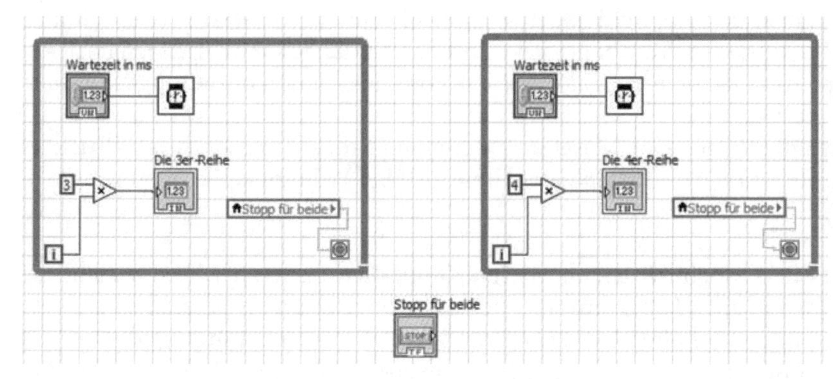

Abb. 9.52: Gleichzeitiger Stopp von zwei While-Schleifen auf einen Tastendruck hin (´while – 7a.vi´).

Hier wurde der Stopp-Taster also nach draußen gelegt. Über die jeweilige lokale Variable werden die beiden Schleifen von innen aus gestoppt. Vergessen Sie hierbei allerdings nicht, das Schaltverhalten des Tasters zu ändern, sonst bekommen Sie ein fehlerhaftes VI (s. Ausführungen beim VI ´while – 3a.vi´).

Jetzt werden alle Lösungen zusammen im VI ´while – 8a.vi´ kombiniert, um die neue 7er-Reihe zu erzeugen:

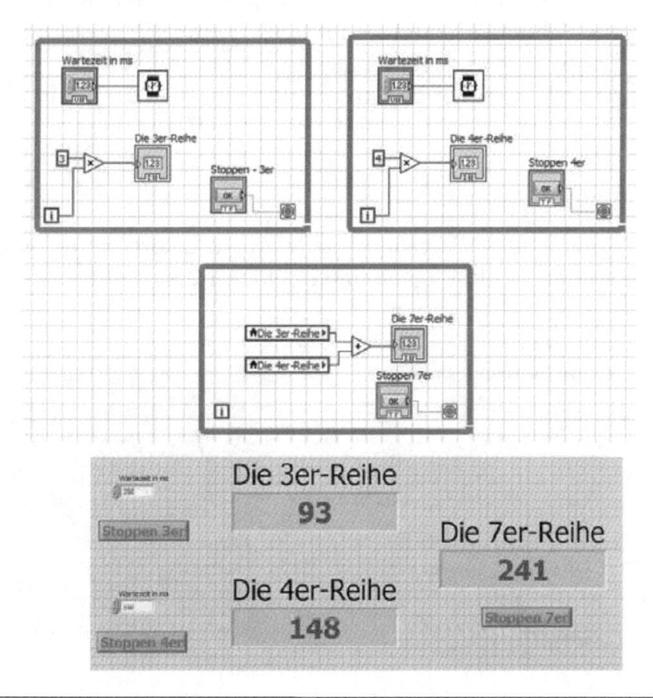

Abb. 9.53: Aus Zwei mach eine neue Reihe (´while – 8a.vi´).

Damit sind wir dann auch fast am Ende unserer sehr ausführlichen Betrachtungen zur While-Schleife angekommen. Eine letzte Regel fehlt hier allerdings noch:

Wichtig

While-Regel 4: Das gesamte VI ist immer eine While-Schleife.
In den vorhergehenden Kapiteln haben wir ein VI immer so gestartet, dass wir auf den *´Wiederholt ausführen´*-Knopf geklickt und das VI danach immer durch Druck auf den roten *´Ausführung von … abbrechen´*-Knopf angehalten beziehungsweise abgebrochen haben.
Das ist so, als würden Sie eine Maschine oder einen Prozess immer durch Druck auf den zentralen Not-Aus-Taster abschalten, also bei Weitem keine übliche Abschaltung.

Auch bei LabVIEW ist ein Druck auf diesen Knopf das allerletzte Mittel, welches man benutzt, wenn ein VI abgestürzt ist beziehungsweise wenn sich ein VI gar nicht mehr beenden/anhalten lässt. Darüber hinaus hat eine Betätigung dieses Knopfes bei größeren beziehungsweise komplexeren VIs weitere Nachteile, auf die wir hier nicht näher eingehen.

Eine den LabVIEW-Regeln gerechte Erstellung eines VIs sieht nun so aus, dass um das gesamte VI immer eine äußere While-Schleife gelegt wird.

Das VI wird dann durch Druck auf den einfachen *´Ausführen´*-Knopf´ gestartet. Kontrolliert und einwandfrei angehalten wird das VI dann durch Betätigung des Stopp-Knopfes dieser äußeren While-Schleife. Mit anderen Worten, diese von außen umfassende While-Schleife arbeitet als Endlosschleife, die allerdings durch Druck auf den Stopp-Knopf ordnungsgemäß beendet werden kann.
Ab jetzt werden wir unsere VIs immer genau so aufbauen, so starten und auch so beenden!

Übung 2

Kopieren Sie das VI ´rechner – 4.vi´ in das VI *´rechner – 4a.vi´* um und korrigieren Sie dieses VI so, dass es den Anforderungen der While-Regel 4 entspricht. Und so sollte es dann richtig aussehen, Abb. 9.54:

Abb. 9.54: *Unser kleiner Taschenrechner, regelgerecht erstellt (´rechner – 4a.vi´).*

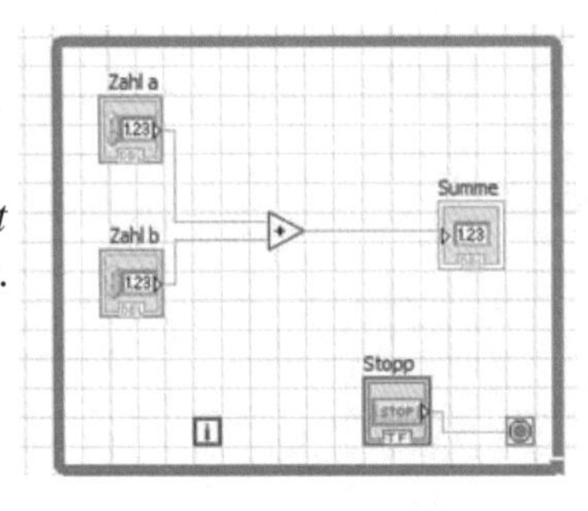

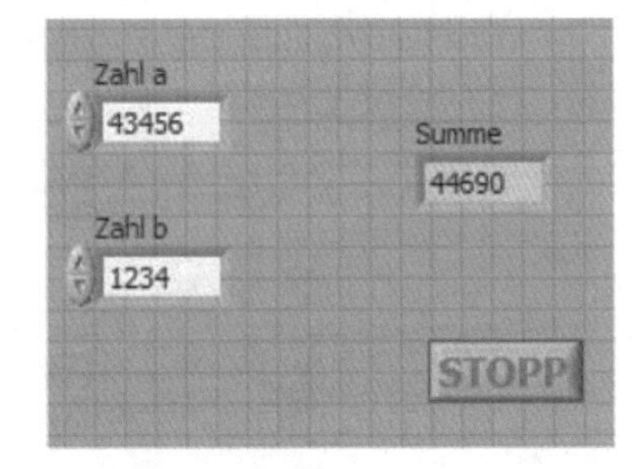

Fazit:
Sie sehen also, LabVIEW bietet jede Menge interessanter Lösungsmöglichkeiten für viele Problemstellungen. Allerdings muss der Anwender dabei auch einige, grundlegende Regeln beachten, denn der Aufbau beziehungsweise der grafische Ablauf von LabVIEW-VIs ist manchmal etwas gewöhnungsbedürftig, d.h. von der normalen Vorstellung beziehungsweise Erfahrung abweichend.
Und daher kommen wir nun zum nächsten interessanten LabVIEW-Strukturelement …

9.3 Die For-Schleife

Die For-Schleife erfüllt eine ähnliche Funktion wie die While-Schleife. Während allerdings bei einer While-Schleife, das in der Schleife enthaltene Unterdiagramm, so lange ausgeführt wird, bis eine Abbruchbedingung wahr wird, gibt man bei der For-Schleife ganz explizit an, wie oft das enthaltene Unterdiagramm ausgeführt werden soll, zum Beispiel: 10-malige Messwerterfassung, um dann daraus einen Mittelwert zu bestimmen.

Die Abb. 9.55 zeigt die For-Schleife im Strukturmenü:

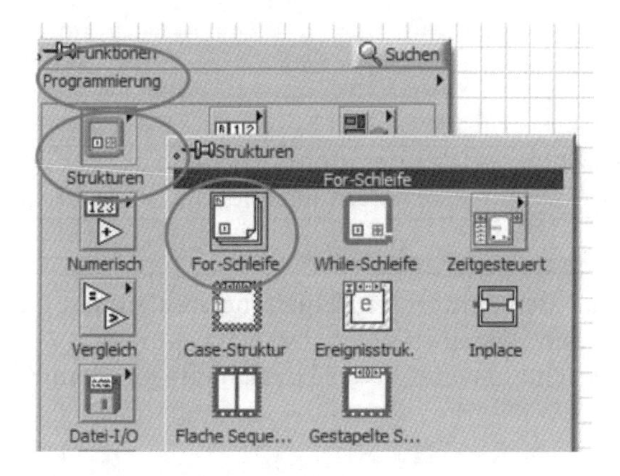

Abb. 9.55:
Der Weg zur For-Schleife.

Platziert im Blockdiagramm sieht die, noch leere, For-Schleife dann so aus, Abb. 9.56:

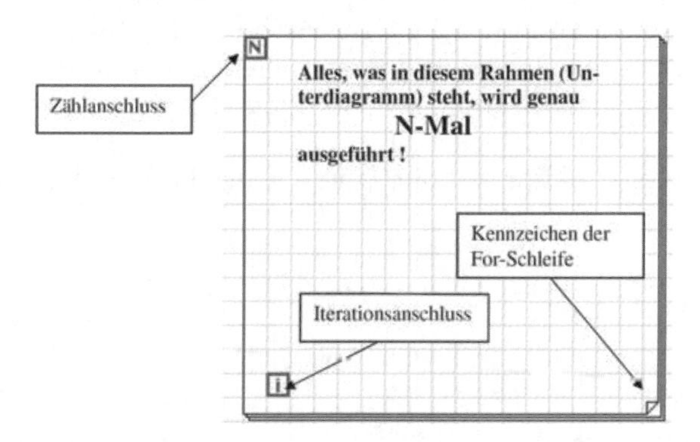

Abb. 9.56:
Die Kennzeichen eine For-Schleife.

Wichtig sind hierbei nun zwei Elemente – der Zählanschluss und der Iterationsanschluss.

Der Zählanschluss N

Hier wird angegeben, wie oft das Unterdiagramm hintereinander ausgeführt werden soll. Angeschlossen werden kann zum Beispiel eine Konstante.

Beachten

N ist vom *Datentyp I32* und dieser Typ kann nicht geändert werden, das heißt, für N können immer nur ganze Zahlen verwendet werden, wobei allerdings bei negativen Zahlen die For-Schleife gar nicht bearbeitet wird!
Ebenso wenig wird die For-Schleife bearbeitet, wenn N den Wert 0 hat. In beiden Fällen wird allerdings KEIN Fehler angezeigt und das VI selber ist lauffähig!

Der Iterationsanschluss bzw. die Iterationsvariable i

Solch einen Anschluss kennen Sie schon von der While-Schleife, hier wird die Anzahl der bereits durchgeführten Schleifendurchläufe angezeigt.

> Wichtig
>
> *Der Iterationsanschluss i bei der For-Schleife*
> Der Wert des Iterationsanschlusses (der Iterationsvariable) i bei der For-Schleife läuft immer von 0 bis (N-1)! Wenn also N zum Beispiel den Wert 10 hat, so läuft i von 0 bis 9.
>
> Oder mit anderen Worten: Nach dem ersten Schleifendurchlauf hat i den Wert 0, am Ende aller Durchläufe den Wert (N-1)!
> Das ist auf jeden Fall zu beachten, wenn in der For-Schleife mit dem Wert von i gearbeitet werden soll.

Übung

Schreiben Sie ein VI namens *´for – 1.vi´* in welchem die Anzeige eines Rundinstrumentes von 0 – 15 im Sekundentakt hoch gezählt wird und immer wieder von vorne anfängt. Immer dann, wenn ein neuer Durchlauf beginnt, soll ein ´Ping´-Ton erzeugt werden.

Diese noch recht einfache For-Konstruktion könnte dann wie in Abb. 9.57 aussehen.

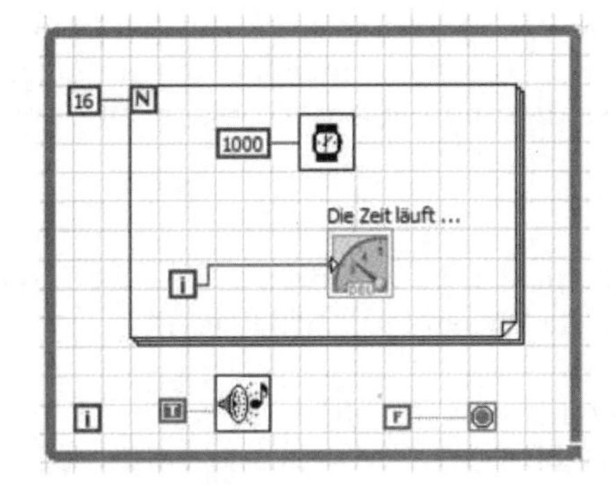

Abb. 9.57: *Die erste einfache „Uhr" ('for – 1.vi').*

Die For-Schleife erhält an ihrem Zählanschluss den konstanten Wert 16 angeschlossen und somit läuft in der Schleife die Iterationsvariable von 0 bis 15.
Die äußere While-Schleife, wird durch Festlegung des Bedingungsanschlusses auf konstant log. FALSE, zu einer Endlosschleife (dieses VI kann also nur durch Klicken auf den roten „Ausführung abbrechen"-Knopf beendet werden).

Der Abbruch einer For-Schleife über einen Bedingungsanschluss

Als eine Besonderheit kann unter LabVIEW eine For-Schleife auch vorzeitig abgebrochen werden, also noch bevor die angegebene Anzahl von Schleifendurchläufen abgearbeitet worden ist.
Dazu kann man über das Kontextmenü der For-Schleife, Abb. 9.58 einen (Abbruch-)Bedingungsanschluss in die For-Schleife einfügen, Abb. 9.59:

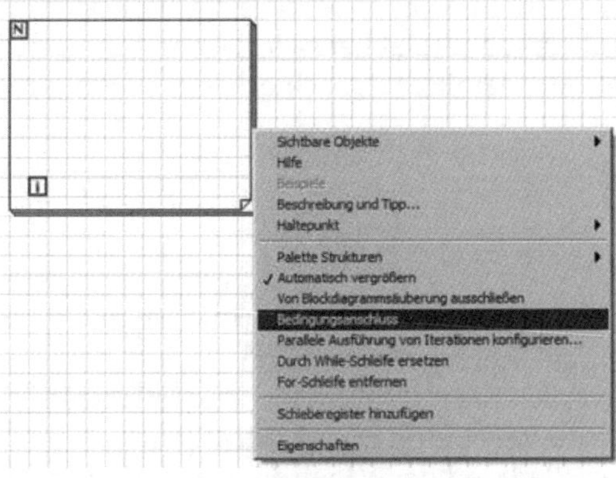

Abb. 9.58: *Über das Kontextmenü der For-Schleife kann ein Bedingungsanschluss für einen zusätzlichen Abbruch der Schleife eingefügt werden.*

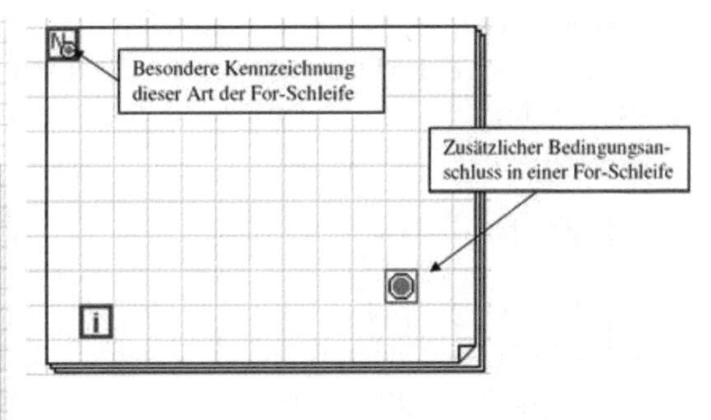

Abb. 9.59: *Die For-Schleife mit Bedingungsanschluss.*

Als Kennzeichnung dieser „Sonderkonstruktion: For-Schleife mit zusätzlichem Bedingungsanschluss" erhält das ´N´-Kästchen einen kleinen ergänzenden Abbruchkreis.
Die Handhabung dieses Bedingungsanschlusses erfolgt genau so wie bei der While-Schleife.

Übung

Erweitern Sie das VI ´for – 1.vi´ so zum VI ´*for – 2.vi*´, dass folgendes realisiert wird: die For-Schleife und auch das gesamte VI wird beendet

- wenn der Zeitzeiger auf ´12´ steht
- oder wenn ein Abbruchknopf gedrückt wird.

Nach kurzem Überlegen könnte die Lösung so aussehen, Abb. 9.60:

Abb. 9.60:
Der Abbruch einer For-Schleife auf ´Knopfdruck´ (´for – 2.vi´).

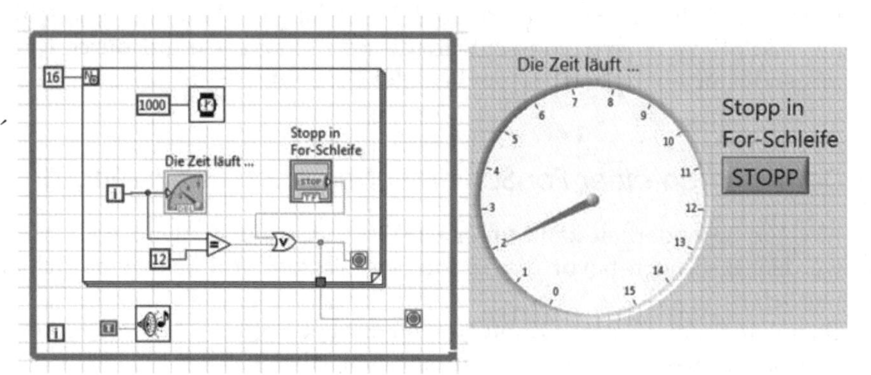

Zu beachten ist hier, dass das Schaltverhalten des Abbruch-Knopfs richtig eingestellt ist. Und zwar auf ´Latch beim Drücken´, damit der Tastendruck abgespeichert wird, wenn sich das VI gerade in der Zeitverzögerungsschleife befindet und damit er danach erkannt und ausgewertet wird.

Wichtig

Probleme bei diesem VI
Bei der Realisierung dieses VIs, ganz speziell beim Punkt: ´Herausführung der Stopp-Bedingung aus der For-Schleife heraus´ (noch genauer, beim Ausgangstunnel am For-Schleifenrand), werden Sie mit Ihrem bisherigen Wissen ein (großes) Problem haben, denn die gelegte Verbindung wird IMMER als fehlerhafte Verbindung gekennzeichnet werden und das VI wird nie ablauffähig sein! (Das heißt, Ihr VI wird NICHT so aussehen, wie in der Abb.9.60.)

Und das, obwohl Sie vom logischen/gedanklichen Grundprinzip bzw. Grundverständnis her alles richtig gemacht haben!
Das liegt daran, dass man Daten aus einer For-Schleife auf zwei verschiedene Arten heraus transferieren kann. LabVIEW wählt, standardmäßig, die für uns hier falsche Methode des Transfers.

Wie man es an dieser Stelle richtig macht, erfahren Sie auf den nächsten Seiten und danach sollten Sie noch einmal hierhin zurückkehren.

Zum eigentlichen Test der Abbruchbedingung in einer For-Schleife ändern Sie daher das VI wie folgt ab (VI *´for – 2a.vi´*):

- Entfernen Sie die fehlerhafte Verbindung zwischen den beiden Stopp-Bedingungen (innerhalb und außerhalb der For-Schleife).
- Schließen Sie an den Stopp-Knopf der While-Schliefe eine ´TRUE´- Konstante an.

Die Abb. 9.61 zeigt diese Lösung:

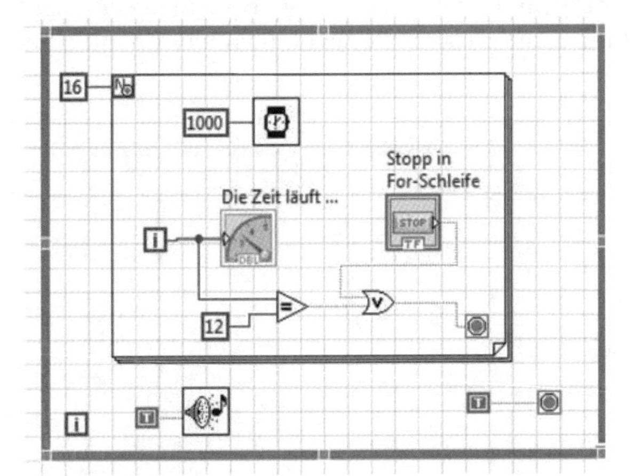

Abb. 9.61:
Das lauffähige VI (´for – 2a.vi´).

Wenn nun die For-Schleife gestoppt wird, so springt das VI zurück in die While-Schleife und diese wird dann aufgrund der am Stopp-Knopf angeschlossenen ´TRUE´-Konstante ebenfalls gestoppt.

Das Datenfluss-Prinzip

In diesem VI sehen Sie auch wieder einmal ein sehr schönes Beispiel für das (am Anfang gewöhnungsbedürftige) Datenfluss-Prinzip bei LabVIEW:

Innerhalb der While-Schleife haben wir drei voneinander unabhängige Threads (Gesamtfunktionsblöcke) programmiert:

- die For-Schleife
- die Erzeugung des Tons
- den Abbruch der While-Schleife über den Stopp-Knopf

Normalerweise würde man hier denken: Die While-Schleife wird gestartet und in der While-Schleife wird sofort erkannt, dass der Abbruchknopf auf ´TRUE´ steht und sofort wird die While-Schleife und damit das gesamte VI wieder beendet: Der Ton wird gar nicht ausgegeben und die For-Schleife läuft erst gar nicht an!

Dem ist aber nicht so!

Sondern es gilt viel mehr: Alle drei Threads werden sofort gleichzeitig gestartet. Die Ausgabe des Tons läuft an, die For-Schleife wird gestartet und es wird erkannt, dass der Abbruchknopf auf ´TRUE´ steht. Aber die Ton-Erzeugung läuft weiter (zu Ende) und die For-Schleife wird auch weiter (zu Ende) abgearbeitet. Erst wenn diese beiden bereits gestarteten Threads (beide) abgearbeitet sind, wird die Abbruchbedingung in der While-Schleife weiter bearbeitet, das heißt, da die Tonerzeugung als Erstes fertig ist, wird also noch das Ende der For-Schleife abgewartet, bevor es in der While-Schleife weiter geht.
Das können Sie ganz einfach überprüfen, indem Sie in der For-Schleife einfach alle Abbruchbedingungen raus nehmen (und damit es schneller geht, haben wir n auf 5 geändert), Abb. 9.62 (VI *´for – 2b.vi´*):

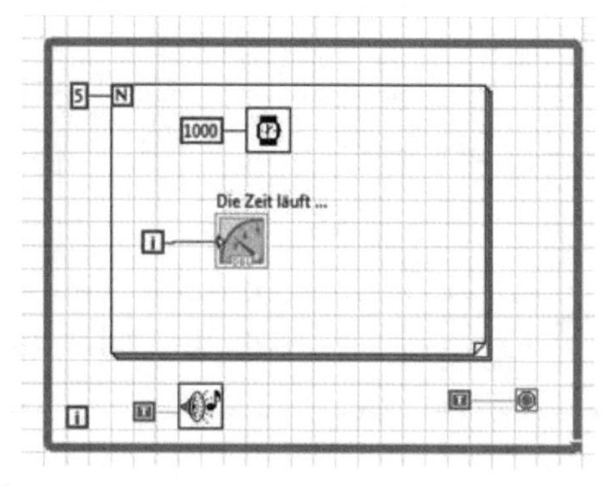

Abb. 9.62:
Drei Threads laufen gleichzeitig (´for – 2b.vi´).

Übung

Prüfen Sie die Funktion des VIs (´for – 2b.vi´) nach und erklären Sie diese!

LabVIEW-Feinheiten: Die Erzeugung von Zeitverzögerungen

Bisher haben wir zur Erzeugung von Zeitverzögerungen immer die Armbanduhren-Funktion (≡ *´Warten (ms)´*) verwendet (Abb. 9.63 - ❶): Durch diese Funktion wartet das VI genau eine bestimmte Anzahl von Millisekunden, wobei allerdings die restliche Rechenzeit des VIs nicht berücksichtigt wird und noch hinzukommt.

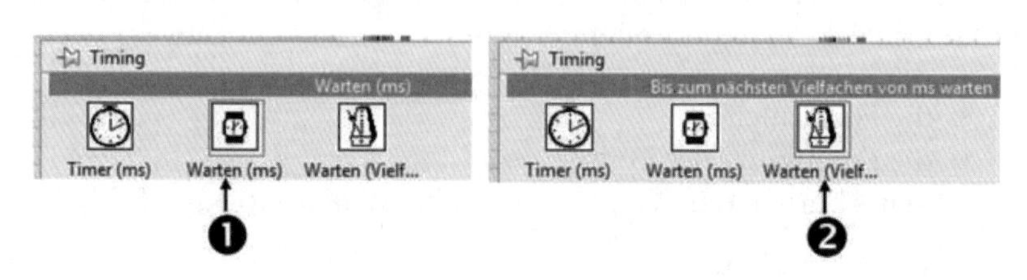

Abb. 9.63:
Die Möglichkeiten zur Erzeugung von Wartezeiten.

Beispiel 1

Wenn die restlichen Funktionen im VI eine Abarbeitungszeit von 300 ms haben und man fügt dann ´Warten (ms)´ mit dem Wert 1.000 ms ein, so erhält man insgesamt Zeitschritte (Zeitintervalle) von 1.300 ms Länge. Da man aber im Allgemeinen nie weiß, wie lange die restlichen Funktionen des VIs dauern, kann man auch keine Aussage über die wirklich exakte Dauer der Wartezeit, des Zeitintervalls, machen. Das war bisher für uns kein größeres Problem bzw. führte nicht zu größeren Ungenauigkeiten, da sich die Rechenzeiten für unsere VIs sicherlich im μs-Bereich bewegt haben. Bei größeren VIs (≡ längeren Rechenzeiten) kann das aber problematisch werden.

Möchte man daher wirklich, unter allen Umständen, ein exaktes Zeitintervall von zum Beispiel 1.000 ms einhalten bzw. erzeugen, so muss man die andere Zeitverzögerungsfunktion einsetzen: nämlich die „Metronom-Funktion (≡ ´Bis zum nächsten Vielfachen von ms warten´)", Abb. 9.63 - ❷.
Verbindet man hier zum Beispiel die Zahl 1.000 (ms) mit der Funktion, so wird immer bis zum nächsten Vielfachen dieser Zahl, also bis zum nächsten Vielfachen von 1.000 (ms) gewartet, wobei jetzt die restliche Rechenzeit des VIs mit berücksichtigt wird.

Beispiel 2

Wenn die restlichen Funktionen im VI eine Abarbeitungszeit von 600 ms haben und man fügt dann ´Bis zum nächsten Vielfachen von ms warten´ mit dem Wert 1.000 (ms) ein, so erhält man insgesamt Zeitschritte (Zeitintervalle) von 1.000 ms Länge. Das VI wartet jetzt immer bis zu den ganzen 1.000er-Werten von ms: also jeweils bis 1.000, 2.000, 3.000, 4.000, usw., wobei jetzt natürlich die restliche Rechenzeit mit eingeht. Bei 600 ms Rechenzeit wird dann nur noch 400 ms gewartet, bei 850 ms Rechnerzeit, wartet die Funktion dann eben noch 150 ms. So erhält man exakte Zeitintervalle von 1.000 ms Dauer.
Das funktioniert natürlich nur, wenn die restliche Rechenzeit des VIs kleiner als 1.000 ms ist.

Und das **allererste** Zeitintervall kann etwas kürzer ausfallen, wenn zum Beispiel der aktuelle (Windows-interne) ms-Zählerwert schon auf 25.789 ms steht. Dann wird nur bis zum nächsten Vielfachen von 1.000 ms gewartet und das sind hier dann nur 211 ms. Ab dann stimmt die Breite des Zeitintervalls aber immer wieder mit 1.000 ms überein.

Kommen wir nun noch einmal zurück zur For-Schleife, denn zwei wichtige Dinge fehlen noch.

Die Eingabe von Werten in die For-Schleife

Das Einspeisen von Werten von außen in eine For-Schleife ist recht einfach und erfolgt wieder über die bereits bekannten Datentunnel.

Übung

Schreiben Sie ein VI namens ´*for – 3.vi*´, bei dem in der For-Schleife von 0 bis 10 hochgezählt wird, nun aber von außen noch eine Offsetzahl vorgegeben werden kann, die zu der hochlaufenden Zahl hinzuaddiert wird. Die Anzeige des Ergebnisses soll in der For-Schleife selber erfolgen und zwischen den einzelnen Zählschritten soll eine exakte Zeit von 500 ms vergehen. Realisierung …

Abb. 9.64 zeigt dieses VI:

Abb. 9.64: Das Einspeisen von Daten in eine For-Schleife ('for – 3.vi').

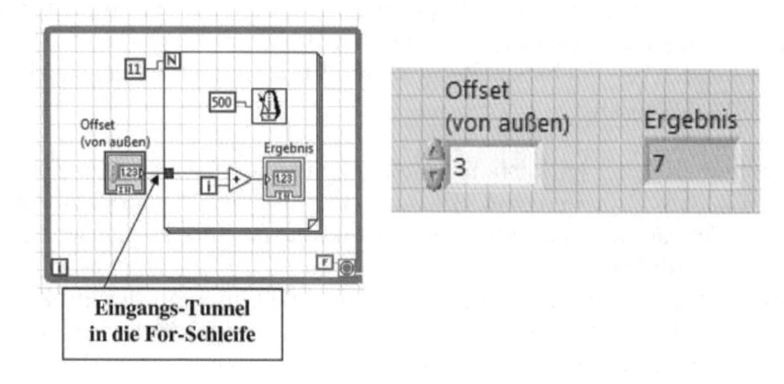

Wichtig

Die Übernahme von Werten in die For-Schleife
Auch bei der For-Schleife müssen Sie – genau wie bei der While-Schleife – beachten, dass von außen eingespeiste Werte nur einmal direkt beim Start der For-Schleife, in die For-Schleife übernommen und dann als konstant beibehalten werden. Der Eingangstunnel wird nicht permanent, während des Ablaufs der For-Schleife, abgefragt und neue Werte somit nicht übernommen. Erst wenn die For-Schleife komplett zu Ende bearbeitet worden ist und erneut gestartet wird, werden einmalig die neuen Werte an den Eingangstunneln abgefragt und in die For-Schleife übernommen.

Das können Sie auch relativ einfach an unserem VI 'for – 3.vi' überprüfen:
Setzen Sie dazu zunächst die Wartezeit auf 1.000 ms hoch, damit man das Hochzählen besser beobachten kann. Lassen Sie dann das VI mit einem Offset von zum Beispiel 5 ablaufen. Während die Zahlen noch hochgezählt werden, ändern Sie den Offset auf zum Beispiel 123.

Sie werden feststellen, dass diese Änderung des Offsets zunächst einmal gar nichts bewirkt. Die Hochzähl-Reihe wird mit dem Offset von 5 erst einmal komplett beendet. Wenn die For-Schleife dann erneut startet, wird der neue Offset von 123 übernommen und mit diesem Wert dann, von vorne an, hochgezählt.

Die Ausgabe von Werten aus der For-Schleife

Die Ausgabe von Werten aus einer For-Schleife heraus lässt sich ebenfalls recht einfach realisieren. Allerdings sind hier einige Besonderheiten zu beachten.

Zuerst einmal muss man entscheiden, welche Werte ausgegeben werden sollen:

Fall 1: Ausgabe eines Wertes nach jedem Schleifendurchlauf

Am Ende eines jeden Durchlaufes soll ein (zum Beispiel berechneter) Wert ausgegeben werden. Wird die For-Schleife 20 Mal durchlaufen, so werden also insgesamt 20 Werte ausgegeben. Das bedeutet allerdings, dass man als Ausgabe-Variable für die For-Schleife (zur Speicherung dieser Werte) ein Array (ein Feld) mit 20 Elementen vorsehen muss. Solche Arrays, als weiteren und neuen Datentyp in LabVIEW, behandeln wir aber erst im zweiten Band, so dass wir hier diese Ausgabemöglichkeit bei einer For-Schleife zunächst zurückstellen und später darauf zurückkommen.

Fall 2: Ausgabe des Ergebniswertes am Ende der For-Schleife

Oft benötigt man die Zwischenwerte am Ende der einzelnen Schleifendurchläufe gar nicht, sondern man möchte nur das Endergebnis, das am Ende des letzten Schleifendurchlaufes vorliegt, weiter verarbeiten. Wenn man zum Beispiel mit einer For-Schleife 20 Mal einen Messwert erfasst und die einzelnen Werte aufaddiert, um dann daraus einen Mittelwert zu berechnen, dann interessiert nur der Endwert (die Summe der 20 Messwerte). Nur diese Summe wird weiter verarbeitet.

Die Zwischenwerte der Messwertsumme nach den einzelnen Schleifendurchläufen sind daher völlig uninteressant. Diesen zweiten Fall:

Ausgabe des Wertes, der am Ende des letzten Schleifendurchlaufes vorliegt

können wir recht einfach lösen. Es handelt sich ja, bei dieser Art der Ausgabe, um (nur) eine einzige, einzelne Zahl.

Übung 1

Kopieren Sie das VI ´for – 3.vi´ in das VI *´for – 4.vi´* um und ergänzen Sie dieses so, dass das Additionsendergebnis (am Ende des kompletten Durchlaufs der For-Schleife) außerhalb der For-Schleife angezeigt wird.

Ein erster Entwurf für die Lösung könnte so aussehen, Abb. 9.65:

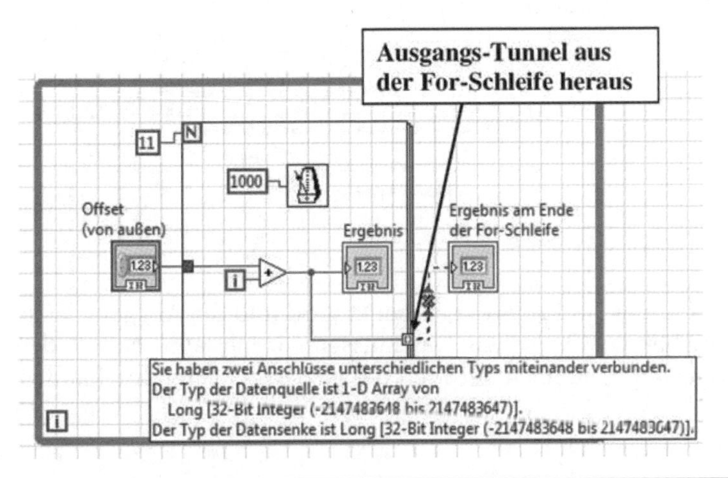

Abb. 9.65:
Erster Versuch für das VI ´for – 4.vi´.

Dummerweise endet dieser erste Versuch mit einer Fehlermeldung! Außerhalb der For-Schleife (aber noch innerhalb der While-Endloschleife) wurde ein Anzeigeelement namens *´Ergebnis am Ende der For-Schleife´* platziert. Das ist noch in Ordnung.

Dann wurde dieses Element mit dem Ausgang der Summenfunktion innerhalb der For-Schleife verbunden. Der Datentransfer nach außen erfolgt, wie ebenfalls bereits von der While-Schleife her bekannt, über einen **Ausgangstunnel/Datentunnel**. Die Verbindung innerhalb der For-Schleife, vom Ausgang der Summenfunktion bis hin zum Ausgangstunnel, ist noch in Ordnung. Nur die Verbindung außerhalb der For-Schleife, vom Ausgangstunnel hin zum Anzeigeelement, ist fehlerhaft. Und bitte hier ganz genau hinsehen: Der quadratische Ausgangstunnel-Punkt ist nicht komplett blau ausgefüllt, sondern enthält ein kleines unterbrochenes Rechteck. Die zugehörige Fehlermeldung gibt Auskunft darüber, warum das so ist:

Die Datenquelle (≡ Ausgang der For-Schleife) ist ein 1-dimensionales Array (1-D Array) und die Datensenke (≡ unser Anzeigeelement) ist eine einfache Long-Integer-Zahl.

Und diese beiden Datentypen sind zu unterschiedlich und können daher nicht miteinander verbunden werden. Dennoch ist die Beseitigung des Fehlers recht einfach möglich. Wenn Daten aus einer For-Schleife ausgegeben werden sollen, wenn also ein Ausgangstunnel an einer For-Schleife erzeugt wird, so geht LabVIEW erst einmal automatisch davon aus, dass nach jedem Schleifendurchlauf ein Wert aus der For-Schleife herausgegeben werden soll, LabVIEW legt also den zuvor beschriebenen 1. Fall der beiden Ausgabemöglichkeiten zugrunde. Und damit muss, wie erwähnt, am Ausgangstunnel auch ein Array zur Aufnahme der 10 Werte angeschlossen werden. Und das haben wir hier nicht gemacht und daher rührt der Fehler. Wir müssen LabVIEW also mitteilen, dass wir hier nur den Wert des letzten Schleifendurchlaufes ausgegeben haben möchten, und nicht die Werte nach jedem Durchlauf.

Dazu rufen wir ganz einfach das Kontextmenü des Ausgangstunnels auf und wählen den Punkt *´Indizierung deaktivieren´*, Abb. 9.66:

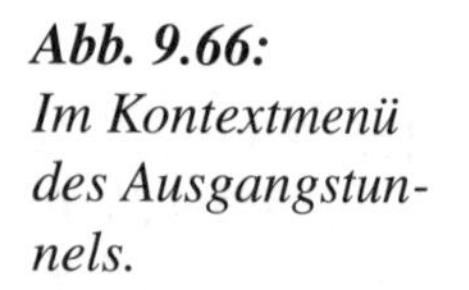

Abb. 9.66:
Im Kontextmenü des Ausgangstunnels.

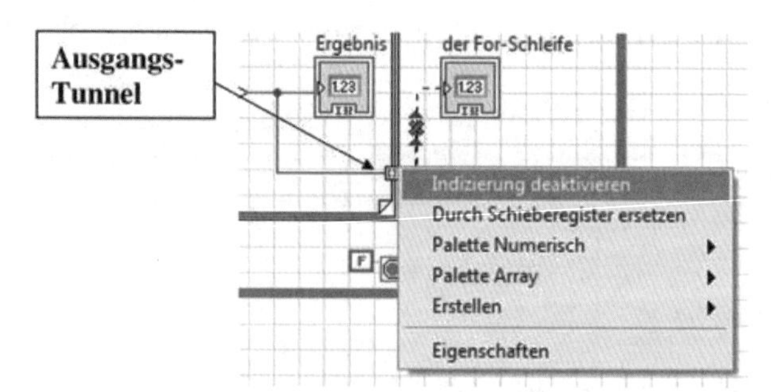

´Indizierung´ bedeutet hier, dass mit Arrays gearbeitet wird und die Ausgangswerte in ein passendes Array geschrieben werden sollen. Das müssen wir hier ausschalten, denn dann wird nur noch ein einziger Wert, nämlich der Wert des letzten Schleifendurchlaufes, ausgegeben.

Merke

Die Ausgabe des Endwertes aus einer For-Schleife
Immer dann, wenn nur der Wert des letzten Schleifendurchlaufes einer For-Schleife ausgegeben werden soll, muss am entsprechenden Ausgangstunnel die Indizierung deaktiviert (ausgeschaltet) werden.
Andernfalls wird nach jedem Schleifendurchlauf ein eigener Wert ausgegeben und am Ausgangstunnel muss ein entsprechend großes Array angeschlossen werden.

Nachdem wir nun die Indizierung ausgeschaltet haben, verschwindet der Fehler automatisch. Der quadratische Ausgangstunnel-Punkt ist komplett blau ausgefüllt und das VI ist ablauffähig, Abb. 9.67:

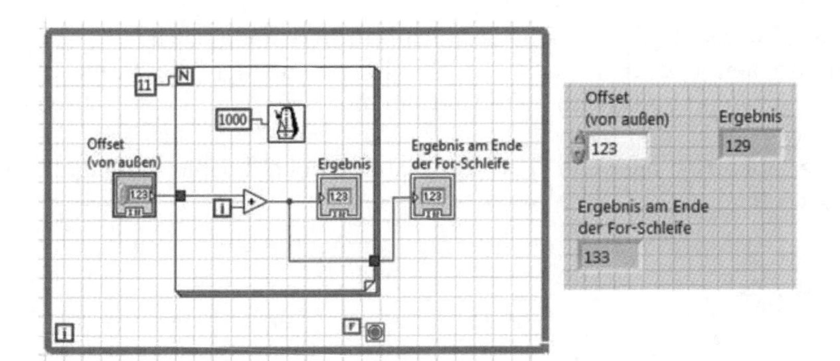

Abb. 9.67: *Jetzt läuft es problemlos ('for – 4.vi').*

Prüfen Sie nun die Funktion dieses VIs, auch wenn Sie während des Ablaufes den Offset-Wert verändern.

Übung 2

Gehen Sie noch einmal zurück zur Abb. 9.60 bzw. zum nicht funktionierenden VI 'for – 2.vi' und programmieren Sie dieses so, dass es wie gewünscht abläuft!

Und damit sind wir schon fast am Ende angelangt, es fehlt zunächst nur noch eine wichtige LabVIEW-Programmstruktur …

9.4 Die Case-Struktur

Der Einsatz der Case-Struktur ermöglicht es, unter LabVIEW, eine von mehreren zur Verfügung stehenden (Bearbeitungs-)Alternativen, auszuwählen und auszuführen.

Dabei sind zwei wesentliche „Unterfälle" der Case-Struktur möglich:

- **Der 2er-Case**: Diese Struktur entspricht der traditionellen if-Anweisung in den klassischen Programmiersprachen, wie z. B. in ´C´: Auswahl von genau einer Alternative aus (nur) zwei vorhandenen Alternativen.
  Sprachlich ausgedrückt: Bearbeite entweder das ... oder das!

  (Denn eine eigentliche if-Anweisung gibt es in LabVIEW nicht, sie muss immer (recht einfach) mit Hilfe der 2er-Case-Struktur realisiert werden).

- **Der Multi-Case**: Entspricht der Switch-Case-Struktur in den klassischen Programmiersprachen, wie z.B. in ´C´: Auswahl von genau einer Alternative aus einer größeren Anzahl von vorhandenen Alternativen.

Beide Möglichkeiten erlauben es, dass LabVIEW-Programme noch flexibler aufgebaut und abgearbeitet werden können.

Der 2er-Case (if-Struktur)

Der Weg zur LabVIEW-Case-Struktur führt über:

BD\Programmierung\Strukturen\Case-Struktur

Abb. 9.68:
Der Weg zur Case-Struktur.

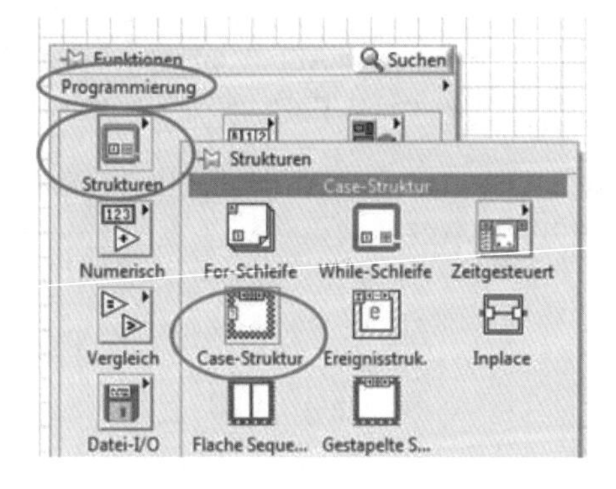

Übung 1
Öffnen Sie ein neues VI namens *´case – 1.vi´*, fügen Sie im Blockdiagramm eine Case-Struktur ein und speichern Sie das VI dann zunächst nur ab.

Die Case-Struktur auf Ihrem Blockdiagramm sollte so aussehen, wie das linke (Teil-)Bild in der oberen Reihe in der Abb. 9.69:

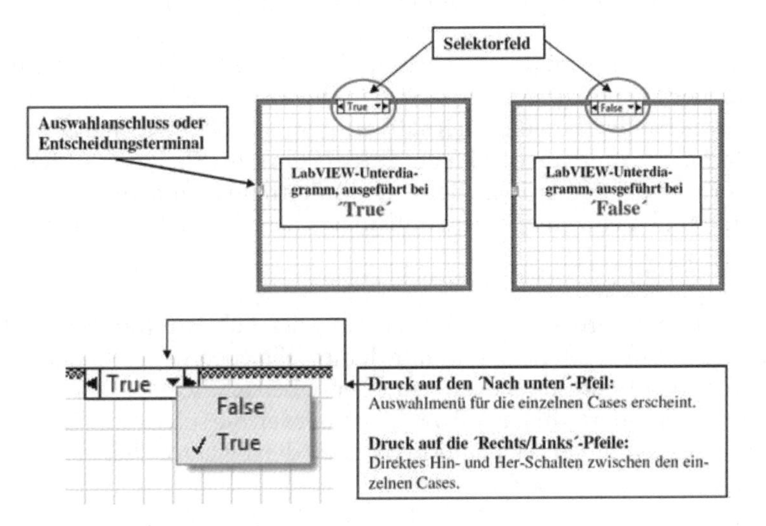

Abb. 9.69: *Die beiden Auswahlfälle in der Case-Grundstruktur (´case – 1.vi´).*

Die Grundstruktur des Case-Konstruktes entspricht zunächst der Struktur einer if-Anweisung, wie Sie diese vielleicht aus einer klassischen Programmiersprache, wie ´C´, schon kennen: Aus zwei möglichen Alternativen kann man genau eine Alternative auswählen, wobei die Auswahlentscheidung über eine boolesche Variable getroffen wird, die ja bekanntermaßen nur zwei Zustände (´True´ oder ´False´) annehmen kann. Das entspricht dem sprachlichen Äquivalent: Mache ´entweder das ... oder das´, bzw. etwas genauer:

- Entweder wird die eine Alternative (das eine LabVIEW-Unterdiagramm, der eine Case-Fall) ausgeführt (beim logischen ´True´-Zustand der booleschen Auswahlvariablen).

- Oder es wird die andere Alternative (das andere LabVIEW-Unterdiagramm, der andere Case-Fall) ausgeführt (beim logischen ´False´-Zustand der booleschen Auswahlvariablen).

Und ganz genau das finden Sie in der Abb. 9.69 wieder:

Auf der linken Seite des Case-Rahmens erkennen Sie ein kleines grünes (verschiebbares) Fragezeichen, den **Auswahlanschluss** bzw. das **Entscheidungsterminal**:

- Ein *´Fragezeichen ?´* deshalb, weil über diesen Anschluss die Auswahl der verschiedenen Alternativen erfolgt.

- Farbe *´Grün´* deshalb, weil hier eine boolesche Variable angeschlossen wird und grün die LabVIEW-Farbe für diese Art von Variablen ist.

Da diese Auswahl-Variable nur die beiden Werte ´True´ und ´False´ haben kann, können Sie hiermit genau eine von zwei Alternativen (LabVIEW-Unterdiagrammen) auswählen. Jede diese Alternativen besitzt ihren eigenen Rahmen im Blockdiagramm.

An der oberen Rahmenseite findet man das so genannte *´Selektorfeld´*, wie Sie es bereits von der gestapelten Sequenz her kennen (s. Abb. 9.32). Im mittleren Textteil des Selektorfeldes können Sie erkennen, welche der beiden Alternativen gerade zuoberst angezeigt wird (´True´- oder ´False´-Alternative) und mit den Pfeilen im Selektorfeld (Pfeil rechts, Pfeil links, Pfeil runter) können Sie zwischen der Anzeige der beiden Alternativen hin und her schalten bzw. ein Auswahlmenü mit den einzelnen Cases aufrufen (s. Abb. 9.69, untere Hälfte).

Beachten

Im LabVIEW-Blockdiagramm liegen die beiden Rahmen aus der Abb. 9.69 (obere Reihe) wie bei einer gestapelten Sequenz übereinander und nur der jeweils oben liegende Rahmen ist aktuell sichtbar. In unserer Abbildung haben wir, der Übersichtlichkeit halber, beide Rahmen nebeneinander ´fotografiert´. In LabVIEW selber werden Sie solch eine Darstellung nicht angezeigt bekommen, Sie müssen vielmehr immer mit den Selektor-Pfeilen zwischen den einzelnen Rahmen hin und her schalten.

Nun können Sie, wie gewohnt, die einzelnen Alternativen (LabVIEW-Unterdiagramme) in den entsprechenden Rahmen programmieren. Und wenn Sie dann abschließend am Auswahlanschluss noch eine boolesche Variable bzw. den Ausgang einer booleschen Funktion anschließen, so ist ihre if-Anweisung perfekt zusammengebaut.

Hinweis

Alternativ kann auch der Case-Rahmen zu einem Fall leer bleiben, wenn nichts gemacht werden soll.

Übung 2

Erweitern Sie nun das VI ´case – 1.vi´ so, dass es folgende Aufgaben erfüllt:

- Zwischen der ´True´- und der ´False´-Alternative wird umgeschaltet mithilfe eines ´Umschalters (vertikal)´.

- In der **´True´-Alternative** soll realisiert werden:
  - Hochzählen der mathematischen 3er-Reihe im Takt von 300 ms.
  - Gleichzeitig soll in demselben Takt eine große hellblaue ´TRUE-LED´ blinken.

- In der **´False´-Alternative** soll realisiert werden:
  - Hochzählen der mathematischen 7er-Reihe im Takt von 150 ms.
  - Gleichzeitig soll in demselben Takt eine große hellviolette ´FALSE-LED´ blinken.

- Mit dem Schalter soll jederzeit und sofort zwischen den beiden Alternativen umgeschaltet werden können.

- Durch Klicken auf einen Stopp-Taster soll das VI jederzeit und sofort angehalten werden.

Diese Aufgabenstellung hört sich recht einfach an, der Teufel steckt hier aber im Detail.

Ein Problem ergibt sich dadurch, dass *jederzeit sofort* zwischen den beiden Alternativen umgeschaltet werden soll und dass *jederzeit und sofort* das VI gestoppt werden soll. Somit kommt für das Hochzählen der Zahlen die bekannte For-Schleife nicht infrage, denn hierbei kann ja erst dann umgeschaltet werden, wenn die For-Schleife abgelaufen ist. Auf welchen Schleifenzählwert sollte man zudem die For-Schleife denn eigentlich einstellen?

Das zweite Problem ist, wie erzeugt man möglichst einfach eine blinkende Leuchtdiode?

Daher ist es jetzt, bevor Sie sich an die Realisierung dieses VIs machen, wieder einmal Zeit für die …

LabVIEW-Feinheiten: Der Rückkopplungsknoten

Das automatische Hochzählen eines Wertes um den Faktor ´1´ ohne den Einsatz einer For-Schleife lässt sich zunächst mathematisch bzw. klassisch-programmtechnisch ganz einfach beschreiben durch die Anweisung:

```
    i  =  i + 1;                 // Anweisung z.B. in ´C´
```

Lässt man diesen Befehl nun permanent hintereinander ablaufen, so wird die Variable i immer um ´1´ hochgezählt. In LabVIEW kann man so etwas sehr einfach unter Verwendung der numerischen Funktion *´Inkrementieren´*

BD\Programmierung\Numerisch\Inkrementieren

realisieren, Abb. 9.70, links:

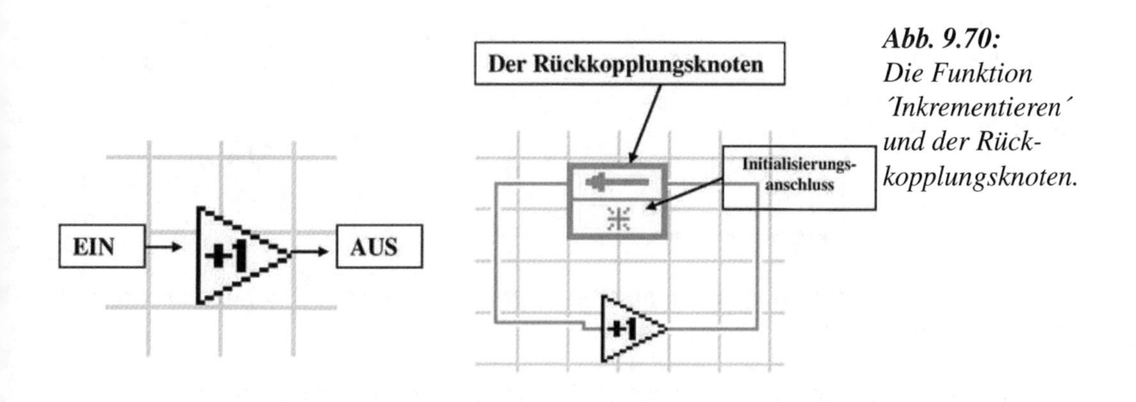

Abb. 9.70: *Die Funktion ´Inkrementieren´ und der Rückkopplungsknoten.*

Die Inkrementieren-Funktion addiert zum anliegenden Eingangswert einfach die Zahl ´1´ und gibt das Ergebnis dann aus. Und nun kommt der Trick: Führt man den Ausgang der Funktion einfach auf den Eingang zurück (einen Verbindungsdraht vom Ausgang wieder zurück zum Eingang legen), so wird der entstehende Wert permanent (immer wieder) um ´1´ hochgezählt, Abb. 9.70, rechts. In solch einem Fall – direkte Verbindung des Ausgangs mit einem Eingang derselben Funktion – verlegt LabVIEW nicht einfach nur einen Draht, sondern fügt vielmehr einen sogenannten Rückkopplungsknoten ein. Das hat mehrere Gründe, von denen einer zurzeit für uns interessant ist: Wir haben nämlich noch gar nicht festgelegt, mit welchem Anfangswert (Startwert) wir das Hochzählen beginnen wollen. Dazu rufen wir das Kontextmenü zum unteren *´*-Feld´* des Rückkopplungsknotens auf. Das ist der so genannte ´Initialisierungsanschluss´ des Rückkopplungsknotens, und hier legen wir den Startwert des Hochzählens fest, Abb. 9.71:

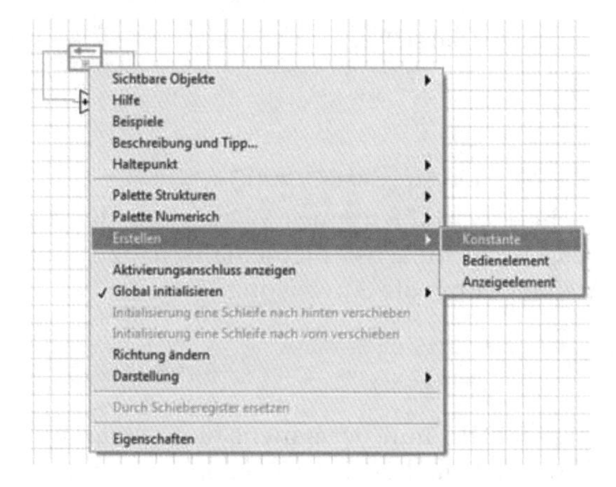

Abb. 9.71:
Das Festlegen des Startwertes für das Hochzählen (Initialisierungswert des Rückkopplungsknotens).

Wählen Sie daher im Kontextmenü ´Erstellen\Konstante´ und legen Sie dann als Wert für die Konstante die Zahl ´0´ fest, so fängt das Hochzählen dann bei ´0´ an, also: 0, 1, 2, 3, 4, …

Das Gesamtergebnis zeigt die Abb. 9.72:

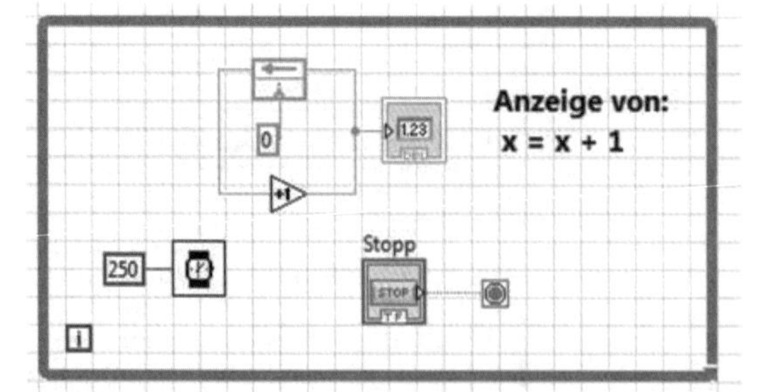

Abb. 9.72:
Das automatische Hochzählen um ´1´ (´Rückkop –1.vi´).

Wir haben zur Demonstration ein komplettes VI erstellt (*´Rückkop – 1.vi´*), indem wir noch folgendes ergänzt haben:

- Festlegung des Initialisierungswertes ´0´ für den Rückkopplungsknoten.

- Anschluss einer Anzeige am Ausgang der Inkrementierungsfunktion ´Anzeige von x = x + 1´.
- Einbau einer Zeitverzögerung von 250 ms, damit man auch etwas sehen kann.
- Und das Ganze umschließen von einer While-Schleife.

Beim Starten des VIs sehen Sie nun, wie der Zahlenwert wunderbar hochgezählt wird.

Aber der Rückkopplungsknoten kann noch mehr, denn wir müssen ja auch noch eine LED zum Blinken bringen. Hierzu verwenden wir den Rückkopplungsknoten in Verbindung mit der booleschen Funktion *´Nicht´* (≡ Invertierung):

BD\Programmierung\Boolesch\NICHT

Wird bei dieser Funktion nun der Ausgang mit dem Eingang verbunden, so wird immer zwischen log.´0´ und log.´1´ hin und her geschaltet, da ja ´NICHT´ immer den jeweiligen Eingangszustand invertiert am Ausgang ausgibt. Die Lösung – blinkende LED – zeigt die Abb. 9.73 (´Rückkop – 2.vi´):

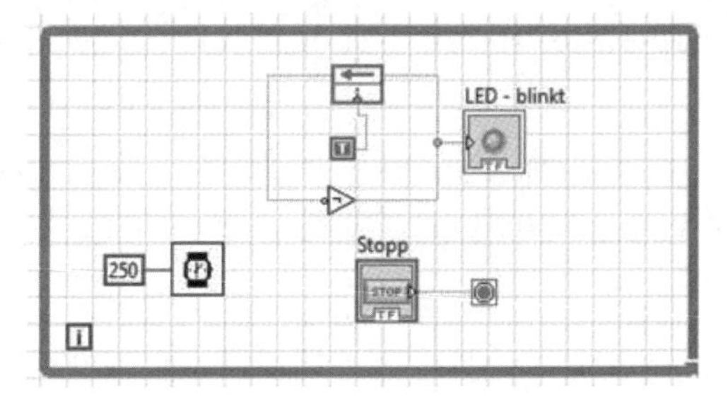

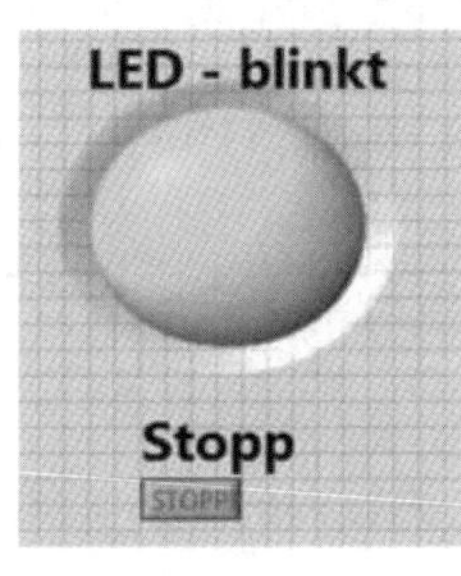

Abb. 9.73: *Die blinkende LED (´Rückkop –2.vi´).*

Die Funktion dieses VIs dürfte jetzt selbsterklärend sein!

Hinweis

Am Initialisierungsanschluss kann auch nichts angeschlossen werden. LabVIEW verwendet dann automatisch den passenden Standardwert für diesen Datentyp, hier also den ´True´-Zustand.

Kommen wir nun zurück zu unserer ursprünglichen Aufgabenstellung: Realisieren Sie das VI *´case – 1.vi´* mit der geforderten Funktionalität!

Ausführung ...

Unsere Musterlösung dazu sieht jetzt so aus, Abb. 9.74:

Abb. 9.74:
Das VI ´case – 1.vi´.

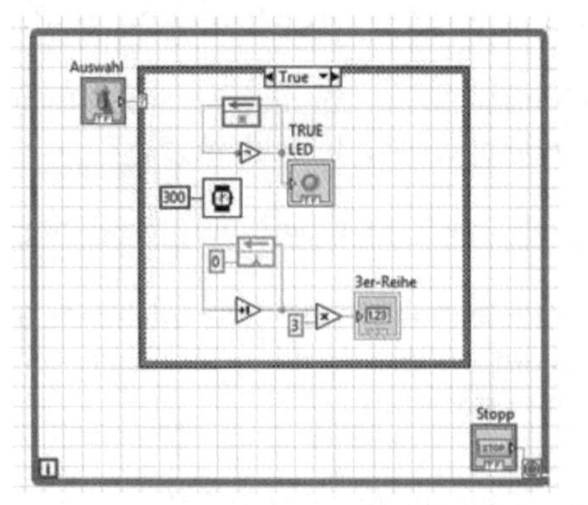

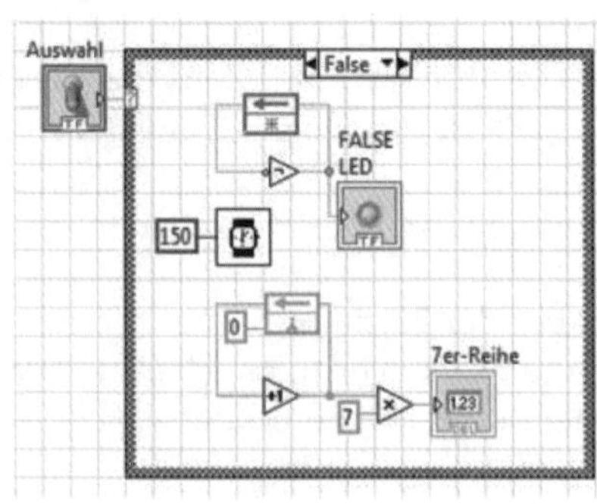

Der Übersichtlichkeit halber haben wir die False-Alternative hier separat fotografiert und ausgeschnitten (siehe oben rechts. Im Blockdiagramm des LabVIEW-VIs liegen ja beide Alternativen übereinander). Jederzeit und sofort kann verzögerungsfrei zwischen der ´True´- und der ´False´-Alternative umgeschaltet werden, weil nach der einmaligen Abarbeitung der entsprechenden Alternative das VI ja wieder zurück in die While-Schleife gelangt, wo der Auswahl-Schalter erneut aktuell abgefragt und die zugehörige Alternative erneut ausgewählt wird. Ebenso wirkt der Stopp-Taster sofort, nachdem eine Alternative einmalig abgearbeitet worden ist.

Bevor Sie nun die letzte abschließende Übung zur 2er-Case-Struktur absolvieren, möchten wir Ihnen noch eine weitere interessante LabVIEW-Funktion vorstellen ...

LabVIEW-Feinheiten: Die Funktion Auswählen

Sie finden diese Funktion unter

BD\Programmierung\Vergleich\Auswählen

Abb. 9.75:
Die LabVIEW-Funktion 'Auswählen'.

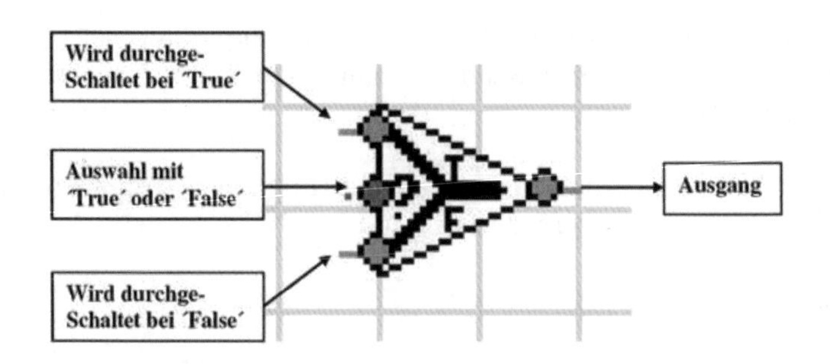

Man könnte diese Funktion als reduzierte 2er-Case-Funktion oder als schlichte if-Funktion bezeichnen. Am oberen und am unteren Eingangsanschluss (orange Punkte) dieser Funktion werden im allgemeinen Zahlenwerte oder Strings angeschlossen. Am mittleren grünen Auswahlanschluss (der mit dem ´?´) wird ein boolescher (Auswahl-)Wert angeschlossen. Liegt dort nun ´True´ an, so wird das, was am oberen Anschluss (der mit dem ´T´) anliegt, zum Ausgang durchgeschaltet. Liegt dagegen am Auswahlanschluss ein ´False´ an, so wird das, was am unteren Anschluss (der mit dem ´F´) anliegt, zum Ausgang durchgeschaltet. So lassen sich sehr einfach Zahlenwerte bzw. Strings in Abhängigkeit von einem booleschen Wert durchschalten und entsprechend weiter verarbeiten. Es kann aber eben nur zwischen zwei einzelnen Werten umgeschaltet werden. Komplette (komplexe) Unterdiagramme können damit nicht angewählt werden. Abb. 9.76 zeigt zwei Beispiele (*´Auswahl – 1.vi´*):

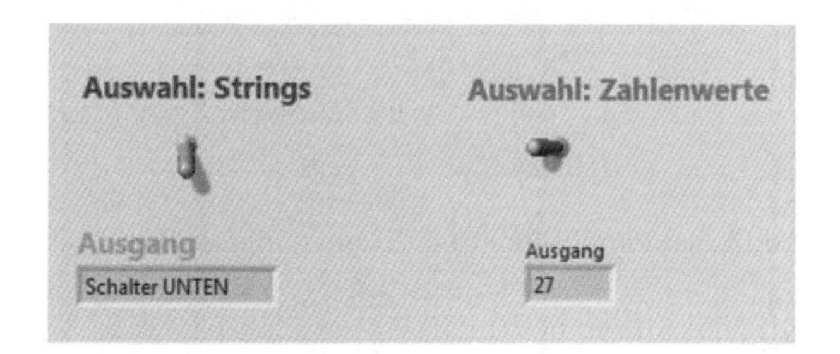

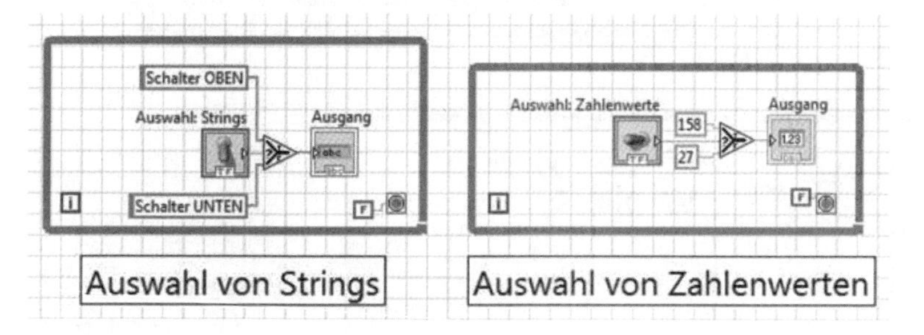

Abb. 9.76: *Die Auswahl von Strings und Zahlenwerten (´Auswahl –1.vi´).*

Kommen wir nun zur abschließenden Übung in diesem Kapitel:

Übung

Entwickeln Sie ein VI namens *´case – 2.vi´*, das folgende Aufgaben erfüllt:

- Simulation eines Messwertes mit Hilfe von ´Schieber mit Zeiger (vertikal)´, Wertebereich 0 ... 10, Auflösung (Schrittweite) 0,2.
- Auf dem Frontpanel befindet sich ein einziges Meldungsfenster.
- Ist der simulierte Messwert 5, so soll im Meldungsfenster dauernd die Meldung ´FEHLFUNKTION´ blinken, und zwar mit 150 ms Zeitdauer.
- Ist der simulierte Messwert > 5, so soll im Meldungsfenster dauernd die Meldung ´Alles OK!´ blinken, und zwar mit 500 ms Zeitdauer.
- Durch Druck auf einen Stopp-Taster wird das VI beendet.

Versuchen Sie wirklich selbst einmal, die Lösung zu entwickeln, bevor Sie sich die Musterlösung ansehen. Einige Kernstichworte zur Erstellung des VIs sind: Rückkopplungsknoten, Auswählen-Funktion, (Daten-)Tunnel.
Nach einigen Überlegungen und Versuchen könnte eine mögliche Lösung so aussehen, Abb. 9.77:

Abb. 9.77:
Das VI ´case – 2.vi´.

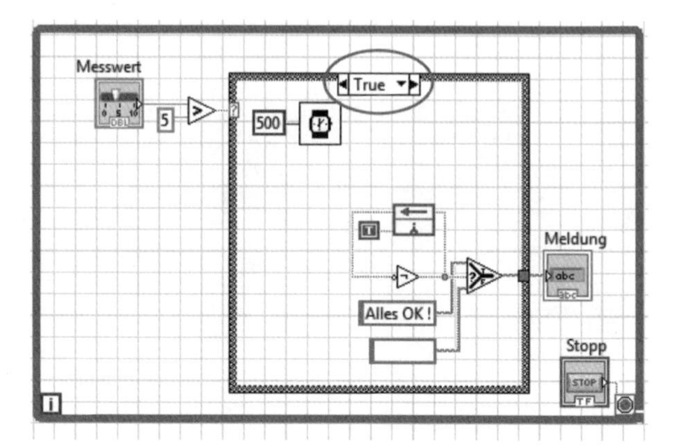

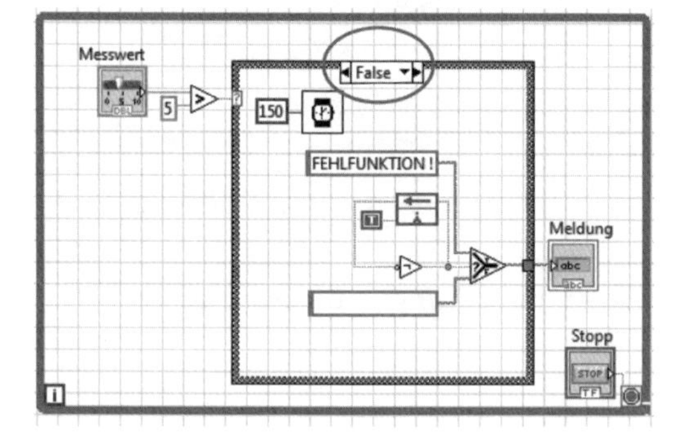

Und damit sind wir bei den beiden letzten wichtigen Themen der Case-Struktur:

Die Eingabe von Daten in einen Case-Rahmen
erfolgt, wie gewohnt

- über (Daten-)Eingangstunnel
- über lokale Variablen.

Bei der Einspeisung von Daten über Eingangstunnel müssen die eingespeisten Daten nicht in allen Case-Rahmen verarbeitet werden, sie können also auch nur am Rahmen enden, Abb. 9.78:

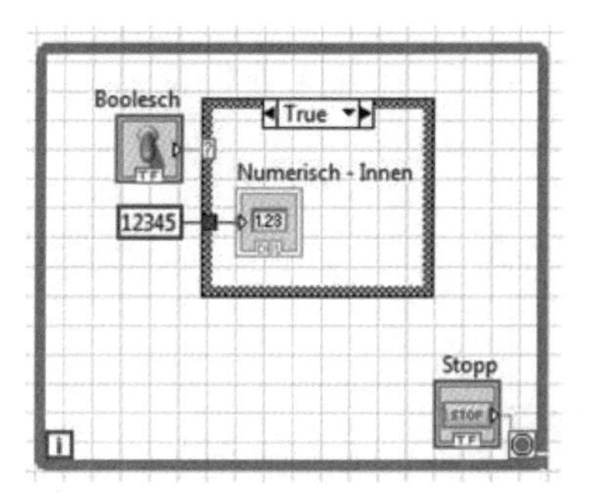

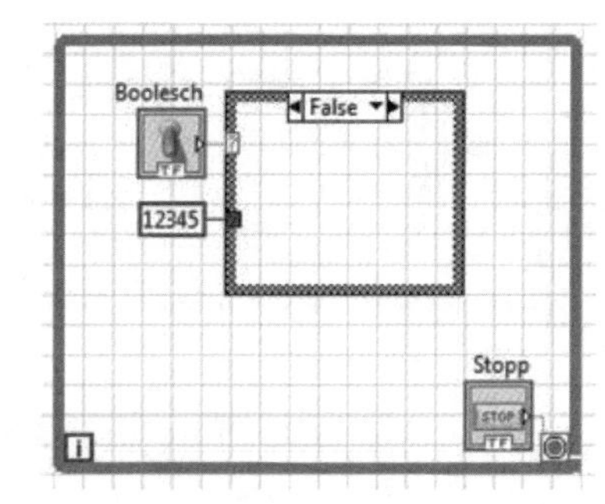

Abb. 9.78: Die Eingabe von Daten über Eingangstunnel ('case – 3.vi').

In diesem VI wird von außen her eine numerische Konstante ('12345') an die Case-Struktur angelegt, d.h. über einen Eingangstunnel eingespeist. Aber nur im 'True'-Case wird dieser Wert weiterverarbeitet (hier einfach nur angezeigt), im 'False'-Case dagegen wird dieser Wert nicht weiter verwendet, er endet also am 'False'-Rahmen. Das ist hier, im Gegensatz zu einem Ausgangstunnel (s. nachfolgend), zulässig!

Die Ausgabe von Daten aus einem Case-Rahmen heraus
erfolgt, wie gewohnt

- über (Daten-)Ausgangstunnel
- über lokale Variablen

Arbeitet man hier allerdings mit Ausgangstunneln, so ist eine kleine aber feine LabVIEW-Gemeinheit zu beachten:

> **Wichtig**
>
> *Die Ausgabe von Daten bei einer Case-Struktur über Ausgangstunnel*
> In allen Case-Rahmen müssen Werte an vorhandene Ausgangstunnel übergeben werden, auch wenn in einem Case-Rahmen gar nichts über die Ausgangstunnel ausgegeben werden soll.

Abb. 9.79 verdeutlicht diese Problematik.

Bei diesen VIs wird im 'True'-Case-Rahmen einfach eine String-Konstante ('Der 'True' -Case') nach außerhalb des Rahmen ausgegeben und dort angezeigt. Es wird also im 'True'-Rahmen ein Ausgangstunnel angelegt und verwendet. Im 'False'-Case-Rahmen wird aber nichts weiter gemacht und der Ausgangstunnel wird daher hier nicht verwendet bzw. gar nicht benötigt.

Und so etwas geht in LabVIEW nicht!

Es erscheint sofort die entsprechende Fehlermeldung (Abb. 9.79, untere Hälfte) und wenn man ganz genau hinsieht, ist auch das Ausgangstunnel-Quadrat sowohl beim 'True'-

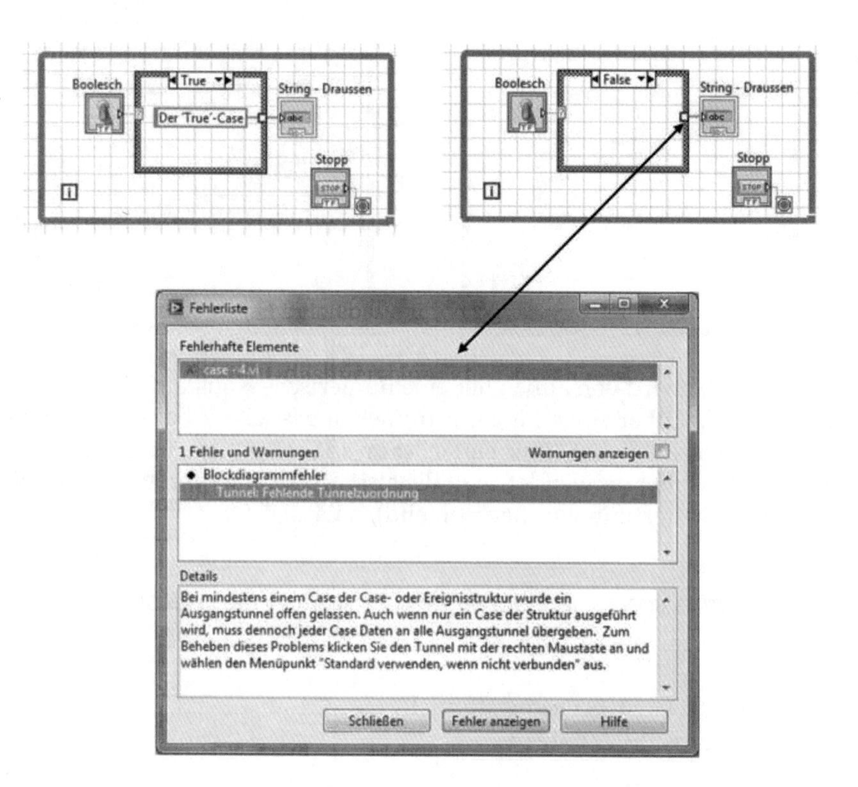

Abb. 9.79: *Ein nicht belegter Ausgangstunnel bei der Case-Struktur (´case – 4.vi´).*

Rahmen als auch beim ´False´-Rahmen nicht ausgefüllt, sondern leer (hohl)! Am Ausgangstunnel **muss** auch im ´False´-Rahmen **immer** etwas angeschlossen werden!
Und hierzu gibt es jetzt **zwei** Möglichkeiten:

Man schließt auch selbst im ´False´-Case-Rahmen etwas an den Ausgangstunnel an, z.B. einen Leer-String, der dann auch über den Ausgangstunnel ausgegeben wird, wenn der ´False´-Rahmen abgearbeitet bzw. aufgerufen wird. Oder man wählt im Kontextmenü zum Ausgangstunnel den Punkt ´Standard verwenden, wenn nicht verbunden´, Abb. 9.80:

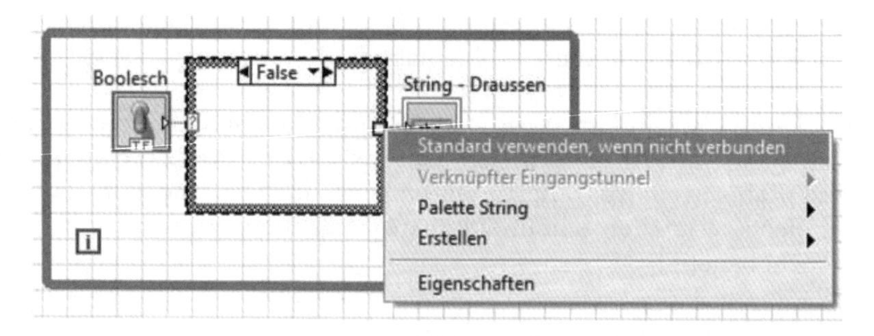

Abb. 9.80: *LabVIEW schließt automatisch etwas an den Ausgangstunnel an (case – 4a.vi´).*

In diesem Fall schließt LabVIEW selber automatisch den Standardwert an den Ausgangstunnel an: Im Falle eines Strings ist das der Leer-String, bei einem Zahlenwert-Ausgangstunnel der Wert ´0´. Der Fehler verschwindet, das Ausgangs-Tunnel-Quadrat ist jetzt voll ausgefüllt und das VI läuft. Der Nachteil hierbei ist, dass im ´False´-Fall nun eben doch etwas ausgegeben wird. Das erkennt man sehr schön, wenn man das VI ablaufen lässt.

Wenn man dieses aber nicht möchte, wenn also in einem Case-Rahmen wirklich nichts ausgegeben werden soll, so lassen sich Ausgangswerte aus einem Case-Rahmen heraus auch problemlos mit Hilfe von lokalen Variablen ausgeben, Abb. 9.81:

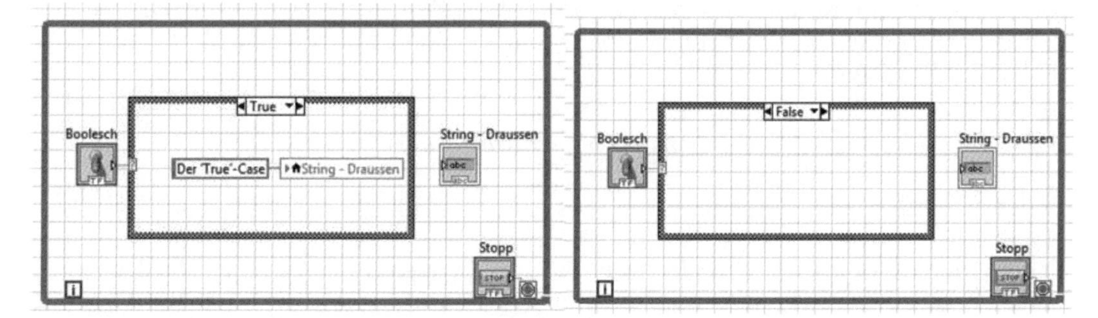

Abb. 9.81: *Der Datentransfer aus einem Case-Rahmen heraus mit Hilfe von lokalen Variablen (´case – 5.vi´).*

Hier wird also auf Ausgangstunnel gänzlich verzichtet und stattdessen außerhalb der Case-Rahmen ein Anzeigeelement mit zugehöriger lokaler Variablen angelegt (´String – Draußen´). Nun kann im ´True´-Case-Rahmen über diese lokale Variable eine Ausgabe nach draußen hin getätigt werden und im ´False´-Case-Rahmen muss wirklich nichts angeschlossen und wirklich nicht ausgegeben werden. Das lässt sich auch hier sehr schön überprüfen, wenn man das VI startet.
Kommen wir nun zur sehr interessanten und wichtigen Erweiterung der Case-Struktur …

Der Multi-Case

Die Weiterentwicklung des 2er-Case ist der sogenannte „Multi-Case" oder ganz einfach, die Möglichkeit zur Auswahl einer einzigen Alternative aus einem ganzen Satz von verschiedenen Alternativen.

Beispiel
Sie haben einen Drehschalter mit 8 Auswahlmöglichkeiten (Schalterstellungen) vor sich. In jeder Stellung des Schalters soll etwas anderes ausgeführt werden.
Somit müssen Sie eine Auswahl „1-aus-8" realisieren, d.h. jeweils eine Alternative aus 8 möglichen verschiedenen Alternativen wird ausgewählt und abgearbeitet.

(In einer klassischen Programmiersprache, wie z.B. in ´C´ ist das eine typische ´Switch-Case´-Konstruktion.)

Übung 1

Über einen Drehregler soll eine von acht Alternativen (≡ LabVIEW-Unterdiagramme) ausgewählt und dann abgearbeitet werden. Die einzelnen Alternativen bestehen der Einfachheit halber hier nur aus entsprechenden Textausgaben: ´Alternative 0 ausgewählt´, ´Alternative 1 ausgewählt´, usw. Das zu entwickelnde VI soll *´case - 6.vi´* heißen.

Öffnen Sie daher ein leeres VI, das Sie unter dem entsprechenden Namen abspeichern. Fügen Sie im Blockdiagramm eine Case-Struktur ein: LabVIEW realisiert standardmäßig zunächst den 2er-Case. Schalten Sie nun um auf das Frontpanel und platzieren Sie dort einen Drehregler, den Sie unter:

FP\Modern\Numerisch\Drehregler

finden.

Parametrieren Sie diesen Drehregler in einer ansprechenden Größe, mit einem Skalenbereich von 0 .. 7 (ganze Zahlen vom Typ U8) und mit der Beschriftung „Auswahl", in Rot, Größe 24, fett. Weiterhin benötigen wir auf dem Frontpanel noch eine *´Stringanzeige´* in einer entsprechenden Größe (für ca. 25 .. 30 Zeichen) mit der Bezeichnung „Ausgewählt", in blau und in der Größe 24, fett, zentriert. Gestalten Sie das Frontpanel ansprechend.

Schalten Sie nun um auf das Blockdiagramm und platzieren Sie den Drehregler links außerhalb und die Stringanzeige rechts außerhalb der Case-Struktur. Schauen Sie sich nun zunächst einmal das Selektorfeld der Case-Struktur an: Sie finden hier noch die beiden (einzigen) booleschen Auswahlalternativen ´TRUE` und ´FALSE` vor. Verbinden Sie nun den Ausgang des Drehreglers mit dem Entscheidungsterminal der Case-Struktur und beobachten Sie, was danach passiert bzw. schon passiert ist:

- Die Farbe des Fragezeichens hat von Grün nach Blau gewechselt, d.h., LabVIEW hat automatisch den hier angeschlossenen Datentyp erkannt und angepasst, von boolesch nach unsigned int.

- Im **Selektorfeld** sind nun ganz andere Alternativen eingetragen bzw. vorhanden:
  - ´0, Voreinstellung´ und
  - ´1´.

Das sind jetzt die Nummern der einzelnen Auswahlalternativen, die mit dem Drehregler eingestellt bzw. ausgewählt werden können, siehe Abb. 9.82.

Zunächst sind allerdings nur die zwei Alternativen: ´0, Voreinstellung´ und ´1´ vorhanden.

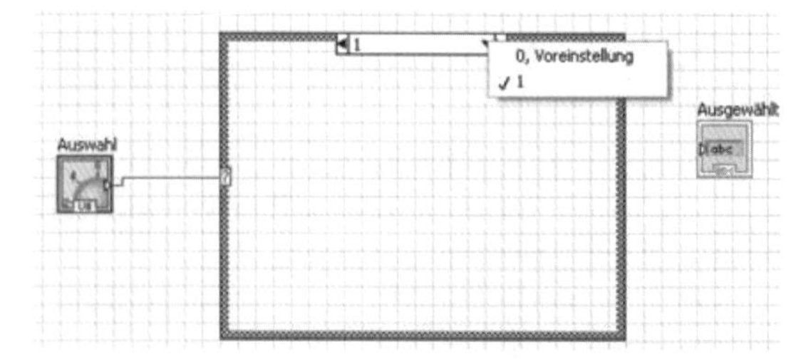

***Abb. 9.82:** Multi-Case: Drehregler mit Auswahlmöglichkeiten (´case – 6.vi´).*

In der Case-Struktur kann nun ganz einfach und beliebig, wie gewohnt, und wie bereits im vorherigen Kapitel gezeigt, zwischen diesen beiden Alternativen bzw. zwischen den beiden zugehörigen Unterdiagrammen umgeschaltet bzw. hin und her geschaltet werden:
Wenn unser Auswahldrehregler in der Position ´0´ steht bzw. wenn ganz allgemein am Entscheidungsterminal der Wert ´0´ anliegt, so wird das Unterdiagramm zu dieser Alternative abgearbeitet. Liegt dagegen der Wert ´1´ am Entscheidungsterminal an, so wird das Unterdiagramm zu dieser Alternative bearbeitet.

Wichtig

Die Abarbeitung der anderen Alternativen
Bei allen anderen mit dem Drehregler einstellbaren Auswahlwerten (Auswahlalternativen), also bei den Werten 2, 3, … 7, wird das Unterdiagramm aus der Alternative ´0, Voreinstellung´ abgearbeitet.
Mit anderen Worten: Bei allen anderen beliebig auswählbaren Alternativen, zu denen kein eigenes Unterdiagramm (kein eigener Case-Rahmen) existiert, wird immer automatisch das Unterdiagramm zum Case ´0, Voreinstellung´ bearbeitet, so dass die Case-Struktur NIE ins „undefinierte Leere" läuft!

Dieser Case-Rahmen, der so genannte Standard-Case, darf daher niemals fehlen,

sonst ist das VI nicht ablauffähig!

In klassischen Programmiersprachen, z.B. in ´C´, entspricht das dem so genannten ´default´-Fall in der switch case-Anweisung, der hier in LabVIEW allerdings immer zwingend vorhanden sein muss.

Übung 2

Wie Sie leicht erkennen können, ist das VI jetzt ablauffähig (nicht unterbrochener Pfeil oben links). Wählen Sie nun im Selektorfeld den Case ´0, Voreinstellung´ aus und löschen Sie im Selektorfeld einfach die Zeichen´, Voreinstellung´ so dass im Selektorfeld nur noch die Zahl

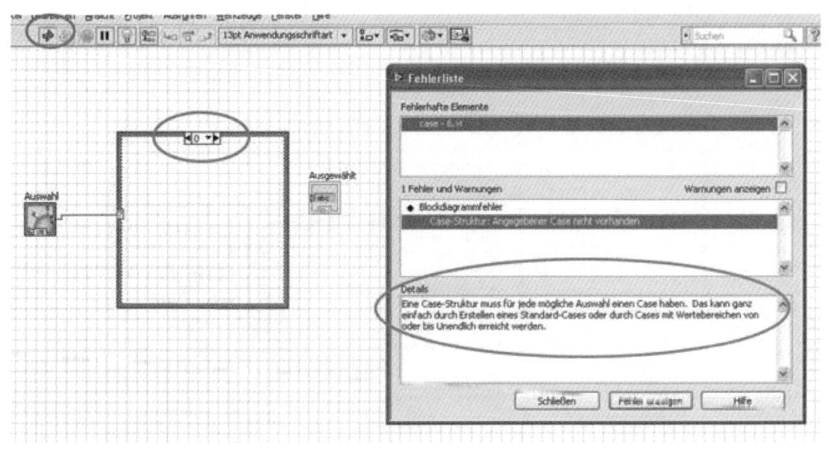

Abb. 9.83: *Gravierender Fehler – Der Standard-Case fehlt.*

´0´ steht. Sofort ist das VI nicht mehr ablauffähig (durchbrochener Pfeil oben links) und in der zugehörigen Fehlermeldung können Sie die Art des Fehlers nachlesen (Abb. 9.83).

Sie müssen daher also erst einmal wieder einen Standard-Case hinzufügen, damit das VI ablauffähig wird. Das muss natürlich nicht immer der Case 0 sein, Sie können auch jeden beliebigen anderen Case-Rahmen als Standard-Case festlegen, Abb. 9.84:

Abb. 9.84:
Das Festlegen eines neuen Standard-Case-Rahmens (hier Case-Fall ´1´ als Standard-Case gewählt).

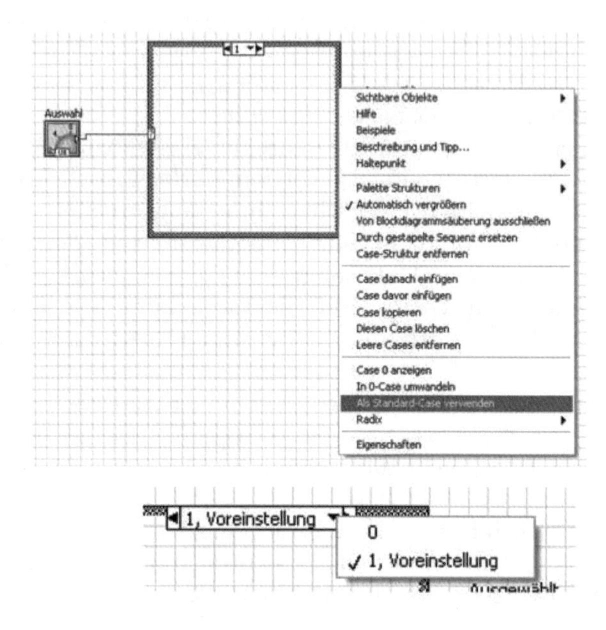

Dazu wählen Sie denjenigen Case-Rahmen aus, der jetzt als neuer Standard-Case dienen soll (hier Case-Fall ´1´), rufen das Kontextmenü zu diesem Rahmen auf und wählen den Unterpunkt *´Als Standard-Case verwenden´*. Nun ist wieder alles in Ordnung und das VI ist ablauffähig.
Jetzt müssen im nächsten Schritt ganz konkret die noch fehlenden Case-Rahmen für die anderen Alternativen 2 ... 7 hinzugefügt werden. Rufen Sie dazu das Kontextmenü zum Case-Rahmen ´1´auf, Abb. 9.85 ...

Abb. 9.85:
Das Hinzufügen, Löschen oder Kopieren von Case-Rahmen.

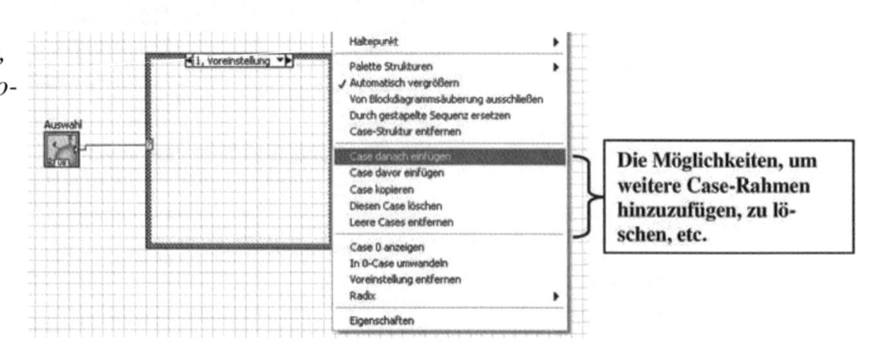

… und wählen Sie dort den Punkt *´Case danach einfügen´*. Es wird ein neuer Case-Rahmen nach dem ´1er´-Rahmen eingefügt, der dann von LabVIEW automatisch zum Case-Rahmen Nummer ´2´ ernannt bzw. durchnummeriert wird, Abb. 9.86:

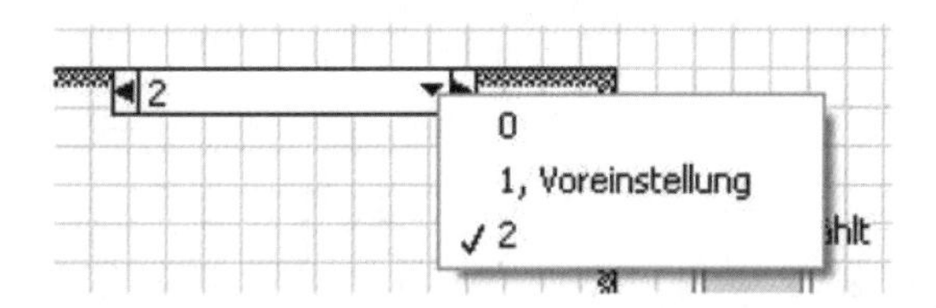

Abb. 9.86:
Ein neuer Case-Rahmen wurde eingefügt.

Gleichzeitig wird dieser neue Rahmen ´2´ nach vorne geblättert. Wiederholen Sie diesen Vorgang nun, bis auch die Rahmen 3 … 7 hinzugefügt worden sind, Abb. 9.87:

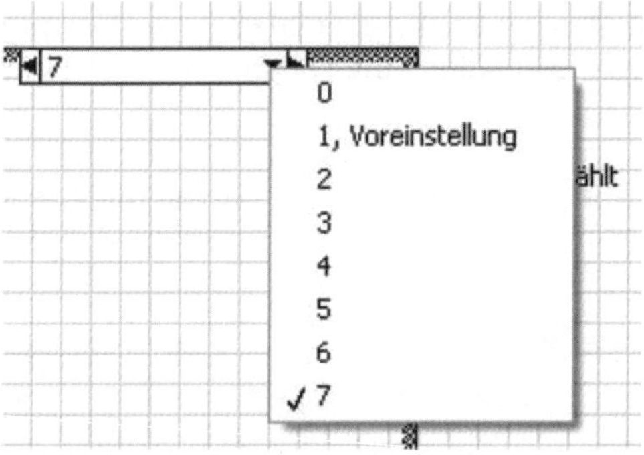

Abb. 9.87:
Alle benötigten Case-Rahmen wurden hinzugefügt.

Wählen Sie nun im Kontextmenü vom Rahmen ´0´ den Punkt *´Als Standard-Case verwenden´* und machen Sie damit diesen Rahmen wieder zum Standard-Case.
Nun können die einzelnen Unterdiagramme der verschiedenen Alternativen in die jeweiligen Case-Rahmen eingegeben werden. Und zwar wollen wir in den jeweiligen Fällen nur entsprechende Hinweistexte an die String-Anzeige ausgeben:

- Case 0: Alternative 0 und Voreinstellung ausgewählt
- Case 1: Alternative 1 ausgewählt
- Case 2: Alternative 2 ausgewählt
- ………
- Case 7: Alternative 7 ausgewählt

Diese Texte werden (in den Case-Rahmen) ganz einfach über eine *String-Konstante* realisiert,

BD\Programmierung\String\String-Konst.

die jeweils mit der außerhalb liegenden String-Anzeige verbunden wird. Das Endergebnis sollte dann so aussehen (incl. der alles umschließenden Standard-While-Schleife) (Abb. 9.88).

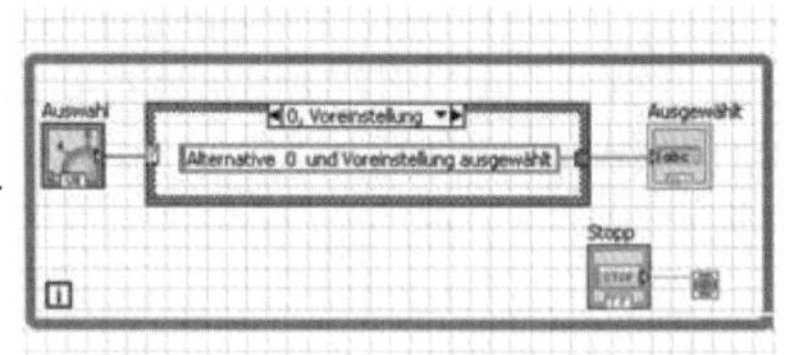

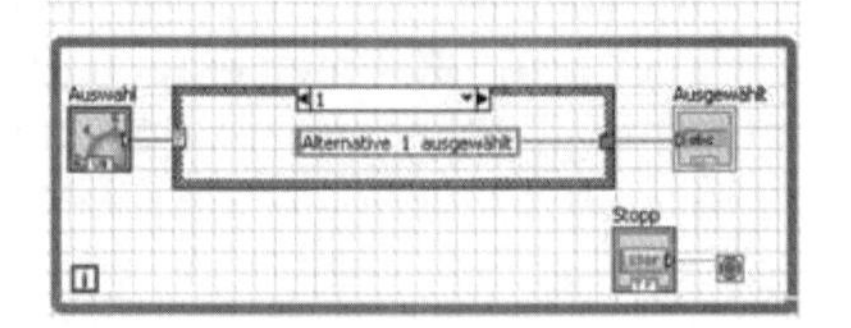

Abb. 9.88:
Die einzelnen Auswahlalternativen ('case – 6.vi').

• • • • • •

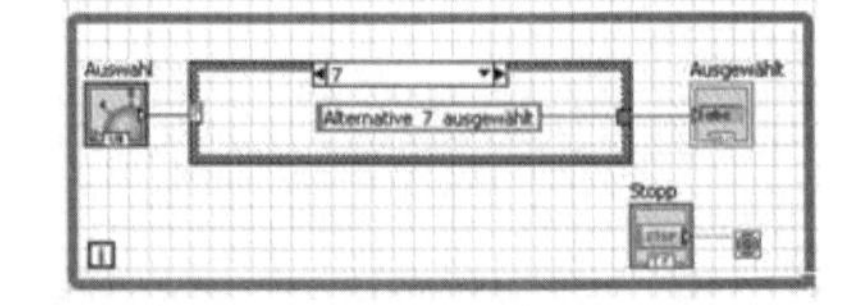

Hinweis

Die einzelnen Case-Rahmen liegen im Blockdiagramm natürlich übereinander und nur der jeweils obere Rahmen ist sichtbar. Wir haben die einzelnen Cases hier nur der Übersichtlichkeit halber nebeneinander dargestellt, solch eine Darstellung gibt es aber in LabVIEW nicht.

Speichern Sie nun das VI ab, starten Sie es und testen Sie auf dem Frontpanel seine Funktion, Abb. 9.89:

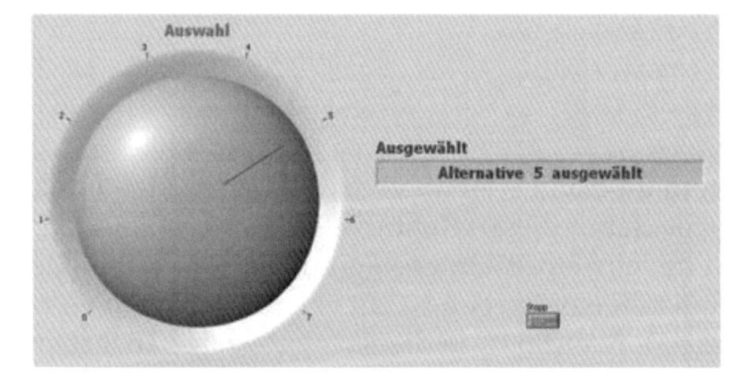

Abb. 9.89:
Das Frontpanel des VIs 'case - 6.vi'.

So lässt sich nun aus einer (beliebigen) Vielzahl von Bearbeitungsalternativen jeweils eine gezielt auswählen, die dann von LabVIEW abgearbeitet wird.

Abschließend müssen Sie noch einige weitergehende Feinheiten des Multi-Cases kennenlernen:

LabVIEW-Feinheiten: Multi-Case

1. Es gelten alle Regeln und Festlegungen aus dem vorhergehenden Kapitel, wenn es um den Transfer von Daten in die verschiedenen Case-Rahmen hinein bzw. aus den Case-Rahmen heraus geht.

2. Insbesondere ist auch hier wichtig:

Führt man aus einem Case-Rahmen eine Variable (einen Wert) nach außen, so muss man dieses auch für alle anderen existierenden Rahmen machen, d.h., alle anderen Rahmen müssen dann auch einen Wert nach draußen führen.
Entweder definiert man daher in jedem Rahmen einen passenden Ausgangswert oder man ruft das Kontextmenü zum Ausgangstunnel auf und wählt hier: *´Standard verwenden, wenn nicht verbunden´.*
Dieser Standardwert ist dann entweder ´0´ bei der Ausgabe von Zahlenwerten oder der Leerstring bei der Ausgabe von Strings.
Alternativ kann man hier natürlich auch mit lokalen Variablen in den Case-Rahmen arbeiten, dann entfallen die „Probleme" mit nicht belegten Ausgangstunneln.

3. Passt ein Wert, der am Entscheidungsterminal anliegt, nicht zu einem Case-Rahmen, d.h. gibt es gar keinen Case-Rahmen zu diesem Wert, so wird immer automatisch der ´Voreinstellungsrahmen (≡ Standard-Case)´ ausgewählt und abgearbeitet.
Daher darf dieser Voreinstellungsrahmen nie fehlen, da sich sonst das VI nicht starten lässt. Über das Kontextmenü kann jeder andere Rahmen zum Standard-Case gemacht werden.

Übung

Kopieren Sie das VI ´case – 6.vi´ um in das neue VI *´case – 7.vi´*. Löschen Sie im Blockdiagramm die Case-Rahmen zu den Alternativen ´1´, ´3´ und ´6´. (Löschen von Cases: im Kontextmenü des entsprechenden Rahmens den Punkt ´Diesen Case löschen´ anwählen).
Speichern Sie das VI ab und testen Sie seine Funktion: Bei der Anwahl der nun nicht mehr vorhandnen Case-Rahmen wird automatisch der Standard-Case ausgewählt und abgearbeitet.
Die gesamte Case-Struktur läuft also nirgendwo „ins Leere".

4. Man kann auch mehrere Auswahlfälle bzw. Auswahlalternativen auf einen einzigen Case-Rahmen zusammenlaufen lassen, wenn z.B. bei unterschiedlichen Auswahlwerten immer das Gleiche gemacht werden soll.
Hierzu gibt es verschiedene Möglichkeiten, die im Selektorfeld (von Hand) eingetragen werden können, Abb. 9.90:

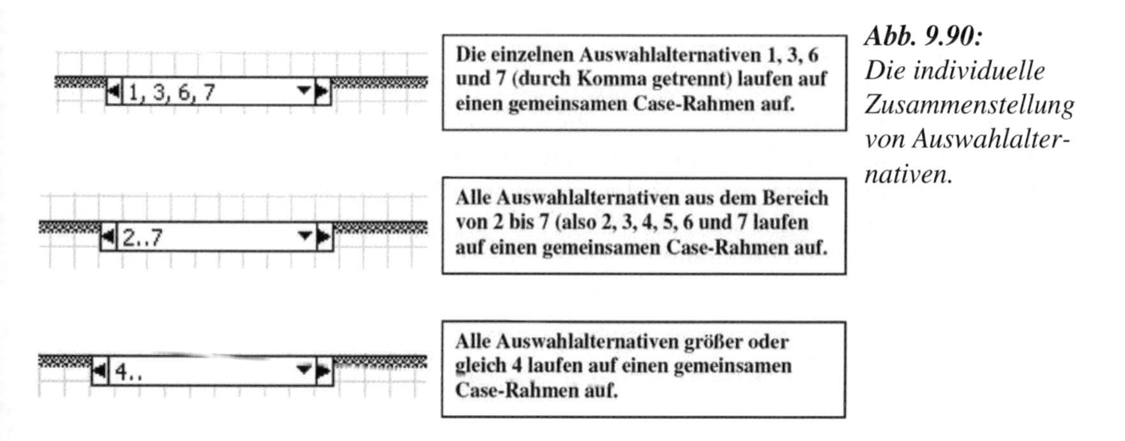

1, 3, 6, 7
Die einzelnen Auswahlalternativen 1, 3, 6 und 7 (durch Komma getrennt) laufen auf einen gemeinsamen Case-Rahmen auf.
2..7
Alle Auswahlalternativen aus dem Bereich von 2 bis 7 (also 2, 3, 4, 5, 6 und 7 laufen auf einen gemeinsamen Case-Rahmen auf.
4..
Alle Auswahlalternativen größer oder gleich 4 laufen auf einen gemeinsamen Case-Rahmen auf.

Abb. 9.90: *Die individuelle Zusammenstellung von Auswahlalternativen.*

Hierbei ist natürlich zu beachten, dass keine Doppelbelegungen stattfinden dürfen, dass also ein oder mehrere Auswahlalternativen nicht auf verschiedene Cases gelegt werden.
In solch einem Fall erscheint dann eine entsprechende Fehlermeldung und das VI ist nicht ablauffähig.

Merke

Der Fall „Voreinstellung"
Nun wird auch ein Eintrag im Selektorfeld, z.B. in der Abb. 9.82, klar:

0, Voreinstellung

Es handelt sich hierbei ganz genau genommen also um einen Case-Rahmen, der für zwei Alternativen zuständig ist: für den Auswahlfall ´0´ und für alle nicht passenden anderen Fälle, für die es keinen eigenen Case-Rahmen gibt.
Möchte man nun einen Case-Rahmen einzig und alleine NUR für die nicht passenden Fälle haben, also einen Rahmen, der nicht zusätzlich noch beim Auswahlwert ´0´ aufgerufen wird, so kann man im Selektorfeld auch die ´0´ löschen, so dass in diesem Feld nur noch das Wort ´Voreinstellung´ steht. Und für den Fall ´0´ schafft man sich dann einen neuen eigenen Rahmen.
Mit anderen Worten: Das Wort ´Voreinstellung´ ist in LabVIEW ein eigenständiger Begriff, der auch alleine im Selektorfeld einer Case-Struktur stehen kann.

Somit lässt sich daher auch z.B. die folgende Auswahlstruktur realisieren, Abb. 9.91:

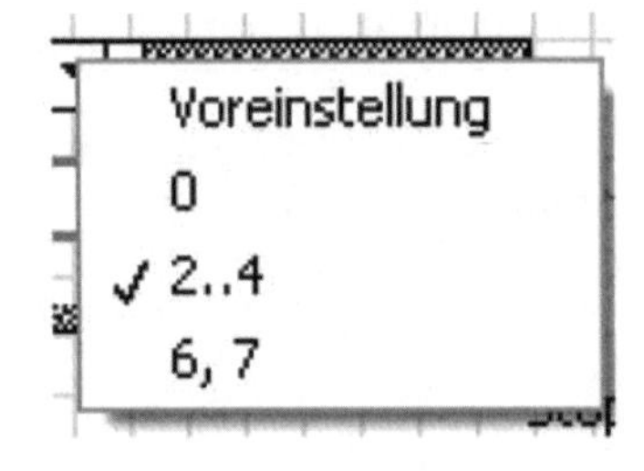

Abb. 9.91. *Ein eigener Case-Rahmen für die Voreinstellung.*

Hier gilt also:

- Der Auswahlwert ´0´ besitzt einen eigenen Case-Rahmen.
- Die Auswahlwerte ´2´, ´3´ und ´4´ laufen auf einen eigenen Case-Rahmen auf.
- Die Auswahlwerte ´6´ und ´7´ haben einen eigenen Case-Rahmen und
- alle anderen Auswahlwerte, also z.B. ´1´, ´5´, ´27´ oder ´1234´ „landen" im Case-Rahmen ´Voreinstellung´.

Übung

Kopieren Sie das VI ´case – 6.vi´ um in das neue VI ´case – 8.vi´.
Realisieren Sie die folgende Verteilung der Auswahlalternativen auf die jeweiligen Case-Rahmen, Abb. 9.92:

Abb. 9.92: *Das Case-Schema im VI ´case – 8.vi´.*

... und passen Sie die Auswahltexte in den Case-Rahmen entsprechend an. Speichern Sie das VI ab und testen Sie es.

5. Die Auswahl der einzelnen Alternativen muss nicht immer über (ganze) Zahlen erfolgen, sie kann auch über Strings durchgeführt werden (oder über die noch nicht behandelten Datentypen *Ring* und *Enum*, mit denen sich sehr einfach komfortable (Auswahl-) Menüstrukturen aufbauen lassen. Darauf gehen wir im zweiten Band dieser Lehrbruchreihe noch näher ein). Zunächst einmal beschäftigen wir uns hier mit Strings als Auswahlkriterien:

Übung

Erstellen Sie ein neues VI namens ´case – 9.vi´.
Fügen Sie auf dem Frontpanel ein String-Bedienelement (*´String-Element´*) ein, nennen Sie dieses ´Namen eingeben´ und machen Sie die Darstellung schön groß und bunt.
Wählen Sie im Kontextmenü zu diesem Element den Punkt *´Auf eine Zeile begrenzen´*, denn dann wird die Stringeingabe mit dem Drücken der Return-Taste beendet, d.h., die Return-Taste wird dann nicht als (weiteres) Element des Strings beachtet, sondern als Eingabe-Ende-Zeichen.
Schalten Sie um auf das Blockdiagramm und fügen Sie eine Case-Struktur ein.

Achten Sie jetzt ganz besonders auf das, was im Selektorfeld steht, Abb. 9.93 – A:

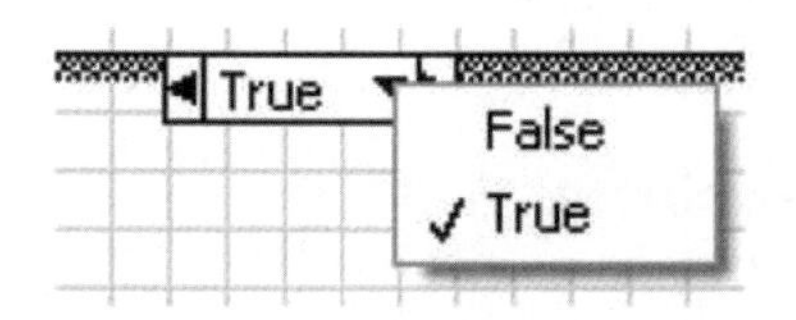

A: Grundzustand bei einer Case-Struktur – Im Selektorfeld stehen die LOGISCHEN Zustände ´True´ und ´False´.

Abb. 9.93: *Das Selektorfeld im Detail: Vorher – Nachher.*

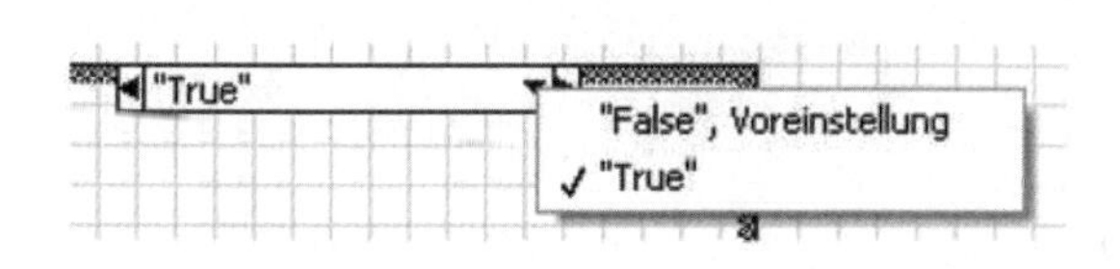

B: Das Selektorfeld nach Anschluss des Stringelementes an den Auswahlanschluss.

Im Selektorfeld stehen jetzt zunächst die logischen Grundzustände ´True´ und ´False´ einer typischen 2er-Case-Struktur wie im vorherigen Kapitel beschrieben. Schließen Sie jetzt das String-Element an den Auswahlanschluss an und beobachten Sie, was nun im Selektorfeld eingetragen ist, Abb. 9.93 – B: Beim ersten Hinsehen stehen dort zwar auch noch die (reinen) Worte True und False, aber bei genauerem Hinsehen erkennt man, das die beiden Begriffe in "..." eingeschlossen sind! Es handelt sich hierbei jetzt also um Strings (≡ ganz normale ASCII-Zeichenketten bzw. Worte) und nicht mehr um die logischen Zustände ´True´ und ´False´. Mit anderen Worten: LabVIEW hat erkannt, dass Sie am Auswahlanschluss ein String-Eingabefeld angeschlossen haben und dementsprechend im Selektorfeld alles bereits in Strings umgewandelt. Sie können daher ab jetzt mit Auswahlstrings arbeiten (und nicht mehr mit logischen Zuständen). Fügen Sie nun drei weitere Case-Rahmen hinzu (insgesamt also fünf Case-Rahmen) und erstellen Sie im Selektorfeld die folgende Auswahlstruktur, Abb. 9.94:

Abb. 9.94: *Die geforderte Auswahlstruktur für das VI ´case – 9.vi´.*

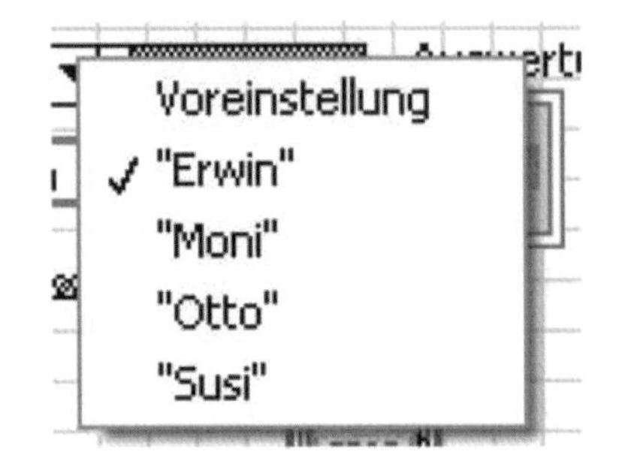

Fügen Sie nun via Frontpanel eine Stringanzeige ein, nennen Sie diese *´Auswertung´* und stellen sie die Anzeige schön, groß und bunt dar. Platzieren Sie die Anzeige auf dem Blockdiagramm rechts außerhalb der Case-Struktur. In den jeweiligen Case-Rahmen erfolgt einfach nur die Ausgabe des Textes „Sie haben ´Name´ gewählt" wobei anstelle von ´Name´ einfach der entsprechend Name eingetragen wird. Beim Fall Voreinstellung wird ausgegeben: ´Falsch, diesen Namen gibt's NICHT!´ Diese Stringausgabe wird, wie im VI ´case – 6.vi´, durch eine String-Konstante (im Case-Rahmen) realisiert, die mit der Stringanzeige außerhalb der Case-Struktur verbunden wird. Platzieren Sie abschließend um das gesamte Diagramm noch die obligatorischen While-Struktur.

Realisierung ...

Für den Case-Fall „Erwin" sollte die Lösung beispielhaft so aussehen, Abb. 9.95:

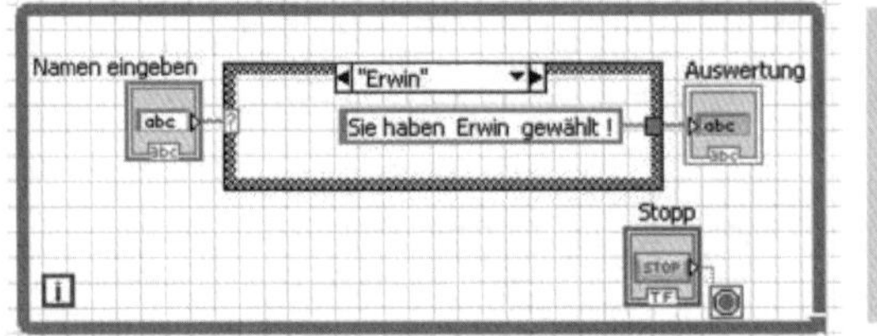

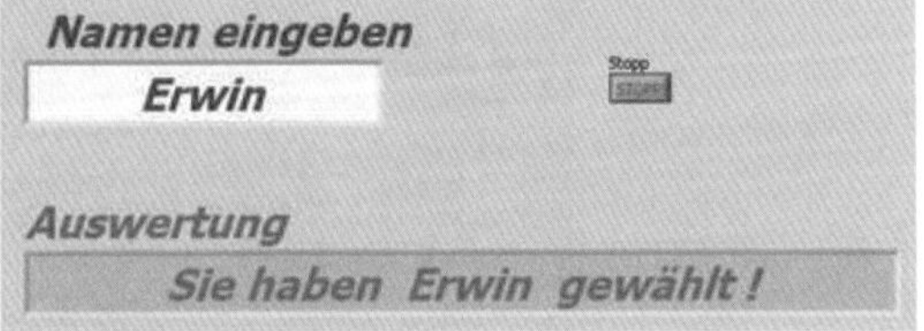

Abb. 9.95: *Der Fall Erwin im VI ´case – 9.vi´.*

Sie sehen also, auch die Auswertung von Strings in Verbindung mit einer Case-Struktur lässt sich sehr einfach realisieren und das Ganze wird mit Ring- und Enum-Variablen noch wesentlich interessanter und leistungsfähiger.

Damit haben Sie es geschafft!

Und wissen nun, wie die wesentlichen Programmstrukturen in LabVIEW aufgebaut sind, wie sie funktionieren und wie sie verwendet werden können.

10. Die sieben Arbeitsfenster in LabVIEW

Wie Sie im Laufe unsere bisherigen Ausführungen sicherlich schon bemerkt haben, besitzt LabVIEW mehrere unterschiedliche Arbeitsfenster zwischen denen wir hin und her geschaltet haben. Insgesamt gibt es sieben solcher Arbeitsbereiche, Abb.10.1:

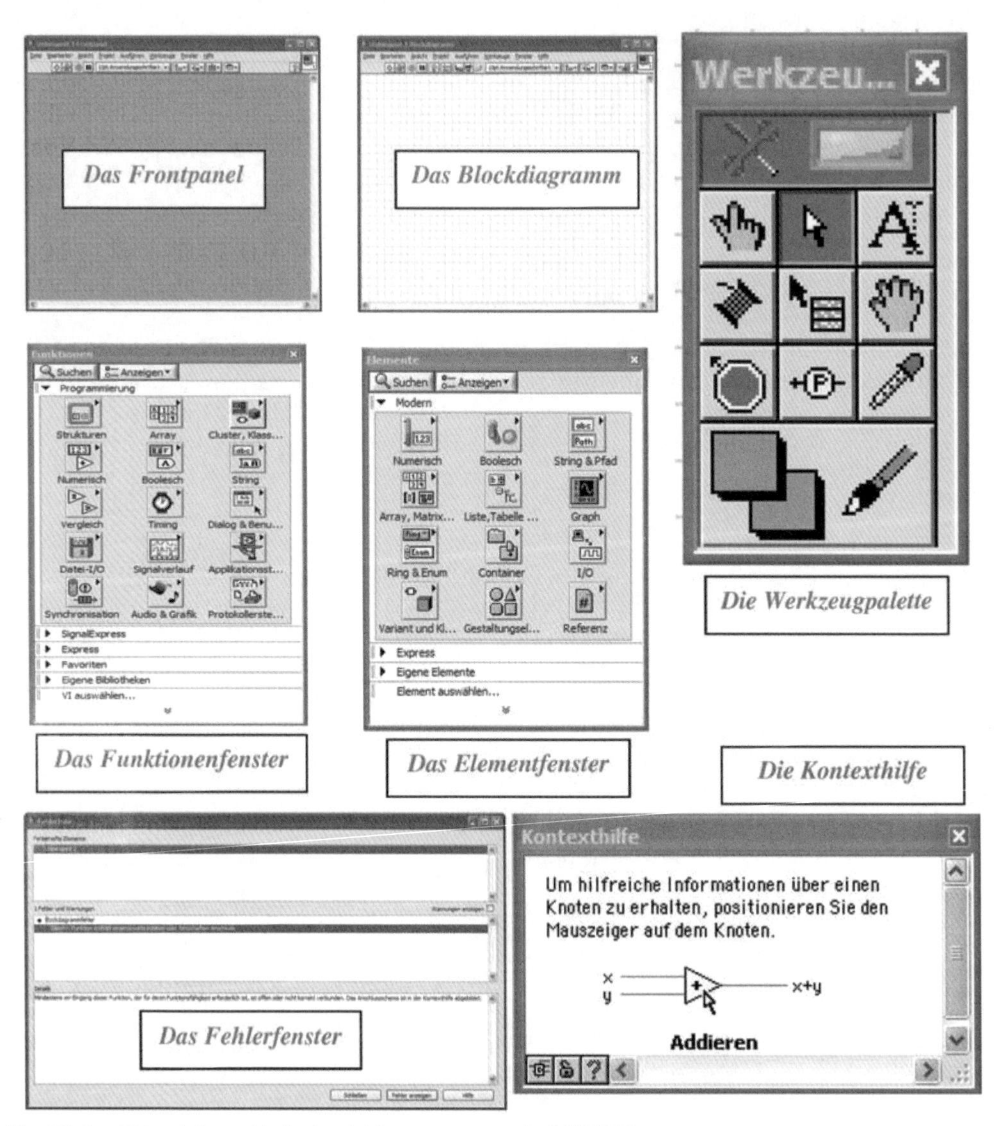

Abb. 10.1: *Die sieben (Arbeits-) Fenster unter LabVIEW.*

Diese sieben Fenster bilden somit den Kern der kompletten LabVIEW-Entwicklungsumgebung. Bis auf das *´Werkzeugpaletten-Fenster´* haben Sie bereits schon alle Fenster kennengelernt und damit gearbeitet.

10.1 LabVIEW-Feinheiten: LabVIEW denkt mit

Bevor wir uns die Werkzeugpalette etwas näher ansehen, sollten Sie sich über einen sehr wichtigen Punkt im Klaren sein: Beim bisherigen Arbeiten auf dem Frontpanel oder auf dem Blockdiagramm haben Sie gesehen, wie der Bildschirm-Cursor automatisch seine Form und damit auch automatisch seine Arbeitsfunktion wechselt, je nach dem, über welchen Teil des Frontpanel- bzw. Blockdiagramm-Elementes er sich gerade befindet.

Oder mit anderen Worten: Je nach dem wo der Cursor gerade steht, versucht LabVIEW zu erkennen, was Sie wohl als Nächstes machen wollen und gibt Ihnen die passende Werkzeugfunktion dafür vor. LabVIEW denkt also mit. Diesen Effekt nennet man in LabVIEW die *„Automatische Werkzeugwahl"*. Sie können diese Automatik-Eigenschaft aber auch ausschalten und sich ganz gezielt selber das nächste benötigte Bearbeitungswerkzeug auswählen. Das ist dann die *„manuelle Werkzeugauswahl"* und diese geschieht mithilfe der Werkzeugpalette.

Wichtig

Automatische/Manuelle Werkzeugwahl
Welche Art der Werkzeugwahl Sie verwenden, bleibt Ihnen überlassen, es gibt keinerlei Unterschiede bei den jeweiligen Werkzeugen und deren Funktionen. Die manuelle Wahl stammt noch aus der Vergangenheit von LabVIEW, als es noch keine Automatik gab. Die Automatik selber ist erst später hinzugefügt worden. Wie Sie aber in den bisherigen Ausführungen gesehen haben, reicht die Automatikwahl in 100 % all unserer Fälle aus und daher bleiben wir (zunächst) dabei. Sie sollten sich aber trotzdem einmal die Werkzeugpalette näher ansehen und wissen, was dort enthalten ist und wie diese Palette funktioniert.

10.2 LabVIEW-Feinheiten: Die Werkzeugpalette

Wählen Sie zum Aufrufen der Werkzeugpalette entweder im Frontpanel oder im Blockdiagramm aus der oberen Menüleiste den Punkt ´Ansicht´ und im dann erscheinenden Pull-down-Menü den Punkt ´Werkzeugpalette´, Abb.10.2:

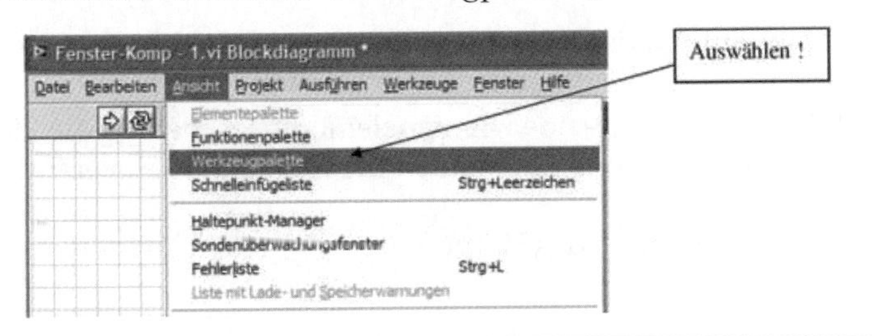

Abb. 10.2: *Der Auswahl der ´Werkzeugpalette´.*

Es erscheint ein neues LabVIEW-Fenster, die so genannte ´Werkzeugpalette´, Abb. 10.3:

Abb.10.3:
Der Werkzeugkasten (Werkzeugpalette) von LabVIEW.

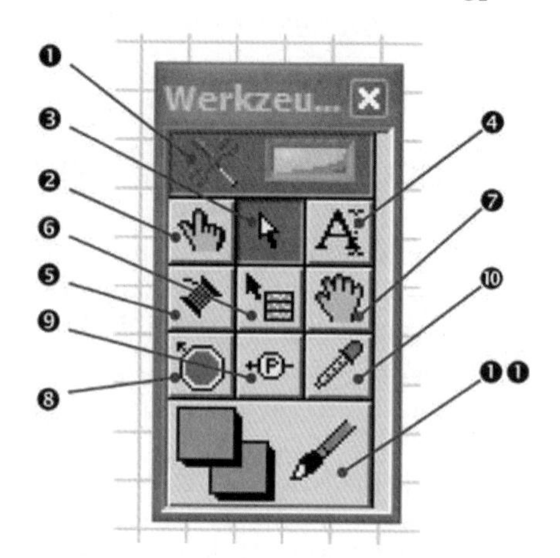

Sie sehen hier all die Bearbeitungswerkzeuge zusammengefasst, die Ihnen LabVIEW zur Bearbeitung von Frontpanel und Blockdiagramm zur Verfügung stellt. Fast alle davon haben Sie bei der automatischen Werkzeugwahl bereits kennengelernt und schon häufig benutzt.

Hinweis

Wenn Sie mit dem Mauszeiger auf eines dieser 11 Felder fahren, so erschein ein kurzer Erläuterungstext zu diesem Feld.

Feld ❶: Automatische Werkzeugwahl

Wenn das rechts angeordnete Rechteck in diesem Feld grün leuchtet, so ist die ´Automatische Werkzeugwahl´ aktiviert und das bedeutet, wie bereits erwähnt: Wenn Sie mit der Maus im Frontpanel oder im Blockdiagramm über ein Objekt fahren, so versucht LabVIEW automatisch zu ergründen, was Sie wohl als Nächstes machen wollen und wählt für Sie bereits ein passendes Werkzeug (für Ihre nächste Aktion) aus.

Sie kennen dieses Verhalten bereits:

- Fahren Sie mit der Maus im Frontpanel über ein Bedienelement, so erscheint automatisch die Hand mit dem ausgestreckten Zeigefinger und Sie können einen Wert einstellen.
  LabVIEW hat für Sie also automatisch das *Einstellwerkzeug* gewählt.

- An einer anderen Stelle des Anzeige- oder Bedienelements erscheinen die kleinen blauen Quadrate um das Element und Sie können die Elementgröße verändern oder das Element verschieben.
  LabVIEW hat für Sie also automatisch das *Vergrößerungs-/Verschiebungswerkzeug* gewählt.

- Wenn Sie im Blockdiagramm über den Anschluß eines Elements fahren, so erscheint automatisch die kleine Drahtrolle und Sie können eine Leitung ziehen. LabVIEW hat für Sie also automatisch das „Verbindungswerkzeug“ gewählt.

Sie können nun aber auch diese automatische Werkzeugwahl von LabVIEW ausschalten, und sich Ihr gerade benötigtes Werkzeug selber auswählen. Sie klicken dazu auf das grüne Rechteck im Feld ❶, dieses Feld ändert dann seine Farbe nach Grau und Sie können sich jetzt selber aus den Feldern ❷ bis ❶❶ das gewünschte Werkzeug auswählen. Möchten Sie wieder zur automatischen Werkzeugwahl zurückkehren, so klicken Sie einfach auf das graue Rechteck im Feld ❶: Es ändert seine Farbe nach grün und LabVIEW entscheidet dann wieder, welches Werkzeug für Sie gerade wohl das richtige sei. Es bedeuten nun hierbei:

Feld ❷: Wert einstellen

Mit diesem Werkzeug können Sie bei einem Anzeige- oder Bedienelement einen Wert einstellen (dieses Werkzeug haben Sie schon benutzt).

Feld ❸: Position/Größe/Auswahl

Der Cursor nimmt die Form des kleinen Pfeils an und nun können Sie ein Element auswählen (markieren), es in der Größe ändern oder es verschieben (auch mit diesem Werkzeug haben Sie schon gearbeitet).

Feld ❹: Text bearbeiten

Mit diesem (schon bekannten Werkzeug) können Sie die (Beschriftungs-) Texte bei den Anzeige- und Bedienelementen bearbeiten.

Feld ❺: Verbinden

Die wichtige Drahtrolle, zum Legen von Verbindungsleitungen. Auch hinreichend bekannt.

Feld ❻: Objekt-Kontextmenü

Mit diesem Werkzeug rufen Sie das Kontextmenü zum angeklickten Objekt aus. Das haben wir bisher immer mit dem Klick der rechten Maustaste auf das Objekt realisiert.

Feld ❼: Fenster verschieben

Hier kommt ein neues Werkzeug ins Spiel: Wenn Sie die Hand mit den fünf ausgestreckten Fingern aktiviert haben, so können Sie alle Objekte auf dem jeweiligen Fenster gemeinsam verschieben oder eben: Das Fenster auf der Arbeitsoberfläche verschieben (Ausprobieren!).

Feld ❽: Haltepunkt setzen/löschen

Neues Werkzeug: Es dient zur Unterstützung bei der Fehlersuche in einem VI. Dazu kommen wir noch.

Feld ❾: Sondenwerte

Mit diesem Werkzeug kann man sichtbar machen, welche Daten über eine Verbindungsleitung transportiert werden. Diese Möglichkeit dient ebenfalls zum Auffinden von Fehlern in einem VI und das werden wir noch ausführlich später behandeln.

Feld ❿: Farbe ermitteln

Hiermit lässt sich die Farbe eines angeklickten Elements ermitteln. Die jeweilige Farbe erscheint dann im Feld ❶❶.

Feld ❶❶: Farbe setzen

Der Cursor hat nun die Form eines kleinen Pinsels und damit kann man jetzt die Farben in einzelnen Elementen (neu) setzen (Malkasten-Funktion).

Wie Sie nun mit den Werkzeugen arbeiten, bleibt Ihnen selbst überlassen:

- Verwenden Sie hauptsächlich die automatische Werkzeugwahl von LabVIEW und wählen Sie nur in Ausnahmefällen selbst ein Werkzeug aus oder
- Wählen Sie sich grundsätzlich immer selbst das jeweils benötigte Werkzeug aus der Werkzeugpalette aus.

Wir haben uns hier für die erste Methode entschieden und schalten daher im Feld ❶ wieder die automatische Werkzeugwahl ein. Schließen Sie nun die Werkzeugpalette durch Klicken auf das weiß/rote Kreuz in der oberen rechten Fensterecke.

> Wichtig
>
> *Die automatische Werkzeugwahl*
> Vergessen Sie nie vor dem Schließen der Werkzeugpalette bei Bedarf wieder auf die automatische Werkzeugwahl umzustellen, weil Sie sich sonst wundern, warum LabVIEW Ihnen ab jetzt keine Werkzeuge mehr automatisch anbietet, denn:
> Beim Schließen des Werkzeugpaletten-Fensters schaltet LabVIEW **nicht automatisch** auf die ´Automatische Werkzeugwahl´ zurück, das müssen Sie vorher selber machen!

11. Aussichten auf Band 2

Nachdem Sie nun einen ersten Einblick in LabVIEW erhalten haben, werden wir im Band 2 dieser kleinen Lehrbuchreihe weiter vertiefend in LabVIEW eindringen. Neben der Einführung neuer Datentypen und neuer Programmstrukturen wird der Schwerpunkt in diesem Band auf der Datenkommunikation über serielle (COM) Schnittstellen liegen, wobei als Datengeber ein beliebiges Mikrocontroller-System (mit serieller Schnittstelle) dienen kann, das z.B. Messwerte an ein LabVIEW-VI übermittelt, die dann ansprechend auf dem Monitor dargestellt werden. Anderseits kann das VI natürlich auch über die serielle Schnittstelle das komplette Mikrocontroller-System ansteuern und bedienen.

Selbstverständlich werden auch USB-Schnittstellen über einen USB/Seriell-Umsetzer einfach mit eingebunden. Und Sie werden sehen und feststellen, dass solche Kommunikations- und Auswerte-VIs mit LabVIEW ebenfalls „im Handumdrehen" unkompliziert und leistungsfähig realisierbar sind.

Neue LabVIEW-Konzepte wie SubVIs, Express-VIs oder selbständig ablaufende VIs in ´*.exe´ -Versionen, werden wir Ihnen natürlich nicht vorenthalten.

Bleiben Sie also gespannt!

12. Literatur, Foren und Seminare, CD-Inhalt

12.1 Literatur

Wolfgang Georgi, Ergun Metin
„Einführung in LabVIEW"

5. überarbeitete und erweiterte Auflage, Januar 2012
Carl Hanser Verlag GmbH & CO. KG
ISBN: 978-3-44642-386-2

12.2 Weblinks

Das große deutschsprachige Hilfeforum zu LabVIEW

http://www.labviewforum.de/index.php

Fort- und Weiterbildungsseminare zu LabVIEW

- Seminare für LabVIEW-Anfänger, Schüler, Auszubildende und Lehrer/Ausbilder
  Mehrtätige Seminare und Workshops beim Elektor-Verlag
  www.elektor.de

- Weiterführende Seminare für fortgeschrittene (Profi-) Anwender
  Mehrtägige Seminare und Workshops bei National Instruments
  www.ni.com

12.3 Inhalt der CD

Auf der beiliegenden CD finden Sie:

- Alle in diesem Band entwickelten LabVIEW-VIs.
- Die Anhänge in Form von pdf-Files zum Ausdrucken.

13. Anhang

Die nachfolgenden Anhänge finden Sie auch in pdf-Form auf der beiliegenden CD.

Wir empfehlen Ihnen, sich diese Anhänge auszudrucken und diese bei Ihren ersten Schritten in LabVIEW als Nachschlagehilfe neben Ihrem Arbeitsplatz zu deponieren.

13.1 Elemente zur Gestaltung von Frontpanels

Als ´Ziel-Wegbeschreibung´ zum schnellen Auffinden von Frontpanel-Elementen geben wir zum Beispiel einfach an:

FP\Modern\Numerisch\Rundinstrument

Im Detail ist das wie folgt zu interpretieren:

FP Arbeiten auf dem Frontpanel, das heißt, Aufruf des Frontpanels und mit der rechten Maustaste auf eine freie Stelle des Frontpanels klicken. Es öffnet sich die **Elementpalette** mit der bereits geöffneten Unterpalette ´Modern´.

Modern Auswahl der Unterpalette ´Modern´ (Ist hier bereits erfolgt. Bei anderen Unterpaletten muss man unter Umständen zuerst die Unterpaletten-Anzeige erweitern, bevor man diese Unterpaletten angezeigt bekommt:
Erweiterung der Anzeige, Anklicken des Doppelpfeils).

Numerisch Anschließend fährt man mit der Maus über ´Numerisch´ und nun erscheinen endgültig alle verfügbaren Frontpanel-Elemente aus dieser Gruppe.

Rundinstrument Jetzt wählt man sich das gewünschte Element aus, das heißt, man klickt mit der Maus auf das Element. Daraufhin schließen sich alle Paletten und auf dem Frontpanel erscheint der Mauszeiger in ´Handform´, dem nun das Rundinstrument angeheftet ist. Man kann dieses Element abschließend auf seinen endgültigen Platz verschieben und dort per Mausklick ablegen.

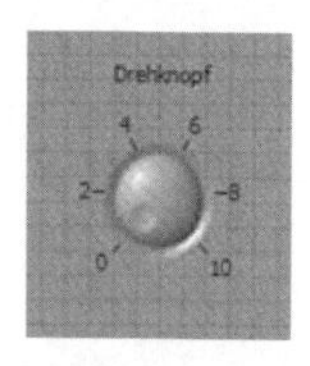

Drehknopf

FP\Modern\Numerisch\Drehknopf

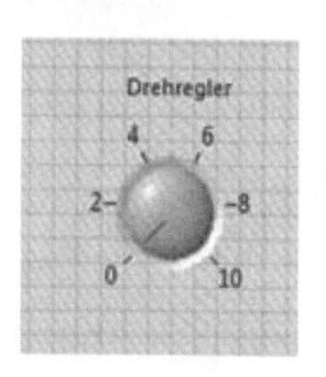

Drehregler

FP\Modern\Numerisch\Drehregler

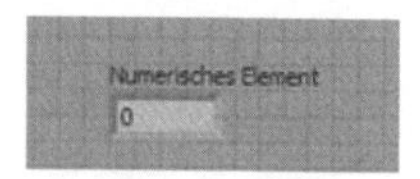

Numerisches Anzeigeelement

FP\Modern\Numerisch\Numerisches Anzeigeelement

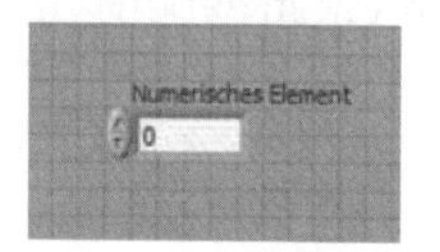

Numerisches Bedienelement

FP\Modern\Numerisch\Numerisches Bedienelement

Rundinstrument

FP\Modern\Numerisch\Rundinstrument

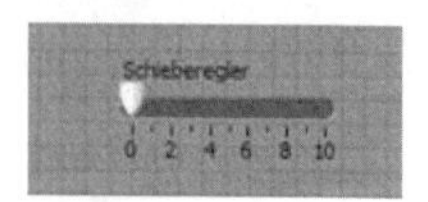

Schieber mit Zeiger (horizontal)

FP\Modern\Numerisch\Schieber mit Zeiger (horizontal)

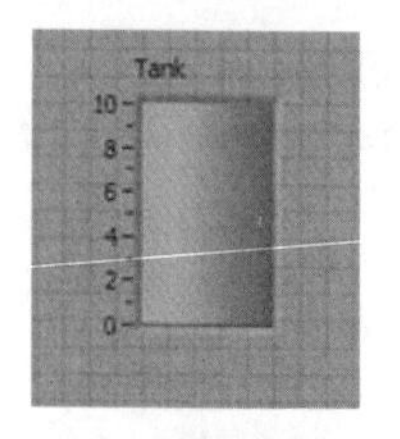

Tank

FP\Modern\Numerisch\Tank

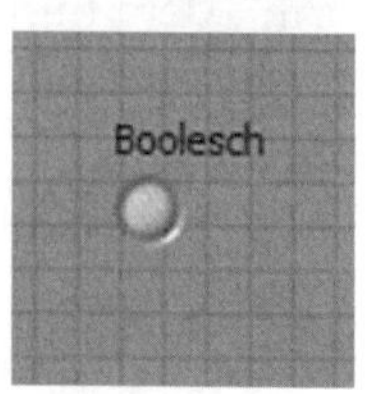

LED (rund)

FP\Modern\Boolesch\LED (rund)

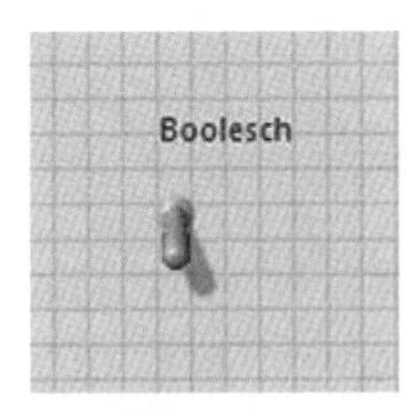

Umschalter (vertikal)

FP\Modern\Boolesch\Umschalter (vertikal)

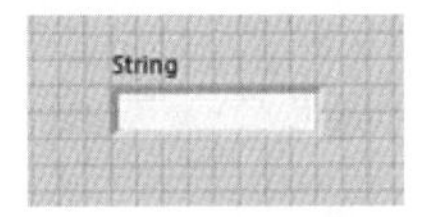

String (Eingabe) Element

FP\Modern\String & Pfad\String-Element

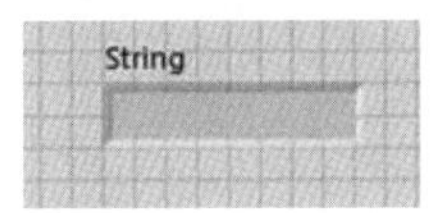

String-Anzeige

FP\Modern\String & Pfad\String-Anzeige

13.2 Funktionen zur Entwicklung des Blockdiagramms

Als ´Ziel-Wegbeschreibung´ zum schnellen Auffinden von Blockdiagramm-Funktionen geben wir z.B. einfach an:

BD\Programmierung\Numerisch\Addieren

wobei diese ´Ziel-Wegbeschreibung´ im Blockdiagramm Folgendes bedeutet:

BD Arbeiten auf dem Blockdiagramm, das heißt: Aufruf des Blockdiagramms und mit der rechten Maustaste auf eine freie Stelle des Blockdiagramms klicken. Es öffnet sich die Sammlung der **Funktionspaletten**.

Programmierung Auswahl der Palette ´Programmierung´, beziehungsweise diese Palette ist hier bereits ausgewählt und geöffnet.

Numerisch Anschließend fährt man mit der Maus über ´Numerisch´ und nun erscheinen endgültig alle verfügbaren Funktionen aus dieser Unterpalette, eben die numerischen Funktionen.

Addieren Jetzt wählt man sich die gewünschte Funktion aus, d.h. man klickt mit der Maus auf die Funktion: alle Paletten schließen sich und auf dem Blockdiagramm erscheint der Mauszeiger in ´Handform´, dem nun die Funktion ´Addieren´ angeheftet ist.
Man kann diese Funktion abschließend auf ihren endgültigen Platz verschieben und dort per Mausklick ablegen.

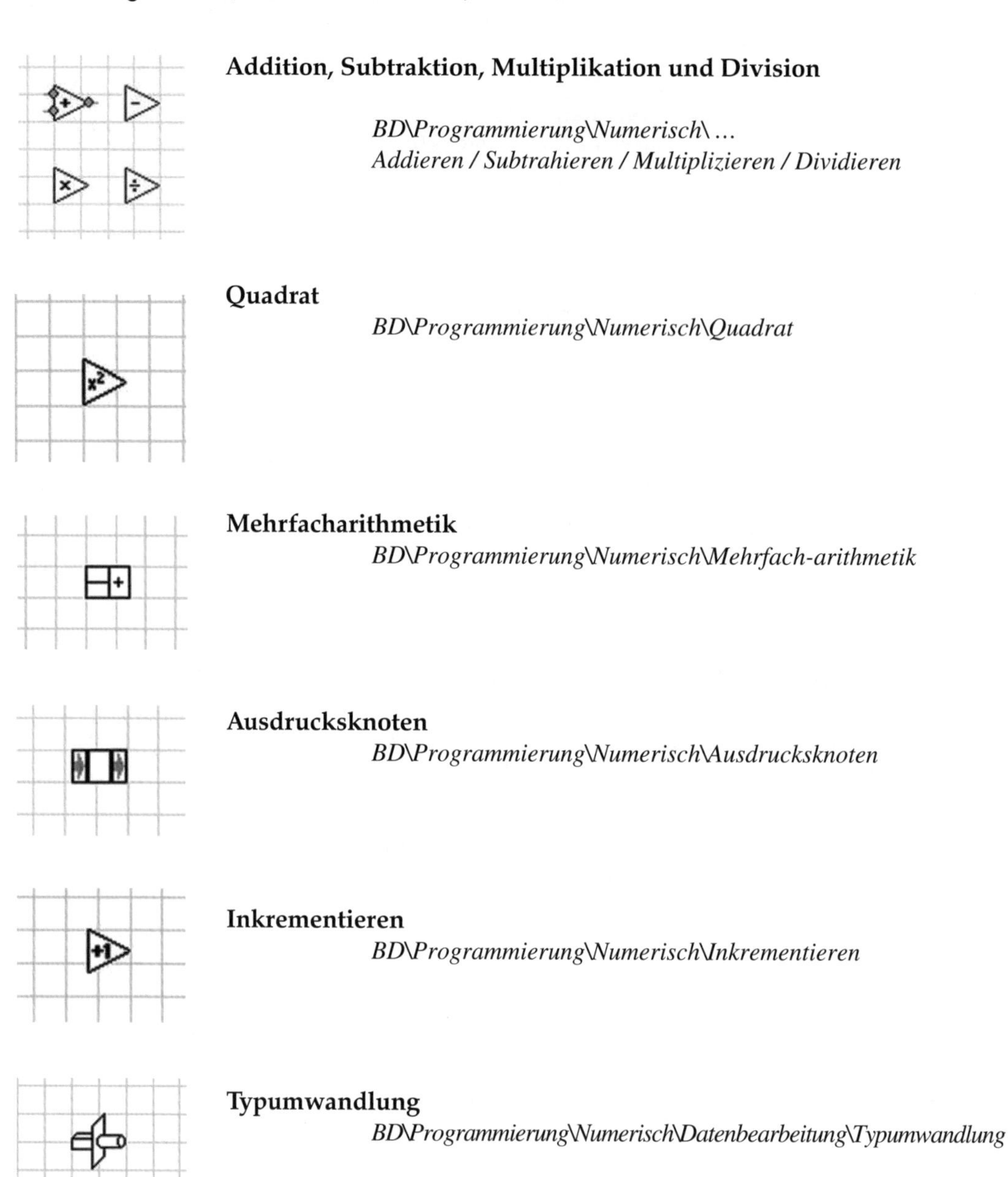

Addition, Subtraktion, Multiplikation und Division

BD\Programmierung\Numerisch\ ...
Addieren / Subtrahieren / Multiplizieren / Dividieren

Quadrat

BD\Programmierung\Numerisch\Quadrat

Mehrfacharithmetik

BD\Programmierung\Numerisch\Mehrfach-arithmetik

Ausdrucksknoten

BD\Programmierung\Numerisch\Ausdrucksknoten

Inkrementieren

BD\Programmierung\Numerisch\Inkrementieren

Typumwandlung

BD\Programmierung\Numerisch\Datenbearbeitung\Typumwandlung

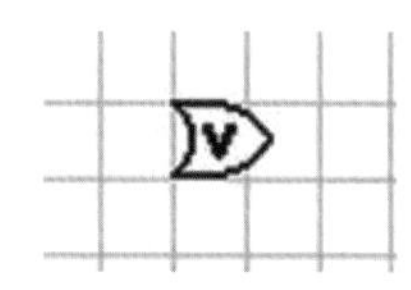

ODER

BD\Programmierung\Boolesch\ODER

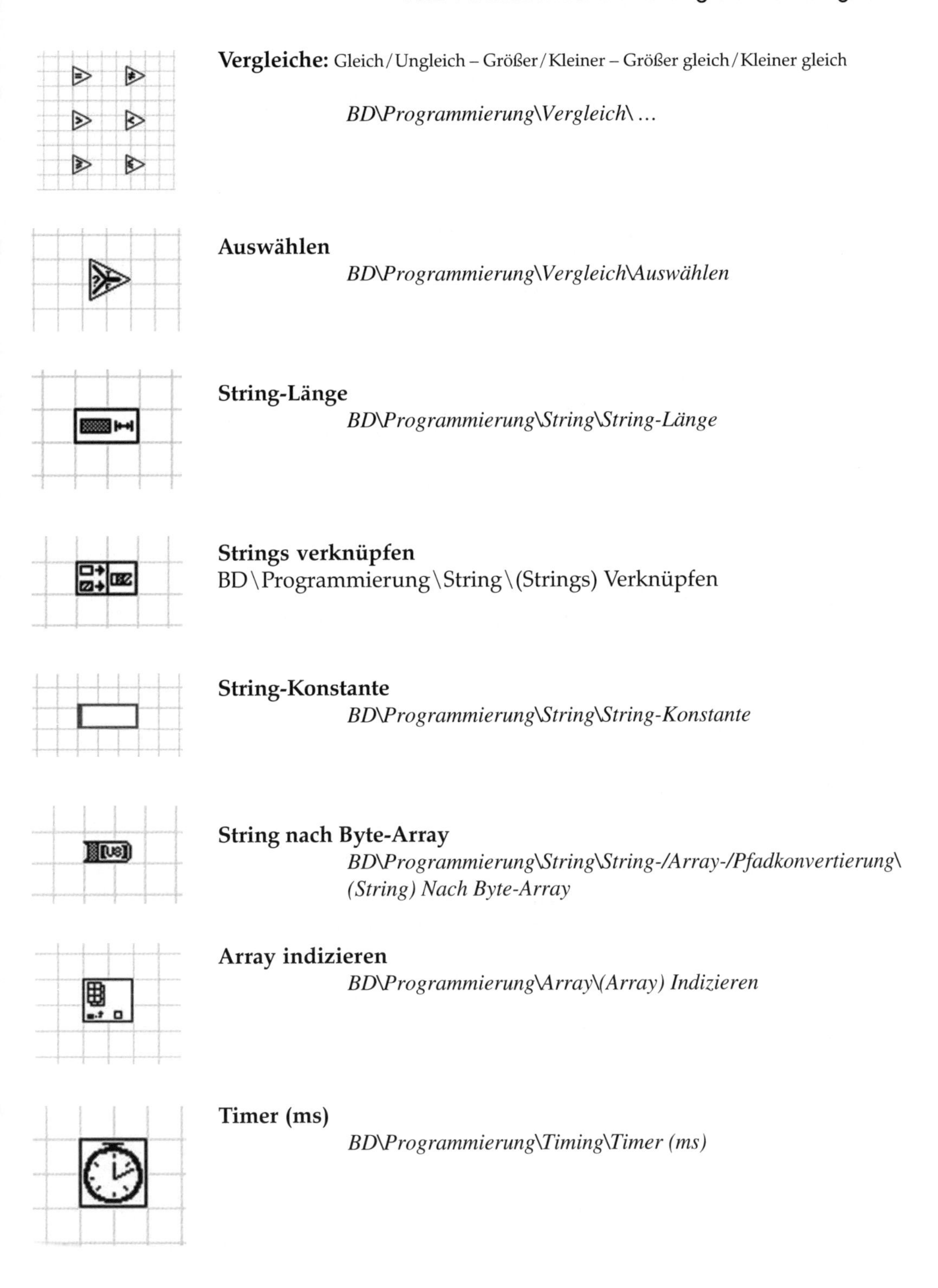

Vergleiche: Gleich/Ungleich – Größer/Kleiner – Größer gleich/Kleiner gleich

BD\Programmierung\Vergleich\ ...

Auswählen

BD\Programmierung\Vergleich\Auswählen

String-Länge

BD\Programmierung\String\String-Länge

Strings verknüpfen

BD \ Programmierung \ String \ (Strings) Verknüpfen

String-Konstante

BD\Programmierung\String\String-Konstante

String nach Byte-Array

BD\Programmierung\String\String-/Array-/Pfadkonvertierung\ (String) Nach Byte-Array

Array indizieren

BD\Programmierung\Array\(Array) Indizieren

Timer (ms)

BD\Programmierung\Timing\Timer (ms)

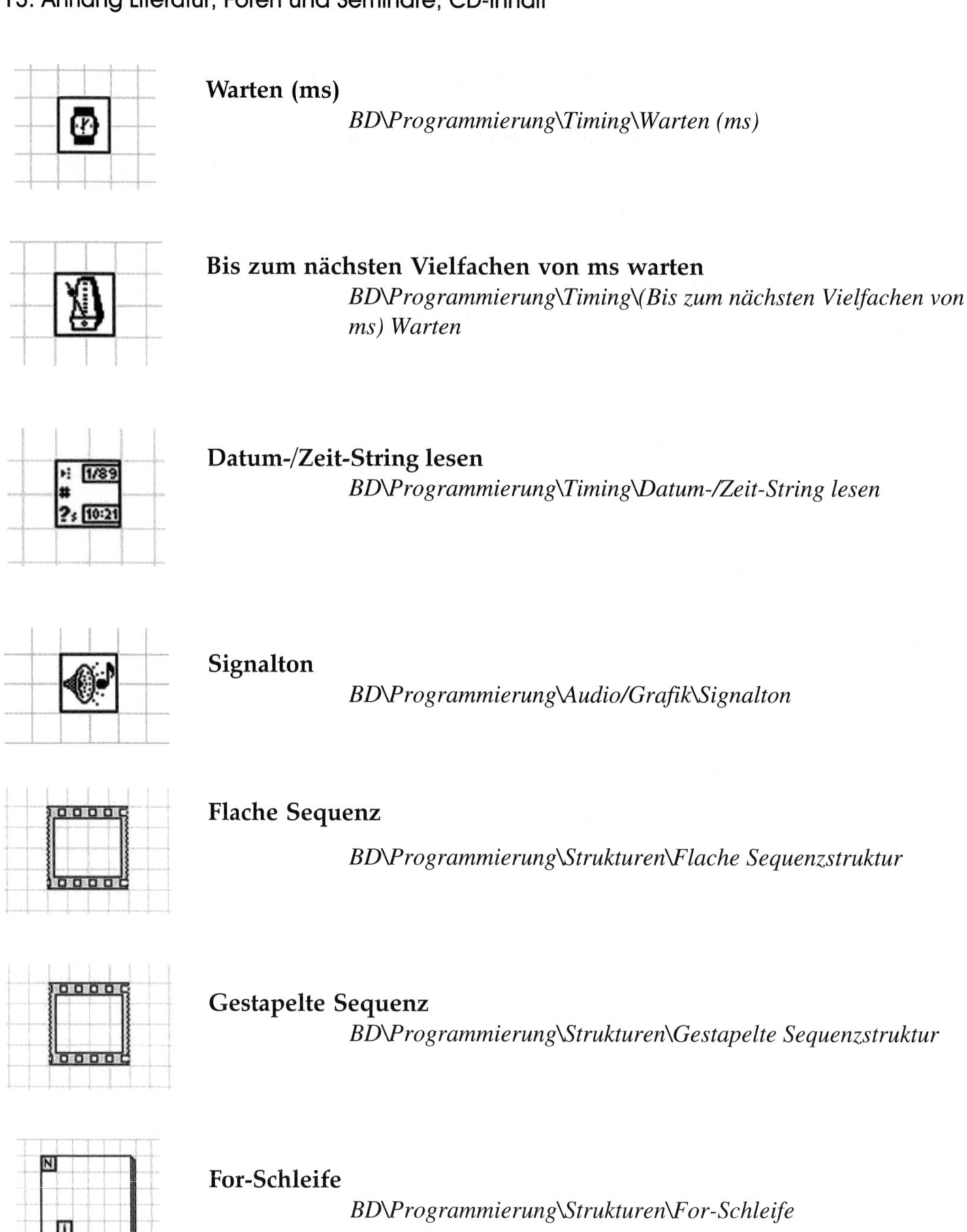

Warten (ms)

BD\Programmierung\Timing\Warten (ms)

Bis zum nächsten Vielfachen von ms warten

BD\Programmierung\Timing\(Bis zum nächsten Vielfachen von ms) Warten

Datum-/Zeit-String lesen

BD\Programmierung\Timing\Datum-/Zeit-String lesen

Signalton

BD\Programmierung\Audio/Grafik\Signalton

Flache Sequenz

BD\Programmierung\Strukturen\Flache Sequenzstruktur

Gestapelte Sequenz

BD\Programmierung\Strukturen\Gestapelte Sequenzstruktur

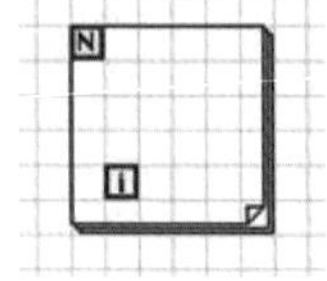

For-Schleife

BD\Programmierung\Strukturen\For-Schleife

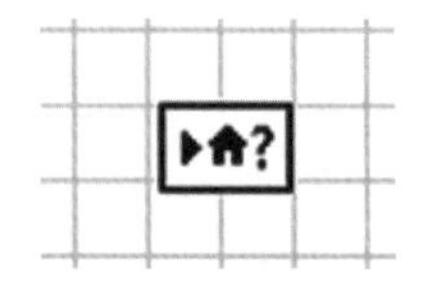

Lokale Variable

BD\Programmierung\Strukturen\Lokale Variable

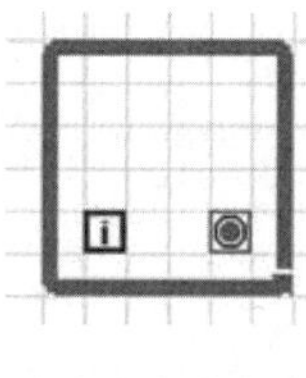

While-Schleife

BD\Programmierung\Strukturen\While-Schleife

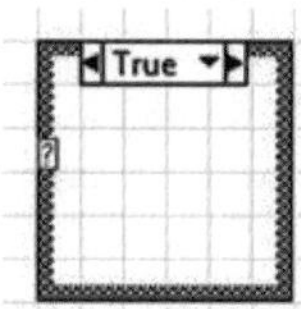

Case-Struktur

BD\Programmierung\Strukturen\Case-Struktur

13.3 Wichtige Shortcuts

Shortcuts sind Tastenkombinationen, mit denen man bestimmte LabVIEW-Aktionen einfach und schnell ausführen kann.

Die zunächst wichtigsten Shortcuts sind:

´Strg+E´: Umschalten zwischen Frontpanel und Blockdiagramm.

´Strg+Z´: Rückgängig machen von zuvor durchgeführten Änderungen.

´Strg+H´: Aufruf der Kontexthilfe.

´Strg+B´: Löschen von überflüssigen Leitungen.

´Strg+0´ (Null): Festlegungen zur jeweiligen Schriftart: Größe, Farbe, etc.

´Strg+S´: Abspeichern des VIs.

´Strg+U´: Aufräumfunktion für das Blockdiagramm. Identisch mit dem ´Besen-Ikon´ in der Ikon-Leiste.

´Strg+T´: Frontpanel und Blockdiagramm werden in Fenstern gleichzeitig nebeneinander dargestellt.

´Entf-Taste´: Löschen von zuvor markierten Elementen (mit der PC-Tastatur).

Stichwortverzeichnis

!

´\´-Code-Anzeige 105
2er-Case 202

A

Abbruch einer For-Schleife 193
Abschließende Nullen ausblenden 82
Abspeichern 37
Addition 70
Anzeigeelement 24, 73
Arbeitsfenster 224, 226,228
Arithmetikfunktion 66ff, 71ff, 81ff
Aufräumen 77
Ausdrucksknoten 158
Ausführen 50
Ausführliche Hilfe 64
Ausführung abbrechen 50
Ausgabe von Daten 181
Ausgabekarten 12
Auswahlanschluss 203
Automatisch formatieren 84
Automatische Werkzeugwahl 225

B

Bedienelement 24, 73
Bedingungsanschluss 175
Benutzerschnittstelle 16
Beschreibung 85
Besen-Ikon 77
Bis zum nächsten Vielfachen von ms warten 150
Blockdiagramm 15, 41ff
Boolesche Daten 87f, 93ff
Boolesche Grundfunktionen 87f, 93ff
Boolesche Variablen (logische, binäre) 87
Booleschen Funktionen 87
Booleschen Text anzeigen 90

C

Case-Struktur 202
Cursor-Form 47
Cursor-Funktion 47

D

Darstellung 60
Datenfluss-Prinzip 195
Datenfluss-Programmiersprache 41
Datenflussprinzip 183
Datenstrom 41
Datentypen 53ff, 60ff,80ff,100ff,120ff
Datentypen, einfache 53
Datentypen, einstellbar 62
Datentypen, komplexere 53
Datum-/Zeit-String lesen 114
Default-Fall 215
Derzeitige Messtechnik 14
Division 76
Drähte 44
Drahtmuster 54
Drahtrolle 45, 48
Drahtstärke 54
Drehregler 214

E

Eigenschaften 79
Einspeisen von Daten 180
Einstellung des Wertebereichs 94
Einstellwerkzeug 226
Einzelschrittausführung 138
Endlosschleife 190
Entf-Taste 48
Entscheidungsterminal 203, 214
Erstellen 73
Erweiterung von Funktionen 110
Erzeugung von lokalen Variablen 161

F

Farben 54, 90
Farbige Drähte 54
Fehlverbindungen 65
Fensterkomparator 93
Fließkomma 82
Fließkomma-Zahlen 57
Fontpanel 16
For-Schleife 154, 191ff,199f
Freie Beschriftungstexte 96
Frontpanel 13f, 24ff, 33ff
Funktion Auswählen 208
Funktion Signalton 165
Funktionsblock 43
Funktionspaletten 66
Funktionssymbol 43

G

Genauigkeitstyp ... 82
Gestaltungselemente ... 124
Globale Variblen ... 160
Grundrechenarten ... 68

H

Hand-Cursor ... 30
Heftzwecke ... 29
Herausspringen ... 139
Hexadezimalanzeige ... 105
Highlight-Funktion ... 136
Hilfe ... 55ff, 61ff
Hineinspringen ... 139
Hinweisstreifen ... 85

I

If-Struktur ... 202
Initialisierungsanschluss ... 206
Inkrementieren ... 205
Installation von LabVIEW ... 18f
Interne Verarbeitungsintelligenz ... 14
Invertierung ... 207
Iterationsanschluss ... 177, 192
Iterationsvariable ... 192

K

Klassische Ausgangssituation ... 13f
Klassische Messtechnik ... 13
Knoten ... 44
Kommastellen ... 82
Konstante ... 73
Kontexthilfe ... 62, 113
Kontextmenü ... 57
Kopieren ... 47
Kopieren von Elementen ... 32

L

LabVIEW ... 11
LabVIEW-Ansatz ... 15ff
LabVIEW-Entwicklungsumgebung ... 225
LabVIEW-Hilfe ... 114
LabVIEW-Instrument ... 15
LabVIEW-Programm ... 16
LabVIEW-Startbildschirm ... 23
LabVIEW-Startfenster ... 38
Lampe ... 136
LED (rechteckig) ... 87
LED (rund) ... 87
Leeres VI ... 23
Lokale Variablen ... 160, 186
Löschen ... 47
Löschen von Elementen ... 31

M

Manuelle Werkzeugauswahl ... 225
Markiert ... 31
Mauszeiger ... 85
MAX ... 21
Measurement & Automation ... 21
Measurement & Automation Explorer ... 21
Mehrfacharithmetik ... 151
Messgerät, klassisches ... 14
Messtechnik, klassische ... 13
Messwerterfassungskarten ... 12
Minimale Feldbreite verwenden ... 84
Multi-Case ... 213
Multiplikation ... 76
Multitasking ... 131, 133
Multithreading ... 133

N

Nicht ... 207
Normale Anzeige ... 105
Numerische Anzeige-Element ... 39
Numerische Daten ... 55ff, 61ff
Numerischen Konstante ... 94
Numerisches Anzeigeinstrument ... 38

O

ODER ... 87

P

Passwortanzeige ... 105
Pause ... 50
Pfeilschaltflächen ... 81
Programmstrukturen ... 145ff, 150ff, 182ff, 200ff

R

Rahmen ... 146
Registerkarte 'Anzeigeformat' ... 82
Registerkarte 'Darstellung' ... 90
Registerkarte 'Datentyp' ... 81
Registerkarte 'Dokumentation' ... 85
Registerkarte 'Operation' ... 90
Registerkarte 'Schriftart' ... 97

Rückgängigmachen 34
Rückkopplungsknoten 205
Rundinstrument 27

S

Schaltverhalten 90
Schieber mit Zeiger 38
Schieber mit Zeiger (horizontal) 39
Schieberegler 44
Schleifen-Abbruch 177
Schriftattribute 36
Selektorfeld 169, 204, 214, 219f
Sequenz 145ff,161ff
Sequenz, flache 145
Sequenz, gestapelte 145, 167
Sequenzvariable 171
Shortcuts 35, 238
SI 84
Sichtbare Objekte 58
Signifikante Stellen 82
Stand alone-Messgerät 11
Standard-Case 215
Start des VIs 50f
Start von LabVIEW 21, 23
Startwert festlegen 78
Stellen 82
Strg + Shift + ß 61
Strg+0 97
Strg+B 44, 48, 72
Strg+E 42
Strg+S 41, 46, 78
Strg+T 137
Strg+U 77
Strg+Z 35, 49
String nach Byte-Array 125
String-Anzeige 101
String-Bedienelement 221
String-Element 101
String-Funktionen 108
String-Grundfunktionen 99, 101ff, 113f,121ff
String-Konstante 217
String-Länge 109
Stringanzeige 214
Strings 99ff, 117ff
Strings verknüpfen 110
Subtraktion 76
Such- und Finde-Hilfe 98
Switch-Case´-Konstruktion 213
Symbol anzeigen 59

T

Tank 38f
Taster 177
Terminal 44
Timer-Wert (ms) 149
Tunnel 153
Typumwandlung 121

U

Überspringen 139
Umschalter (vertikal) 88, 204
UND 87
Unterdiagramm 175

V

Verarbeitungsfunktionen für Strings 108
Verarbeitungsintelligenz, interne 14
Verbindungsdraht 64
Verbindungsdrähte 42, 53
Verbindungslinie 44, 46
Verbindungswerkzeug 227
Verdrahtung bereinigen 48
Verdrahtungswerkzeug 45
Vergleichsfunktionen 92
Vergrößerungs-/Verschiebungswerkzeug 226
Verschiebung eines Elements 33
Verzweigung erstellen 48
Verzweigung löschen 48
VI 11, 15
Virtuelles Instrument 11
Voreinstellung 215, 220

W

Warten (ms) 149, 196
Werkzeugauswahl, manuelle 225
Werkzeugpalette 225, 227
Werkzeugwahl, automatische 225
While-Schleife 174
Wiederholt ausführen 50
Wissenschaftlich 83

X

x^2-Funktion 151

Z

Zählanschluss 192
Zeitmessung 148
Zeitverarbeitung 148